Comunicación no verbal
para humanos curiosos

MARÍA CALVO DEL BRÍO

Comunicación no verbal para humanos curiosos

Conoce el origen ancestral de tus gestos y mejora tu comunicación

ALMUZARA

Editorial Almuzara • Desarrollo personal

Director editorial: Antonio E. Cuesta López
Editora: Ángeles López
Diseño y maquetación: Joaquín Treviño
www.editorialalmuzara.com
pedidos@almuzaralibros.com - info@almuzaralibros.com

Imprime: Gráficas La Paz

ISBN: 978-84-18709-69-2
Depósito Legal: CO-338-2021
Hecho e impreso en España - *Made and printed in Spain*

Índice

Introducción

MI INTERÉS POR LA COMUNICACIÓN NO VERBAL

Desde niña me llamó la atención el lenguaje no verbal. Mi padre, filósofo y profesor de oratoria en la época de la transición, me transmitió esa pasión en la mágica etapa de la infancia, cuando disfrutábamos observando el comportamiento de nuestros perros, me contaba historias sobre Jane Goodall y Dian Fossey o veíamos corretear a los lobos de Félix Rodríguez de la Fuente en la televisión.

Lo cierto es que heredé de él la simpatía por los primates, por nuestros hermanos mamíferos y, en general, por todos los seres vivos, así como la curiosidad por el comportamiento animal y la comunicación no verbal.

Como pedagoga, en la universidad me motivó conocer cómo aprendemos y descubrí el debate sobre el papel de la naturaleza y la educación en nuestra especie. Desde entonces he seguido estudiando y disfrutando con la observación de las emociones y el comportamiento humano.

Desde hace más de veinte años, me he dedicado a la formación en habilidades de comunicación para empresas. Al mismo tiempo soy mentora de emprendedores en varias escuelas de negocio y tengo la misión de prepararlos para presentar sus proyectos en público ante inversores o clientes. A menudo grabamos las presentaciones, lo que nos permite revisar qué aspectos reforzar o mejorar.

A través de cursos y conferencias con miles de alumnos durante estos años, he comprobado que las referencias a lo no verbal generan curiosidad y con frecuencia nos reencuadran. Los gestos son nuestro sistema de comunicación más universal y primitivo, frente al fenómeno mucho más reciente del habla. Su componente innato y automático convierte a lo no verbal en un lenguaje significativo, veraz y menos manipulable que la palabra.

Si les prestamos atención y entrenamos nuestra mirada, los gestos nos revelan información muy provechosa. Nos permiten entender mejor a quienes tenemos alrededor, identificar sus emociones, poder empatizar mejor, predecir comportamientos, detectar cuándo alguien tiene un buen o mal día y disfrutar de nuestras interacciones.

A continuación te cuento los motivos por los que creo que vale la pena este viaje a través de lo no verbal.

QUÉ NOS PUEDE APORTAR ESTE LIBRO SOBRE COMUNICACIÓN NO VERBAL

A) EL LENGUAJE NO VERBAL NOS CONECTA CON NUESTRA PARTE ANIMAL, INSTINTIVA

El estudio de la comunicación no verbal nos conecta con el animal que somos al desvelar a través de nuestros comportamientos nuestros instintos básicos de ataque y defensa, mecanismos desarrollados para la supervivencia, la reproducción y la continuidad de la especie: acercarse, alejarse y cooperar, entre otros.

Las similitudes en los gestos con nuestros parientes primates nos recuerdan nuestra herencia biológica común. A pesar de estar rodeados de tecnología, nuestras evolucionadas vidas siguen estando influidas por los instintos básicos de reproducción, alimentación y supervivencia.

Si una persona se acerca a nosotros con aspecto descuidado, mirada evitativa y las manos ocultas, probablemente nos cause inquietud. Si además evaluamos que es más fuerte que nosotros, la preocupación aumentará. Por otra parte, la publicidad nos muestra a menudo personas jóvenes y atractivas, conscientes de que captan más fácilmente nuestra atención. Si de pronto nos sobresalta un ruido fuerte y estamos con nuestros hijos u otras personas que consideremos frágiles, es probable que abramos los brazos o nos desplacemos para protegerlos.

Presumimos de ser seres racionales, pero nuestros instintos y emociones, que se expresan a través del cuerpo, siguen siendo esenciales en nuestras vidas. Nos ofrecen sabiduría natural que merece la pena observar.

El lenguaje no verbal nos da información sobre nosotros individualmente y también nos acerca a nuestra especie y su evolución.

¿Cuándo se dilatan nuestras pupilas?

¿qué significa que alguien se lleve las manos al cuello?

¿qué indicamos al inclinar la cabeza y mostrar la yugular?

¿y cuando nuestros pies se mueven inquietos o se orientan hacia la puerta?

El interés, el ahogo o la incomodidad, la indefensión y las ganas de escapar son mensajes que el podemos leer en nuestro cuerpo.

En medio de nuestras bulliciosas ciudades, apremiados por las prisas del progreso, considero saludable no perder de vista nuestra naturaleza original.

B) ES UN CAMINO PARA CONECTAR CON NUESTRAS EMOCIONES Y MEJORAR NUESTRA COMUNICACIÓN

El cuerpo está estrechamente conectado con nuestras emociones y, así como las emociones tienen un reflejo en la expresión del rostro, hoy sabemos que los cambios en el cuerpo también repercuten en nuestro estado emocional. Por ejemplo, la sonrisa desencadena endorfinas que relajan los músculos.

Es más. Como explica la investigadora de Harvard Amy Cuddy, podemos moldear nuestro estado emocional a través de nuestro lenguaje no verbal. Si probamos a adoptar una postura decaída, con la espalda arqueada, la cabeza y los brazos bajos, muy pronto experimentaremos cansancio y desgana.

Si, por el contrario, adoptamos una postura erguida, con la espalda en posición vertical, los brazos flexionados y despegados del cuerpo y la cabeza alzada, algo cambia. Nos predispone de forma distinta.

Durante muchos años, cuando nuestros ancestros se sentían amenazados o en peligro, se ocultaban y agazapaban, mientras que en situaciones de fuerza y confianza adoptarían gestos más abiertos y amplios.

Los cambios que incorporamos a nivel corporal, como caminar más erguidos, o más relajados, sonreír, etc., producen cambios también en nuestro estado emocional. No dejemos de aprovechar este conocimiento a nuestro favor.

La comunicación no verbal es una fuente de autoconocimiento. Podemos evaluar nuestro estado emocional a partir de nuestra postura, gestos y expresión. A partir de la información que nos aporta, estaremos mejor preparados para tomar decisiones.

C) NOS AYUDA A ENTENDER NUESTRA ESPECIE

Hoy en día los expertos están de acuerdo en que muchas de nuestras características sociales y psicológicas se modelaron durante la etapa preagrícola, la de cazadores-recolectores.

Los largos siglos de evolución de nuestra especie nos han dejado huella. Durante los dos últimos, un gran número de *sapiens* se ha ganado la vida trabajando en fábricas y oficinas. Pero en los 10.000 años anteriores, los *sapiens* vivieron como agricultores y ganaderos. Y este tiempo es mínimo si lo comparamos con las decenas de miles de años de la etapa paleolítica, durante la cual nuestros ancestros cazaban y recolectaban.

En esa larga etapa, nuestros antepasados lograron avances importantes como usar herramientas de piedra cada vez más sofisticadas, domesticar el fuego, transformar los alimentos y desarrollar la caza. Las técnicas de caza de grandes herbívoros por parte de los *sapiens* se basaron en la cooperación y esto les otorgó una enorme ventaja sobre otras especies humanas.

Para el prestigioso autor Ken Robinson, lo que diferencia al ser humano del resto de la naturaleza es la imaginación —la capacidad de representar conceptos que no tenemos presentes— y la creatividad —la imaginación aplicada, que nos ha proporcionado grandes logros—.

Es interesante recordar que el éxito evolutivo de nuestra especie tiene que ver con nuestra capacidad creativa y de cooperación en grandes grupos, posible gracias a la comunicación. La supervivencia de la especie ha llevado a las sociedades humanas a establecer lazos de colaboración y a perfeccionar el lenguaje a lo largo de la historia, de forma que hemos sido capaces de innovar y de ir progresivamente mejorando nuestras condiciones de vida.

Esta reflexión nos invita a considerar nuestro impacto en la tierra y cómo queremos seguir relacionándonos para que este sea positivo.

D) NOS PERMITE REFLEXIONAR SOBRE LOS VALORES DE NUESTRA CULTURA

En cada territorio, los *sapiens* desarrollaron unas normas y pautas de conducta socialmente aceptadas a partir de costumbres muy diversas que fueron evolucionando a lo largo del tiempo.

Hoy en día nuestro globalizado mundo se acerca hacia una cultura común, pero si nos remontamos al Neolítico, hace solo 10.000 años, cada territorio tenía una cultura independiente y aislada de las demás.

Aunque exista una parte innata en las emociones, sabemos que el modo y la intensidad con la que se manifiestan difiere en función de la cultura. Las reglas relativas a la manifestación de las emociones se aprenden socialmente y por eso nos encontramos comportamientos y normas tan diferentes a lo largo del mundo.

El psicólogo pionero en el estudio de las emociones, Paul Ekman, investigó sobre las diferencias entre orientales y occidentales en su expresión en el rostro. Descubrió, entre otras cosas, que los japoneses ocultan las expresiones negativas como enfado o asco en público, al contrario que los norteamericanos, que las expresan más abiertamente.

Por un lado, hay normas o costumbres sociales que tienen su origen y justificación en que son naturales, como saludar con un abrazo, que comunica apertura, indefensión y contacto íntimo. Y, por otro lado, gestos que en nuestra sociedad occidental no se recomiendan porque son «demasiado naturales», como bostezar, estirarse o rascarse en público. Es interesante reconocer estos dos componentes animal y cultural en los gestos, para así poder entenderlos o cuestionarlos.

Reflexionar sobre el componente cultural de los gestos constituye un ejercicio útil, pues nos lleva a analizar los valores implícitos a los que se da prioridad a través de una norma social como, por ejemplo, el valor del respeto en las distancias de los saludos, la expresión del afecto a través del contacto físico o los principios subyacentes en una norma de protocolo ante determinadas personas.

E) APORTA UN ENFOQUE EVOLUTIVO Y DIFERENTE SOBRE LOS GESTOS QUE PUEDE MOTIVAR AL CAMBIO O LA MEJORA

El interés acerca del lenguaje no verbal y las diferencias culturales se remonta a siglos pasados, pero hasta hace pocas décadas no se han realizado verdaderos estudios empíricos en este campo. No tenemos ni mucho menos todas las respuestas y sí mucho por descubrir.

Es un campo interdisciplinar, en el que confluyen la antropología, la paleontología, la arqueología, la psicología, la lingüística, la sociología, la filosofía y la educación.

Entre los numerosos libros sobre comunicación no verbal que he leído, no he encontrado ninguno que ahonde en estas dos dimensiones diferenciadas de los gestos: biológica y cultural. Considero que este acercamiento a la comunicación no verbal, que podríamos llamar neurocultural, tomando prestado el término de Paul Ekman, contribuye a entendernos mejor como especie y como individuos.

Por otra parte, las posibilidades para aplicar los aprendizajes en la vida diaria son infinitas: reuniones, entrevistas, liderazgo de equipos y negociación, en las interacciones profesionales cotidianas, en las relaciones sociales y de pareja y en contextos de trabajo específicos como la educación, la medicina, la atención al cliente, el *marketing*, etc.

El observar nuestra postura, gestos, voz o expresión facial nos sirve a menudo como punto de palanca para la mejora personal en hábitos y actitudes.

Por todo ello considero un reto motivador compartir mis hallazgos en estos años de lectura, investigación y observación y aportar una visión diferente sobre la comunicación no verbal. A ello me dirijo, impulsada por un enorme respeto hacia las disciplinas que abordamos y con una dosis igualmente importante de ilusión.

1

¿Qué nos desvela la comunicación no verbal?

SOMOS ANIMALES. ESTRATEGIAS DE COMUNICACIÓN ANIMAL Y HUMANA

Los seres humanos somos animales, aunque a veces lo olvidamos. Nuestra gran similitud con los primates se basa en la genética que compartimos, que llega a ser el 98 % del ADN con los chimpancés y bonobos.

Para poner esa proximidad en perspectiva, es interesante recordar que la vida se originó en nuestro planeta hace 4.500 millones de años, y que se estima que nos separamos de los chimpancés y los bonobos hace solamente unos 6-7 millones de años, cuando las poblaciones de homininos (primates homínidos caracterizados por la postura erguida y la locomoción bípeda) empezaron a dejar testimonios de su presencia en el continente africano.

Las conductas de comunicación en los animales tienen que ver con la supervivencia: defender el territorio, encontrar pareja, establecer dominancia y relaciones, aportar cuidados a las crías, etc. Lo hacen mediante señales visuales, auditivas, táctiles o químicas —a través de las feromonas, sustancias químicas en forma de partículas aéreas que plantas y animales utilizan como medio para atraerse o rechazarse—.

Además de esos sutiles mensajes químicos, que también compartimos y de los que hablaremos más adelante, encontramos señales que aportan información mucho más evidente a simple vista. Por ejemplo: la postura, la tensión del cuerpo, las distancias, la mirada y las expresiones de fiereza como mostrar los dientes o no. Son conocidas las estrategias para aparentar mayor tamaño y mostrar mayor fuerza: inflar el pecho y las plumas en el caso de las aves, hinchar el pecho en algunos reptiles, colocarse a dos patas los osos, golpear el pecho los primates o el potente rugido de los leones.

Por otra parte, reconocemos gestos opuestos, de temor y de sumisión, como encogerse, esconderse, camuflarse, esconder el rabo entre las piernas, agachar la cabeza y las orejas u ocultarse bajo una concha o caparazón.

El ser humano emite además señales de fuerza y seguridad, o de lo contrario a través de sus gestos. Cuando nos encontramos con una persona desconocida en un evento social, antes de comenzar a hablar, su rostro, la postura más o menos abierta, los gestos, el movimiento, la mirada y la expresión facial ya nos dicen mucho.

Para nuestros antepasados de la época de las cavernas, los signos no verbales serían vitales para detectar, por ejemplo, si un individuo se acercaba en son de guerra o de paz. Escrutar su comunicación en busca de señales para evaluar el peligro de la situación sería enormemente adaptativo. Si venía armado o no, si saludaba o se ocultaba, si se aproximaba solo o en grupo, su tamaño, fortaleza física y su postura. Percibir estos factores era crucial para la supervivencia de su clan.

El cerebro del ser humano está preparado para sobrevivir, es experto en detectar amenazas, y responde de forma instintiva a las señales no verbales que recibe. El sistema límbico, el centro emocional del cerebro, es más rápido en su respuesta que la corteza cerebral. Por eso en la primera impresión que producimos en los demás influyen mayoritariamente nuestros mensajes no verbales.

Además, las evolucionadas culturas de los humanos añaden nuevos elementos a la comunicación animal: el atuendo, los objetos que portamos, los zapatos, las marcas de ropa, el maquillaje o su ausencia, el peinado o incluso el vehículo que conducimos nos envían señales sobre el estatus, la capacidad económica, los gustos, la ocupación y los valores.

Al igual que ocurre entre los animales, los humanos desplegamos estrategias para captar la atención y atraer a otros individuos o, por el contrario, para pasar desapercibidos. En ocasiones, los intentos exagerados de destacar a través de los objetos, las conductas llamativas o el afán por no ser vistos nos hablan sobre las necesidades y elecciones de quienes nos rodean.

La famosa y admirada primatóloga Jane Goodall estudió durante décadas las interacciones sociales y familiares de los chimpancés salvajes en el Parque Nacional Gombe Stream en Tanzania. Tenía el reto de observar de cerca y recoger en sus dibujos los comportamientos íntimos en libertad de nuestros parientes primates, como la construcción de sus nidos, sus interacciones y su vida familiar, pero ¿cómo conseguir ser aceptada por ellos? Goodall descubrió que era imprescindible adoptar comportamientos similares a los suyos: ir acercándose poco a poco al grupo, rascarse, detenerse a pelar o mordisquear una fruta, balancear los brazos como ellos, etc.

Esta experiencia nos advierte de las ventajas de las conductas de adaptación al entorno, que suelen generar confianza y tienen múltiples aplicaciones a la hora de interactuar con los grupos con los que convivimos y trabajamos. Los comportamientos comunes unen y las conductas no adaptadas o extrañas, por el contrario, suelen generar sorpresa, falta de entendimiento o desconfianza. Si encontramos una explicación, todo vuelve a la normalidad.

LOS TERRITORIOS Y LA OCUPACIÓN DEL ESPACIO EN ANIMALES Y HUMANOS

Los animales necesitan un territorio en el que alimentarse y sobrevivir y por eso a menudo se evita la entrada en él de otros individuos.

Los animales son territoriales, pero es interesante destacar que no lo son en cualquier situación, sino únicamente cuando les resulta rentable, es decir, cuando defender ese terreno les da acceso a los recursos de comida, teniendo en cuenta el coste de tiempo y energía de vigilar las fronteras.

Un factor que influye en la territorialidad de los animales, así como en el tamaño del territorio, es el tipo de dieta y la disponibilidad del recurso en cuestión. A menor disponibilidad, mayor ha de ser el territorio.

Para los chimpancés es importante defender el territorio, pues este es capaz de proporcionar alimento y cobijo únicamente a un grupo de un tamaño determinado. Por ello los machos recorren los límites cada noche en patrullas vigilando que no entren en él otros grupos de individuos.

El ser humano comenzó a vivir en grupos familiares al igual que otros mamíferos y primates. Como cualquier grupo animal, necesitaba un territorio para asentarse y sobrevivir. En el territorio está el alimento, la caza y la familia con las crías —en el caso del ser humano, indefensas durante mucho más tiempo que en otras especies—. Defendían su espacio vital, con señales sonoras, olfativas y visuales, para evitar la invasión y el encuentro violento.

Los humanos somos seres prosociales. Para el antropólogo Frans de Waal somos monos de dos caras, o «monos bipolares», con tendencia al altruismo y la empatía con los miembros de nuestra tribu, pero también con instintos violentos frente a lo desconocido y los extraños.

La aproximación de un extraño resulta incómoda y la ocupación del territorio a menudo es origen de conflictos. Se dice que todas las guerras empiezan siendo fronterizas. Los vecinos con frecuencia no llevan bien la proximidad y la invasión de su espacio.

Todos tenemos necesidad de un cierto espacio vital en el que no ser invadidos. Edward Hall estudió esta temática de las distancias llamada proxemia y diferenció el espacio íntimo (de 0 a 50 cm), el espacio personal (de 50 a 120 cm), el espacio social (de 120 a 360 cm) y el espacio público (más de 360 cm). Igualmente, explicó que el espacio vital que necesitamos a nuestro alrededor para sentirnos cómodos es una cuestión personal y cultural, y ya sugirió en 1966 la distinción entre culturas de contacto y de no contacto.

Por ejemplo, los mediterráneos y las personas de Sudamérica pueden sentirse cómodas hablando en el entorno profesional a una distancia de unos 20 cm, mientras que en Norteamérica la distancia normal sería de 50 cm. Por otro lado, los pueblos del este de Asia y el norte de Europa se consideran las culturas más extremas de no contacto, como veremos.

Los suecos bromean en estos tiempos sobre el hecho de que la pandemia del COVID-19 obligó a mantener una distancia de 1,5 m entre personas, pero que están deseando que pase para poder volver a sus 2 m de distancia habituales.

Los animales reaccionan a la invasión de su espacio y en forma predecible para cada especie, como explicó la pionera en comunicación no verbal Flora Davis: «Muchos tienen una distancia de fuga y una distancia crítica. Si cualquier ser suficientemente amenazador aparece dentro de la distancia de fuga del animal, este huirá».

Se ha estudiado que se puede predecir el lugar en el que se sentarán las personas que entran en un autobús en función de los espacios libres que quedan. Siempre se completan antes los que tienen menor ocupación alrededor. En los autobuses nocturnos, por el contrario, es más probable que los viajeros elijan sentarse cerca del conductor.

La distancia con la que nos sentimos cómodos también está asociada al grado de intimidad de la relación. Con familia y amigos, la burbuja podrá reducirse sin sentirnos molestos. Si quisiéramos hacer una recomendación, tal vez sería la de evaluar la distancia preferida por nuestro interlocutor y tratar de adaptarnos a ella, en especial si tratamos con personas de una cultura distinta a la nuestra.

Acoger a los demás en nuestro territorio es una señal de apertura y confianza. Por otra parte, el invitado que desea no invadir podrá optar por una actitud prudente, adaptándose para no traspasar los límites de los anfitriones.

En las oficinas y espacios de trabajo, la invasión de los espacios puede ser negativa. Lo más cortés suele ser preguntar antes de tomar asiento o de dejar bolsos, maletines, carpetas o papeles en una mesa o mostrador.

EL COMPORTAMIENTO ANIMAL ES UN REFERENTE PARA ENTENDER NUESTRO COMPORTAMIENTO

Jane Goodall es además reconocida por descubrir, a través de sus observaciones, dos rasgos importantes de los chimpancés:

su capacidad de crear y utilizar herramientas y su alimentación omnívora. Hasta entonces, la comunidad científica consideraba que solamente el ser humano era capaz de crear herramientas, pero Goodall descubrió que los chimpancés también producían herramientas básicas, como cuando para alimentarse de termitas de forma efectiva introducían en el termitero una rama a la que habían quitado las hojas previamente.

Este ejemplo de producción rudimentaria de herramientas es un indicio más de nuestra proximidad con los primates y de nuestras múltiples similitudes.

Otro elemento común sería que los primates no humanos tienen intensas vidas políticas, según explica Pablo Herreros en su libro *Yo, mono*, con conductas dirigidas a obtener y controlar el poder, así como a cooperar en causas comunes.

Diversos primatólogos han constatado que los chimpancés hacen todo lo posible por incrementar su poder dentro del grupo, pues el estatus tiene consecuencias directas en la supervivencia, tanto en las posibilidades de conseguir alimento como de aparearse. Para ello hacen exhibiciones de su fuerza, como golpearse el pecho o hacer cargas de un lado a otro, que la mayor parte de las veces no terminan en peleas. Estas conductas retadoras más bien tienen la intención de eludir las peleas reales y evitar los daños que podrían producir en ambas partes.

Los humanos tenemos conductas próximas a las de los animales para mostrar poder. Además de utilizar la fortaleza del cuerpo como reclamo, el ser humano se vale de otros signos como la ropa, los coches, los relojes, las marcas o sus relaciones con los poderosos.

Otro comportamiento relevante es el de los chimpancés que, al poco tiempo de pelearse, hacen gestos de apaciguamiento y ofrecen la mano abierta e incluso se abrazan, besan u ofrecen comida. En todas las sociedades humanas, el hecho de pedir perdón, disculparse y reconciliarse está asociado con un repertorio de conductas universales como bajar la cabeza, unir las manos, ofrecer regalos, etc.

Según Pablo Herreros, también en los primates hay mediadores. Los gorilas espalda plateada, que velan por la cohesión del grupo, ante un conflicto suelen encargarse de tomar de la mano a los miembros implicados y acercarlos de este modo entre sí.

Otro ejemplo de comportamiento animal que nos da claves para entendernos es el del acicalamiento o *grooming*, que consiste en eliminar parásitos del pelo de los compañeros, se suele hacer por turnos, tiene un efecto calmante y genera vínculos afectivos entre los individuos.

Precisamente, las alianzas de los primates, que son una fuente de poder dentro del grupo, se cuidan por medio de comportamientos recíprocos como compartir comida, prestar ayuda en caso de agresión o dedicar tiempo al acicalamiento.

Los humanos, por nuestra parte, también nos hacemos regalos, compartimos comida, pasamos tiempo juntos y nos abrazamos como señal de aprecio con personas cercanas y queridas. De la misma manera, con los más íntimos nos acariciamos, mimamos y acicalamos.

En las sociedades humanas occidentales el contacto físico conlleva una carga importante de significado y solo se suele dar entre personas allegadas, pues implica apertura y confianza mutua. Por ejemplo: arreglar, colocar o estirar la ropa a alguien es un gesto de cuidado propio de la familia o los más cercanos.

Aunque es cierto que hoy en día, gracias al lenguaje y los medios de comunicación, los humanos podemos crear alianzas con grupos distantes y mucho más amplios, los mensajes no verbales, desde la ocupación que hacemos del espacio hasta el contacto físico, no han perdido un ápice de su relevancia.

A lo largo del capítulo 2 iremos analizando paso a paso estos aspectos en la comunicación animal y humana.

UN ESQUEMA BINARIO, VITAL EN LA COMUNICACIÓN NO VERBAL ANIMAL Y HUMANA

Existe un código binario en el comportamiento animal: los dos polos opuestos miedo-defensa-agresión y deseo-apertura-llamada.

Cuando dos animales se encuentran, la mutua percepción provoca una cadena de acciones y reacciones de curiosidad, observación y acecho. Se atraen, se temen o dejan de interesarse. La indiferencia llevaría al abandono del contacto y de la comunicación.

Si uno de ellos descubre algo interesante en el otro, intentará el acercamiento: avanzará de forma lenta, cautelosa, para observar las reacciones del otro. No dejarán de acecharse hasta comprobar que la aproximación no supone peligro.

En su posición natural sobre el suelo, el animal esconde y protege los órganos vitales, las vísceras, las partes blandas de su cuerpo.

Se mantiene de cara al posible agresor para observar sus movimientos: dientes y garras por delante, para defender el cuello de cualquier posible ataque.

La tortuga es el máximo exponente de la estrategia de defensa con su dura coraza permanentemente cerrada, en la que se esconde por completo en caso de peligro. Su longevidad prueba que no es mal sistema si se trata de sobrevivir. El erizo o el bicho bola, que se cierran sobre sí mismos, son otros ejemplos extremos de protección. Una especie de erizo australiano llamado equidna entierra la parte vulnerable en el suelo cuando se encuentra con un enemigo y solo deja al descubierto las púas.

Los depredadores habitualmente dirigen sus ataques a las zonas blandas y vulnerables. En la persecución lanzan dentelladas al dorso para que la presa se revuelva y dirigen entonces el golpe mortal a la yugular descubierta. Por el contrario, durante sus juegos, los mamíferos exponen el cuello, el abdomen y los genitales como muestra de amistad y confianza.

En la lucha por la jefatura de la manada, el vencido se rinde colocándose en posición indefensa, boca arriba, mostrando el cuello. La agresividad del vencedor se inhibe al verle a su merced y en adelante le cuidará como al resto de miembros de la manada.

En el cortejo o parada nupcial de peces, aves y mamíferos se exhiben las partes anteriores, blancas o de colores vivos, para ser vistas y atractivas a distancia. En cambio, el dorso suele ser de tonos oscuros para camuflarse en el terreno.

FORMAS DEFENSIVAS Y COMUNICATIVAS EN EL SER HUMANO

El ser humano comparte en gran medida los códigos animales de comunicación. La comunicación no verbal tiene una gran parte congénita o instintiva, aunque también una parte cultural aprendida.

Nuestra postura erguida es un símbolo de una notable disminución del instinto de defensa, pero conservamos comportamientos similares al esquema defensa-entrega observado en los animales. Ofrecemos el frente cuando nos sentimos confiados y mostramos el perfil o la espalda como protección y huida.

Cabe destacar que la piel de las zonas internas de nuestro cuerpo es más fina, suave y húmeda que el dorso. Es menos peluda o incluso lampiña, como la palma de la mano, como si estuviera reservada para no rozar con el exterior, sino solo con otros seres amigos. Estas características de la piel las observamos asimismo en la parte delantera de cabeza, cuello y tronco, la interior de brazos y manos y la posterior de muslos y piernas. La postura en cuclillas (la intrauterina) reserva todas estas partes del contacto exterior.

En la vida social, a pesar de la función protectora del vestido, el ser humano conserva la tendencia a ocultar el frente ante cualquier posible amenaza. A menudo se esconde detrás de escudos, mesas, mostradores, atriles y otras trincheras. Abotona la chaqueta y protege el cuello con pañuelos, lazos, corbatas, collares y gargantillas.

EL ESQUEMA CONTENTO-DESCONTENTO

El ser humano, al igual que los animales, proyecta en su comportamiento cómo se siente respecto a los estímulos del entorno. Hay un esquema esencial para interpretar los gestos y es el código contento-descontento.

Joe Navarro, experto en lenguaje no verbal del FBI, propone este esquema que presta atención al agrado o desagrado que produce una determinada situación y que se traduce en orientarse hacia el estímulo o alejarse de él.

Como expone en su libro *La inteligencia no verbal*, la manifestación más evidente de este esquema de atracción-repulsión es la orientación ventral. Una muestra clara se percibe en si damos el frente o la espalda. La orientación ventral es un claro gesto de interés y respeto. Por ejemplo, si nos encontramos con un ser querido al que hace tiempo que no vemos, la tendencia natural es acercarnos, abrir los brazos y abrazarnos.

La mirada o la evitación, la sonrisa o su ausencia, la distancia que mantenemos, la postura de piernas y brazos abiertos o cruzados, el uso de objetos como defensa, etc., también están relacionados con el esquema de contento-descontento.

El FBI utiliza este esquema como elemento de análisis en la observación de conductas en sus interrogatorios para detectar posibles señales de incoherencia entre el discurso verbal y los mensajes no verbales.

Cuando nos sentimos incómodos manejamos el bolígrafo o el cigarrillo como armas. Manipulamos el bolso, el teléfono móvil o los papeles para mantener las manos ocupadas y sentirnos seguros. Así evitamos que muestren su tensión. Otras veces las manos se esconden en los bolsillos o se cierran bajo los brazos, cruzados delante del pecho, como un escudo.

Por el contrario, cuando nos sentimos cómodos, queremos comunicarnos y atraer, por lo que abrimos las manos, las tendemos relajadas hacia delante, mostramos que no llevamos armas ni están crispadas o tensas.

Desabrochar o quitarse la chaqueta puede indicar el ponerse cómodos y abrir una etapa negociadora.

Inclinar la cabeza hacia un lado es ofrecer confianza y atención. El perro adopta esta postura al reconocer la voz de su amo, incluso grabada. Ladear el cuello es una postura que emitimos solo cuando nos sentimos distendidos y libres de amenazas. Esto se debe a que dejamos al descubierto el cuello, la parte más vulnerable del cuerpo.

Si alguien nos contempla de esa forma, mientras sonríe, nos demuestra su aceptación. Si un empleado nos espera tras la ventanilla con la cabeza inclinada parece dispuesto a ayudarnos.

La orientación del cuerpo también habla sobre nuestra actitud de acercamiento o alejamiento, especialmente cuando permanecemos sentados. Un cuerpo inclinado hacia delante indica interés, cuando nos echamos hacia atrás, por el contrario, transmitimos una actitud de distancia emocional.

En definitiva, podemos ser más conscientes de nuestra propia postura y observar en qué medida se aproxima a nuestros roles y objetivos. Si quieres transmitir interés por tu cliente o amigo, no te limites a mirarlo cuando habla, orienta tu cuerpo hacia él e inclínate ligeramente hacia delante.

EL COMPORTAMIENTO INNATO DE LA IMITACIÓN O ISOPRAXIS. PREPARADOS PARA CONECTAR

La palabra isopraxis procede del griego *iso*, «mismo», y *praxis*, «comportamiento».

Como explica Flora Davis, el psiquiatra Albert Scheflen descubrió en 1963 el fenómeno frecuente de las posturas congruentes, que consiste en que las personas imitan las actitudes corporales de aquellos con quienes se sienten cómodas. El autor expuso que cuando dos personas comparten el mismo punto de vista, suelen tender a compartir la misma postura de forma involuntaria. Se ha comprobado en distintos estudios que las personas son más altruistas con los investigadores que copian su conducta que con aquellos que no lo hacen.

En la misma línea, parece que algunos psicoterapeutas contemporáneos de Scheflen, como Frieda Fromm-Reichman, ya empleaban las posturas congruentes para entender y conectar mejor con sus pacientes.

Los investigadores han descubierto que esta armonía en los movimientos es muy frecuente en grabaciones de madres interactuando con sus bebés. Esta conducta de imitación es llamada conducta-eco. Es habitual que, si el bebé emite sonidos, la madre los imite; que ante la sonrisa de la madre, el bebé sonría; que cuando el bebé incline la cabeza, la madre también lo haga, e incluso que si la madre saca la lengua, el bebé a menudo repita el gesto.

Parece que ya en esta etapa tan temprana se inicia la comunicación empática a través de las primeras experiencias de interacción de los bebés con un progenitor receptivo.

El comportamiento de la imitación, innato en los bebés, se produce asimismo en nuestros familiares los primates. Como cuenta Pablo Herreros en su libro *Yo, mono*, las investigaciones de la psicóloga Annika Paukner demostraron, por ejemplo, que los monos capuchinos que eran imitados por los investigadores eran más proclives a sentarse cerca y a intercambiar fichas con ellos que aquellos que no eran imitados.

Los animales superiores aprenden de sus progenitores por observación e imitación, por ejemplo, en las conductas de evitación del peligro, donde el ejemplo de los padres es determinante. Se han encontrado diferencias en las conductas de evitación de las serpientes entre los monos de laboratorio y los criados en libertad. Y en numerosos experimentos, los animales que han visto a otro salir de un laberinto obtienen mejores resultados a la hora de salir que los que nunca lo habían visto.

Parece que la imitación es una estrategia adaptativa, favorecida por la selección natural, y tendría una función social de integración. El ser humano ha integrado esta estrategia natural y la ha llevado aún más lejos. Utilizar la misma indumentaria, por ejemplo, satisface la necesidad de pertenencia, de sentirse parte de una misma tribu. Por ese motivo se utilizan uniformes, puesto que la sincronía visual es un elemento de unión. Ya sea un equipo de fútbol, o su afición, las damas de honor en una boda o los deportistas olímpicos en su desfile por países, las prendas iguales crean armonía y unión entre las personas.

En tu próxima reunión con amigos o clientes prueba a imitar sutilmente la postura y observa qué ocurre. Observa si existe sincronía en las posturas de las personas próximas en tu entorno profesional. También puedes hacerlo en tu familia, por ejemplo, cuando os sentáis a la mesa o compartís tiempo libre. Prepárate para recibir información de todo tipo, en especial si hablamos de adolescentes.

LA EMPATÍA: ENTRE LA BIOLOGÍA Y LA CULTURA

La empatía es la capacidad natural de entender y compartir los sentimientos y pensamientos de los demás. Juega un papel crucial en la interacción social de los humanos, pues motiva el comportamiento prosocial (es decir, el comportamiento orientado a beneficiar a otras personas), inhibe las agresiones y podría proporcionar las bases de la moralidad.

Esta capacidad, que crea vínculos entre los seres vivos, no se limita a la especie humana, sino que es una habilidad antigua que compartimos con todos los grandes simios y probablemente con todos los mamíferos.

Elsa Punset explica en su libro *Inocencia radical* que la forma más sencilla de empatía es la imitación, el contagio emocional. Respuestas automáticas, como cuando un ave emprende el vuelo ante un ruido inesperado y todos lo siguen, lo cual ayuda a la bandada a sobrevivir.

Un nivel más complejo es la compasión, esto es, sentir el dolor del otro e intentar ayudarlo. Los científicos han denominado altruismo recíproco a la relación entre individuos que se ayudan entre sí de forma desinteresada. Ambas formas de empatía están presentes en todas las culturas humanas.

El éxito evolutivo del ser humano se basa en gran parte en la cooperación y la obtención del bienestar de sus semejantes. Este mecanismo de la empatía ha evolucionado porque sirvió a la supervivencia de nuestros ancestros y pudo estar relacionado con la necesidad de colaboración para cuidar a las crías, tan vulnerables y dependientes durante mucho tiempo.

Darwin ya destacó el comportamiento prosocial y cooperativo como característico de los seres humanos y más concretamente el altruismo empático como rasgo distintivo de la estrategia reproductiva K, la de las especies que requieren un cuidado prolongado de su descendencia.

Parece que las diferencias individuales en cuanto a empatía vienen determinadas por la genética, la biología y también por el entorno y el proceso de socialización y educación. Como afirma Elsa Punset, la naturaleza aporta la semilla de la empatía, pero para que florezca requiere de un entorno social favorable, en especial del cuidado de los primeros años. Es nuestra responsabilidad crear entornos adecuados para favorecer la empatía y la compasión con nuestros congéneres y, por qué no, con todos los seres vivos.

La ausencia de empatía lleva a serias disfunciones socioemocionales, incluidas patologías como la psicopatía. En los últimos años ha habido un auge en la investigación sobre la empatía y sus fundamentos evolutivos. Las llamadas neuronas espejo se consideran la evidencia neurofisiológica de la empatía, pues son las estructuras neurológicas que permiten esta trascendental habilidad en los humanos.

LAS NEURONAS ESPEJO Y LA CONEXIÓN

Hacia el año 1990, el neurobiólogo Giacomo Rizzolatti y su equipo de la Universidad de Parma describieron por primera vez las neuronas espejo o neuronas especulares.

Como explica Pablo Herreros en *Yo mono*, durante un experimento en el que se encontraban estudiando las áreas del cerebro relacionadas con la actividad motora en los primates, Rizzolatti y su equipo habían colocado unos electrodos en la corteza frontal de un macaco y estaban registrando su actividad neuronal mientras cogía frutas. Entonces, uno de los investigadores tomó un plátano y el cerebro del mono registró actividad, a pesar de que no se había movido.

De este modo se identificaron estas células nerviosas especializadas a las que se llamó *neuronas espejo* porque reflejan en el individuo lo que está sucediendo a su alrededor. Estas neuronas motoras se activan cuando el individuo observa la acción para la que están determinadas, sin que se haya producido ninguna actividad motora.

Los científicos entienden que las neuronas espejo permiten al ser humano una mayor adaptación al entorno social, ya que nos permiten comprender las acciones e intenciones de otros individuos. Gracias a ellas podemos «sentir» los sentimientos de otros seres sin necesidad de razonar.

Además de en los humanos, se han encontrado neuronas espejo en primates y otros mamíferos con alto cociente intelectual, como los elefantes o las ballenas. Asimismo, se atribuye a estas células un papel importante en los procesos de aprendizaje a través de la observación y la imitación.

El contagio gestual y corporal, como cuando nos contagiamos la risa o el bostezo, descansaría igualmente sobre estos mecanismos neuronales. Tetsuro Matsuzawa constató que el contagio del bostezo ocurre igualmente en los chimpancés.

Estas mágicas neuronas constituyen uno de los más maravillosos descubrimientos de nuestro tiempo y nos muestran que desde antiguo estamos preparados para estar conectados y vivir en sociedad.

LO QUE NOS ENSEÑA LA COMUNICACIÓN ANIMAL

La etología descubrió en el siglo xx conductas en mamíferos y aves comunes también a los humanos. Sabemos que nuestros gestos vienen de antiguo. Tienen que ver con las primeras contracciones y avances de la vida.

Por ello, hablaremos en este libro de lo común al ser humano y los animales. Felizmente se despierta cada vez más en los humanos la alegría de sentirnos nacidos de la tierra, de emparentarnos con las estrellas y la ameba microscópica. Descubrimos con entusiasmo el lenguaje común que nos permite jugar con grandes y pequeños animales, admirar a nuestras mascotas, comprender y amar al calamar primitivo, a la vieja tortuga, y a las plantas y flores de la terraza.

Pero ¿qué podrían enseñarnos? Veremos en ellos rasgos básicos de nuestro comportamiento: unas veces para entender su origen, reconocerlo como natural e imitarlo; otras tal vez para identificarlo como demasiado primitivo o molesto y elegir suavizarlo.

Por ejemplo, en la cultura occidental a menudo se han suprimido los gestos relacionados con procesos fisiológicos o sexuales explícitos, con el aseo en público o conductas como rascarse, que se han considerado poco adecuadas en público.

Quizás queramos evitar los gestos que puedan molestar innecesariamente a los demás, como lo ofensivo, la franqueza gratuita que daña y la ostentación de poder, o lo excesivo, como el deseo de destacar, que en nuestro entorno suele considerarse menos elegante.

En cualquier caso, ahondar en la comunicación no verbal nos permitirá reflexionar y elegir cómo queremos comunicarnos y tratar a los demás.

CUERPO Y EMOCIONES ESTÁN CONECTADOS

En las siguientes páginas trataremos sobre la potente relación existente entre los gestos y nuestro estado emocional.

En primer lugar, ¿qué son las emociones?

Las emociones son reacciones fisiológicas al entorno que valoran lo que está ocurriendo y le dan un significado. Nos ayudan a reaccionar ante los acontecimientos y a tomar decisiones con rapidez y seguridad.

Los antropólogos coinciden en considerar seis emociones como básicas y universales: la alegría, el asco, el miedo, el enfado, la tristeza y la sorpresa.

Las emociones son adaptativas y ayudan a los animales a sobrevivir, ya que sirven para determinar la conveniencia o no de una situación. Las agradables, como la alegría o el amor, funcionan a modo de pegamento, puesto que nos acercan a ciertos individuos y a repetir situaciones que nos resultan positivas. Las desagradables son un repelente, pues nos alejan de situaciones, cosas o personas, como cuando sentimos miedo, asco o enfado.

Las sustancias químicas asociadas con las experiencias emocionales, desde la oxitocina, u hormona del amor, al cortisol, hormona del estrés, son casi idénticas en las diferentes especies.

Animales y humanos contamos con estructuras cerebrales comunes, y en el sistema límbico es donde se generan las emociones de todos los mamíferos.

Para filósofos tan influyentes en nuestra cultura como Platón, Aristóteles o Descartes, las emociones eran muy inferiores a la razón, al igual que el cuerpo estaba muy por detrás de la mente. No es de extrañar que hasta hace relativamente poco tiempo, la emoción haya sido un campo al que no se haya prestado demasiada atención.

Sin embargo, hoy en día sabemos que las emociones tienen gran peso en nuestras vidas y a menudo definen la calidad de nuestra existencia. La reacción a un enfado nos puede hacer perder un empleo o nuestra reacción a una discusión de pareja nos puede hacer perder a una persona importante.

Paul Ekman afirma que es importante definir qué desencadena las emociones, cuáles son los detonantes y entender cómo se organizan las respuestas emocionales para poder reducir los episodios emocionales destructivos y aumentar los constructivos.

Las emociones son una fuente de información fundamental, sabiduría de nuestro cuerpo que hemos de aprender a escuchar, pues identificar las emociones en cuanto empiezan a aparecer permite manejar mejor nuestras respuestas.

El enfado, por ejemplo, nos dice que nuestros límites han sido sobrepasados o que algún valor importante para nosotros se está vulnerando. Aunque tenga mala prensa, el enfado puede ser muy necesario para poner fin a una situación injusta, poner límites o negociar.

La tristeza nos habla de una pérdida. Aunque no sea una emoción agradable, también aporta información. En ocasiones puede ser necesario llorar o refugiarnos durante un tiempo para reponernos y encontrar nuevas ilusiones.

El miedo avisa de una amenaza o peligro. Cuando sentimos miedo ante un reto o novedad, podemos leerlo como un aviso para prepararnos mejor. Analicemos si el temor está fundamentado y evitemos que nos paralice.

Es importante cómo lo leemos. Una amiga mía muy valiente e innovadora dice que sentir miedo es buena señal, pues nos avisa que estamos aprendiendo algo nuevo y saliendo de nuestra zona conocida.

La sorpresa nos transmite que estamos ante algo nuevo, que puede merecer la pena investigar o aprender.

El asco te avisa de algo que te perjudica, lo que te permite alejarte o expulsarlo. La emoción nos está dando información para tomar nuestras decisiones.

La alegría informa sobre un logro o beneficio para ti. Te lleva a disfrutar de lo ocurrido y te impulsa a repetirlo en el futuro.

La inteligencia emocional tiene que ver con detectar nuestras emociones y saber leer lo que nos dicen para darles una salida constructiva.

Como veremos más adelante, detectar las emociones en nuestro cuerpo es un gran paso para influir en nuestros estados emocionales y mejorar nuestra comunicación con nosotros mismos y con los demás.

EL CEREBRO Y LAS REACCIONES EMOCIONALES

El cerebro nos guía en cada paso de nuestras vidas, pues nos ayuda a tomar decisiones, a buscar estrategias y alternativas y a protegernos de los peligros.

Existe un conocido modelo sobre el cerebro llamado el «cerebro triúnico», propuesto por el médico y neurocientífico Paul McLean en la década de los sesenta. Explica el rastro de la evolución en las estructuras del cerebro humano, diferenciando tres cerebros en uno: el cerebro reptiliano, el paleomamífero y el neomamífero.

La parte más antigua de nuestro cerebro sería el tallo encefálico, que lo conecta con la médula espinal y los nervios periféricos. Tiene más de tres mil millones de años de antigüedad, se le suele llamar cerebro reptiliano y es el responsable de comportamientos básicos como el instinto de huida-ataque. Esta parte del cerebro se enfoca a hacernos sobrevivir y controla varias funciones como la respiración o la regulación del ritmo cardíaco.

La parte intermedia sería el cerebro límbico, con unos doscientos millones años de antigüedad. Junto con el tallo encefálico conforma el llamado cerebro emocional, que funciona como un *radar* que nos alerta de la proximidad de un peligro. En él lo esencial es el agrado o desagrado.

La parte superior del cerebro humano, la más reciente en la evolución, es la corteza cerebral, que toma las decisiones conscientes y gestiona las emociones. El neocórtex es la zona más evolucionada, la sustancia gris que cubre los hemisferios cerebrales y donde tienen lugar la percepción, la imaginación, el pensamiento consciente, el juicio y la decisión.

LA RAPIDEZ DEL SISTEMA LÍMBICO

Como explica Elsa Punset en su libro *Una mochila para el universo*, el cerebro humano se mantiene alerta constantemente, ofreciendo respuesta a los estímulos emocionales del entorno. Se trata de un mecanismo de supervivencia que nos ayuda a escapar del peligro y a aproximarnos a lo que entiende como un beneficio. El sistema límbico es precisamente la parte del cerebro que se encarga de estas respuestas de supervivencia y está activo independientemente del neocórtex.

El ser humano tarda entre siete y quince segundos en generar una primera impresión de otra persona. La autora afirma que la primera impresión es un «mecanismo automatizado del cerebro, que es capaz de procesar deprisa mucha información de forma inconsciente». El cerebro analiza esa información y la compara con experiencias pasadas almacenadas en la corteza cerebral y el sistema límbico.

Cuando percibimos un peligro, el sistema límbico dispara una de las tres respuestas, las famosas tres efes: *freeze, fly, fight* («bloquearse, huir, luchar»).

La adrenalina, también llamada hormona de la acción y segregada por las glándulas suprarrenales, tiene mucho que ver con estos procesos y con la supervivencia de la especie humana. En circunstancias de tensión emocional, aumenta su presencia en la sangre y empuja al individuo a tomar decisiones en centésimas de segundo. Por eso a veces en situaciones de emergencia nos sorprendemos con nuestras propias reacciones.

BLOQUEO, HUIDA Y LUCHA

El bloqueo es una reacción primitiva eficiente. Imaginemos que estamos en la sabana africana y detectamos un león al acecho. Quedarse paralizado y esperar a que el depredador no nos vea es una reacción que permite sobrevivir, conservar la energía y aporta tiempo para descubrir si tenemos más alternativas.

El ser humano en ocasiones encuentra en quedarse quieto una respuesta eficaz para defenderse y no llamar la atención. Este tipo de respuesta defensiva se activa, por ejemplo, en el político ante un interrogatorio comprometido o en el estudiante que no se ha preparado un tema de un examen.

La huida es otra de las posibles reacciones: salir corriendo para evitar al depredador. En nuestra vida actual no siempre podemos salir huyendo de una situación, pero nuestros pies y extremidades nos delatan señalando hacia la puerta o alejándonos inconscientemente del foco de preocupación.

A veces nos movemos en la silla cuando estamos incómodos, o comenzamos a recoger nuestras cosas automáticamente. En ocasiones nos ladeamos o alejamos de alguien cuando estamos en desacuerdo. Podemos colocar alguna barrera física, como un bolso u otro objeto que nos separe, cruzar las piernas de forma que nos distancien, apartar la mirada, taparnos la cara, o en situaciones de alto desagrado, dar la espalda completamente o cerrar la puerta. Son formas de huida más o menos rotundas. Es imposible no comunicar.

La lucha es la tercera opción cuando las otras dos ya no son posibles. Es la que requiere más energía y desgaste, pues nos arriesgamos a salir mal parados si nuestro rival es más fuerte. Los animales miden sus fuerzas antes de luchar y muchas veces deciden sabiamente no enfrentarse. Pero en ocasiones la pelea funciona y por ello ha perdurado.

La lucha en nuestra sociedad no está tan aceptada como en otros siglos, por lo que normalmente las respuestas quedan reducidas a un golpe sobre la mesa, o sobre nosotros mismos, gritar, soltar palabrotas, amenazar o discutir. También se traduce a veces en conductas pasivo-agresivas —formas más sutiles de agresión—, como ignorar a la otra persona, no cumplir lo prometido o demorar la respuesta.

El lenguaje corporal en estas situaciones de enfado dice mucho. Aunque no nos peguemos a puñetazos, muchos de los gestos de enfado anuncian la pelea: morderse los labios, fruncir el ceño, sacar pecho o apretar los puños. Son señales de que la persona se siente amenazada, y es ahí donde aparece la respuesta de lucha.

Los gestos son un reflejo de estas emociones que experimentamos y nos dan pistas sobre nuestro estado emocional y sobre el de los demás.

Es útil serconscientes de que nuestro cerebro tiene activado un radar de carencias y amenazas. Estamos condicionados para interpretar los sucesos como negativos, pues durante la evolución, en un entorno con abundantes peligros y enemigos, resultaba más adaptativo fijarse en lo negativo. En la actualidad este radar que nos enfoca a sobrevivir no es tan adaptativo.

Si nos dejamos llevar completamente por las emociones estamos cediendo el control únicamente al sistema límbico. En las siguientes páginas veremos cómo unir fuerzas en dos aspectos clave de nuestra realidad: nuestras emociones y nuestra capacidad de razonamiento, de cara a un comportamiento no verbal más constructivo.

LA AYUDA DEL CUERPO PARA GESTIONAR LAS EMOCIONES

Relación del cuerpo con las emociones

Sabemos que **cuerpo y emoción están estrechamente relacionados**. Cuando sentimos estrés parece que el pecho nos oprime, la alegría en cambio nos hace sentir ligeros, casi como si volásemos, y el miedo nos revuelve el estómago.

Las emociones se experimentan en el cuerpo, e identificar esos mecanismos en nosotros mismos suele ser un camino útil para comenzar a conectar con nuestras emociones.

Los educadores que trabajan la inteligencia emocional con niños y niñas hacen un gran trabajo cuando les ayudan a identificar esas emociones en su cuerpo.

Recuerdo bien lo que me explicó mi hija de cinco años tras un taller sobre emociones al que la apunté unas vacaciones de navidad. Ese día habían estado hablando sobre cosas que les enfadaban en el colegio o en casa, habían dibujado su monstruo del enfado y después su monitora les había preguntado dónde sentía cada uno esa emoción. Parece que unos la notaban en el pecho, otros en la tripa y otros por el cuello. Cuando le pregunté a mi hija dónde lo sentía ella, me sorprendió con un rotundo: «Mami, yo en los puños».

Reconocer las emociones y sus síntomas en el cuerpo es el primer paso para empezar a entenderlas y poder darles, posteriormente, una salida constructiva.

El gesto arrastra a la emoción

Paul Ekman, investigador pionero en el campo de las emociones y su expresión facial, ha investigado durante décadas la **relación entre los gestos y el estado de ánimo**.

Para Ekman y su equipo cada emoción posee sus propias señales y las más claras se plasman en el rostro y en la voz. Pero también funciona a la inversa. Cuando una persona adopta una expresión facial negativa como la tristeza, el cerebro interioriza esa expresión y su estado de ánimo cambia para adaptarse a ella.

Además sabemos que la sonrisa desencadena endorfinas y dopamina, que hace a los músculos estar menos tensos, calmar la respiración y sentirnos mejor. Si no estás feliz, pero pones cara de felicidad, pronto te sentirás un poco más feliz.

Sonreír mejora nuestro estado físico e incluso nuestra salud. Elsa Punset, en su libro *Una mochila para el universo,* afirma que «cuando sonríes, el cuerpo entiende que no estás en peligro y hasta puedes sentir menos dolor físico».

Nuestras emociones están asociadas al hecho de fruncir el ceño, sonreír o adoptar una determinada postura. Esto no quiere decir que debamos negar nuestras emociones, ni siquiera las negativas, pues son reacciones naturales y nos ofrecen información valiosa, pero sí podemos ser más conscientes y contar con un repertorio de recursos para redirigirlas o sobreponernos a la adversidad cuando sea necesario.

Podemos escuchar nuestras emociones y decidir cómo canalizarlas gracias a nuestra capacidad racional.

Cambiar nuestra química voluntariamente

Las investigaciones sobre lenguaje no verbal de la psicóloga social Amy Cuddy también revelan que podemos alterar nuestra propia química simplemente cambiando nuestra postura corporal.

A través de su famosa charla «Your Body Language May Shape Who You Are» en TEDGlobal 2012, Cuddy ha contribuido a divulgar el papel de la postura en el estado de ánimo. Considera que cualquier persona debería hacer algo antes de acudir a una entrevista, impartir una conferencia o participar en una competición deportiva: adoptar, durante dos minutos, una postura de poder o *power pose*, en inglés.

Con una postura de poder se refiere a adoptar los gestos asociados a un estado de confianza, poder y logro: el cuerpo erguido, la cabeza hacia el frente, los brazos hacia delante o apoyados en las caderas, etc. Son gestos que implican una amplia ocupación del espacio, señal de ausencia de miedo.

Como cuenta en su charla, los humanos, al igual que el resto de los animales, expresan poder a través de sus posturas corporales. Se repliegan sobre sí mismos cuando se sienten inseguros, haciéndose más pequeños, encorvándose, cruzando los brazos sobre el pecho y reduciendo los movimientos.

Por el contrario, cuando se sienten fuertes y poderosos, se expanden y ocupan más espacio, como los primates cuando golpean su pecho, o las aves cuando abren sus alas; las personas tendemos a celebrar una gran noticia levantando y abriendo los brazos.

Cuddy y su colaboradora, Dana Carney, profesora de la Universidad de California, en Berkeley, se preguntaban si adoptar estas posturas abiertas podría cambiar el estado interno de una persona y hacerla sentir más poderosa.

Con el fin de averiguarlo llevaron a cabo un experimento relacionado con la testosterona y el cortisol. La testosterona es la hormona del poder (a niveles altos crea sensación de seguridad) y el cortisol es la hormona asociada al estrés. Sabemos que las personas con capacidad de liderazgo suelen caracterizarse por un alto nivel de testosterona y un bajo nivel de cortisol.

En el experimento se pedía a las personas que adoptaran una postura de poder o una postura de bajo poder durante dos minutos. A continuación, se les preguntaba si querían apostar. Un 86 % de los participantes que habían adoptado la postura de poder decidió apostar, y solo el 60 % de los que habían mantenido la postura de bajo poder eligieron hacerlo.

Además, las investigadoras obtuvieron conclusiones incluso más interesantes al encontrar diferencias fisiológicas entre los dos grupos del estudio. Mientras que los que adoptaron la pose de poder habían aumentado el 8 % en sus niveles de testosterona, el grupo que practicó la pose de bajo poder obtuvo un descenso del 10 % en la misma hormona.

Con la hormona del estrés, el cortisol, ocurrió lo contrario. Las personas que mantuvieron la pose de poder experimentaron una reducción del 25 % en sus niveles de cortisol. Por otra parte, quienes adoptaron la pose de bajo poder tuvieron un aumento del 15 %.

En definitiva, se comprobó que nuestro cuerpo tiene la capacidad de cambiar nuestra mente. La postura que adoptemos, nuestra comunicación no verbal, influye significativamente en cómo nos sentimos. Por tanto, tenemos en el cuerpo un aliado para influir en nuestro estado emocional.

Entre las herramientas para influir en nuestro estado de ánimo, contamos también con el ejercicio físico. Practicar deporte con regularidad tiene infinidad de efectos beneficiosos para nuestro cuerpo, desde prevenir enfermedades, al mantener un peso adecuado, hasta mejorar la flexibilidad y la tonicidad muscular. Pero, además, sabemos que el ejercicio tiene efectos positivos a nivel mental. Psicólogos y médicos recomiendan ejercicio físico regular para que nuestro cerebro funcione de forma óptima, y diferentes estudios muestran que las personas que están en forma tienen una mayor capacidad de concentración que las personas que tienen una vida sedentaria.

Asimismo, el ejercicio físico tiene efectos positivos en la prevención y tratamiento de la depresión. Parece que la causa está relacionada con la segregación de neurotransmisores como la serotonina y las endorfinas a partir de la actividad física. La serotonina es un neurotransmisor conocido como la hormona de la felicidad, responsable de nuestro sistema de recompensa y regulador del apetito, el sueño y el estado de ánimo. Las endorfinas son los neurotransmisores que generan sensación de bienestar y satisfacción tras la práctica de actividades físicas.

Por otra parte, hoy sabemos que el pensamiento tiene un enorme poder en nuestros estados anímico y físico, por lo que es interesante ser conscientes de nuestro diálogo interno. Los tres elementos, cuerpo, mente y emoción, están profundamente interconectados.

INFLUENCIA DE LA CULTURA EN LA COMUNICACIÓN NO VERBAL. LO INNATO Y LO APRENDIDO EN LA COMUNICACIÓN NO VERBAL

Sabemos que la comunicación no verbal humana es en parte congénita y en parte adquirida a través de la educación.

Los humanos nos comunicamos constantemente sin ser conscientes en muchos casos del lenguaje antiguo y universal, instintivo y heredado en los genes, que está conformado por los gestos, los sonidos, los olores, las aproximaciones y los rechazos. No en vano, como dijimos, compartimos un 98 % de nuestro ADN con los primates más próximos: los bonobos y los chimpancés.

Como hemos visto, la comunicación no verbal primitiva viene a ser un lenguaje simple, binario, compuesto de dos signos: me gusta/no me gusta; pasa o no pasa corriente comunicativa. Pero se combina de múltiples formas y se emite a través de diversos canales al mismo tiempo como, por ejemplo, la palabra, el tono, la postura, el atuendo, el rostro, los ojos, etc.

Además de este componente animal, el *Homo sapiens* incorpora la cultura, que es la que marca las normas de cada sociedad. Las normas recomiendan unos comportamientos y prohíben otros por considerarlos inapropiados, de acuerdo con los valores predominantes en cada época y en cada región.

La educación ocupa un importante espacio en el desarrollo del ser humano. Como afirma el prestigioso filósofo José Antonio Marina en su libro *La educación del talento*: «Educar es la actividad fundacional de la especie humana, a la que habría que definir como "la que educa a sus crías"».

Para el investigador, el cerebro del niño al nacer es pura biología, pero pocos años después ha aprendido a hablar, a regular sus emociones, a establecer vínculos con los demás, a controlar su comportamiento, es decir, se ha convertido en un ser cultural.

En un periodo breve asimila lo que sus antepasados han conseguido desarrollar durante miles de años. La bella idea de Marina es que «la humanidad se reinventa en cada niño» a través de la ternura materna y paterna, los cuidados de los que le rodean, sus aportes y exigencias, la cooperación de la sociedad, etc. En definitiva, a través de la educación.

EL MAMÍFERO MALEABLE

En su libro *Encuentra tu elemento*, Ken Robinson habla del ser humano como «el mamífero maleable», el único mamífero que viene al mundo sin preparación suficiente para enfrentarse a él. Por ejemplo, presenta una enorme diferencia con los herbívoros, que a las pocas horas de nacer deben estar preparados para caminar y correr a la velocidad de los adultos de su manada.

El ser humano es el único mamífero que camina exclusivamente apoyado sobre dos piernas. Esto le ha proporcionado ventajas como liberar los brazos para usar herramientas, lanzar objetos, señalar, buscar comida, etc. Pero otra consecuencia de ello es el estrechamiento de la pelvis, que limita el tamaño de las crías al nacer y en especial el tamaño de sus cabezas.

Para el antropólogo Andrew Marlow, la del ser humano es «una batalla evolutiva entre la pelvis y el cráneo». El canal del parto es estrecho en los humanos y por ello los bebés han de nacer prematuramente. Su cerebro no puede desarrollarse en el útero, sino después del nacimiento, por lo que los bebés humanos son muy vulnerables y poco autónomos.

Marlow explica también que el impulso de crianza se dispara muy fácilmente en los humanos porque las crías necesitan enormes cuidados para sobrevivir durante mucho más tiempo que otras especies.

Precisamente la inmadurez del bebé durante tanto tiempo hace que sea necesaria la cooperación de la tribu para su crianza. Tal vez esto haya provocado la necesidad de la pareja de mantenerse unida para prolongar esos cuidados. En la naturaleza, el cuidado biparental, en el que tanto el macho como la hembra invierten gran esfuerzo en el cuidado de sus crías, se da en cerca del 80 % de las aves y en el 6 % de los mamíferos. Aunque los pingüinos se lleven la fama, constatamos que hay muchos más padres animales implicados en la crianza.

¿QUÉ ES LA CULTURA?

La cultura es el conjunto de todos los rasgos espirituales y materiales que caracterizan una sociedad. Para Roy Baumeister, psicólogo social norteamericano y autor del libro *The Cultural Animal*, la cultura es la conducta aprendida. Un conjunto de creencias, prácticas, costumbres, instituciones y mitos construidos por un grupo humano, que pasa de una generación a la siguiente.

Para él, el mundo cultural es un mundo compartido de sentidos o significados. Reconoce que la cultura influye en la conducta, pero que no puede moldear al ser humano como sobre una tabla rasa, sino que tiene unas limitaciones impuestas por la biología.

Este prolífico autor acepta que existe un rudimento de cultura en los chimpancés y otros primates, aunque no comparable a la humana. A diferencia de otros colegas, considera que la cultura tiene su base en la biología y que, a pesar de las diferencias, son más importantes las semejanzas entre todas las culturas.

Por este motivo, para Baumeister debemos dejar a un lado las diferencias entre culturas y apreciar lo que tenemos en común, clave para él: la naturaleza cultural del ser humano, pues la cultura está en nuestros genes.

La socialización es el proceso a través del cual la persona interioriza la visión del mundo, los valores y las normas de una cultura determinada. Este proceso se produce a través de múltiples canales: la familia, el sistema escolar, los grupos de amigos, los medios de comunicación, las redes sociales, la música, ya sea clásica o pop, los cómics, las series y los productos de los medios de comunicación, etc. Así pues, cualquier expresión colectiva desarrollada por un grupo humano forma parte de la cultura.

Sin duda los cuentos, historias, novelas y películas que escuchamos, leemos y vemos, son un aporte clave en nuestra cultura. A través de las historias tenemos acceso a personajes, héroes y heroínas, logros y aventuras que nos influyen más o menos conscientemente. Desde Lazarillos, Quijotes, Lancelots, Ginebras y *Brave Hearts* a las grandes figuras religiosas como Buda, Moisés, Jesucristo o Mahoma, hasta los personajes de películas infantiles o las últimas producciones cinematográficas y las series que consumimos ávidamente en estos tiempos.

La contribución de los libros a la cultura es un tema que ha abordado recientemente la autora Irene Vallejo en su maravillosa obra *El infinito en un junco*. En él nos habla del inicio de la fiebre de los libros y la cultura desde la Grecia de Aristóteles. Al expandirse el imperio griego, todas las grandes capitales contaban con bibliotecas como centro de actividad intelectual, para promover la cultura griega, como demostración de poder de los gobernantes y forma de aumentar su prestigio.

Como culmen, la Gran Biblioteca de Alejandría, fundada en el s III a.C., se convirtió en uno de los mayores centros de difusión del conocimiento en la Antigüedad. Irene Vallejo cuenta que el rey Ptolomeo mandaba revisar cada poco tiempo cuántos ejemplares contenía la gran Biblioteca de Alejandría, señal del orgullo por la conservación y acumulación de conocimiento a través de los libros.

Puesto que la cultura determina el modo en el que los seres humanos juzgamos la belleza o fealdad de las cosas, la bondad o la maldad, no debemos olvidar que aprendemos a mirar el mundo influenciados por la sociedad en la que crecemos y vivimos.

¿CÓMO SURGE LA CULTURA?

La revolución cognitiva de los sapiens y el lenguaje

Como explica Yuval Harari en su magnífico libro *Sapiens*: «La revolución cognitiva es el punto en que la historia declaró su independencia de la biología». Tras la revolución agrícola se produce una revolución cognitiva en nuestros antepasados, que desemboca en la aparición de una nueva forma de pensar y comunicarse.

¿Cómo ocurrió? Los *sapiens* que poblaban África oriental hace unos 70.000 años empezaron a invadir el resto del planeta. Entre los 70.000 y los 30.000 años inventan todo tipo de utensilios como arcos, flechas, redes, lanzas, barcas, remos, lámparas de aceite y agujas. Además, aparece el comercio, así como los primeros objetos de arte y joyería, como el magnífico ejemplo del hombre-león, tallado en marfil en la cueva de Stadel, Alemania (datado en 32.000 años), o más adelante la hermosa y conocida figura de mujer en piedra caliza llamada *Venus de Willendorf*, que tiene una antigüedad de 25.000 años.

Esto supone una revolución en estas sociedades pues, de acuerdo con lo que sabemos, en esta época surgen mitos, leyendas, dioses y religiones.

La teoría más compartida sitúa el origen de esta revolución en mutaciones genéticas accidentales que, progresivamente, cambiaron las conexiones del cerebro de los *sapiens*, lo que les permitió pensar de manera diferente y comunicarse con un nuevo lenguaje. Se trataba de un lenguaje muy flexible, que permitía combinar un número de sonidos y señales para producir infinitas frases, cada una con un significado distinto.

Es cierto que los animales poseen formas de comunicación diversas con las que informan, por ejemplo, sobre la localización de alimentos. Existían también lenguajes vocales en muchos animales y en todos los monos y simios, con distintas llamadas, entendibles por sus congéneres, para alertar de peligros distintos como podían ser un águila o un depredador terrestre como una serpiente.

Harari afirma que la gran diferencia en la comunicación humana es que el *Homo sapiens*, además de tener la capacidad de transmitir información sobre otros animales, sobre sus propios congéneres y otras situaciones, puede hablar de ficción, es decir, cosas que no existen.

La ficción es para este autor una pieza fundamental de nuestra evolución, pues permite crear y compartir mitos comunes a los seres humanos y, de este modo, poder cooperar en grupos muy numerosos de una forma sin precedentes. Sabemos que animales como las hormigas o las abejas cooperan, pero de forma rígida y en grupos familiares. Mamíferos como los lobos o los chimpancés colaboran entre ellos con más flexibilidad, por ejemplo para cazar, pero solo en grupos pequeños.

Parece que las técnicas de caza de los *sapiens*, no practicadas por otras especies de *Homo*, como rodear un rebaño de herbívoros y conducirlos hacia un barranco, se basaban en la cooperación entre grandes grupos de individuos.

El lenguaje permite a los seres humanos compartir mitos y esto, a su vez, les impulsa a compartir proyectos cada vez más grandes, como la construcción de un gran templo o una gran ciudad. Por eso nos atrevemos a afirmar que el lenguaje hace al ser humano.

EL ORIGEN DEL LENGUAJE HABLADO

Los investigadores han debatido largo tiempo sobre el momento en que los humanos comienzan a hablar.

La comunicación no verbal aparece en la especie humana antes del desarrollo del habla. Los antepasados del ser humano se comunicarían a través de mímica, gritos y gestos.

Existen diversas investigaciones sobre los lenguajes que utilizaba el hombre prehistórico, pero, hasta el momento, solo se han obtenido algunas hipótesis no comprobadas. Las más admitidas han sido la divina, la teoría de las exclamaciones, la onomatopéyica y la mecanicista**.

Las estimaciones sobre la aparición del lenguaje varían enormemente, desde hace unos 50.000 años —la etapa de la revolución cognitiva que explica Harari— hasta un momento muy anterior, como sería el comienzo del género humano hace más de dos millones de años.

Sabemos que los primeros sistemas de escritura evolucionaron independientemente —más o menos al mismo tiempo en Egipto y Mesopotamia—, pero según los últimos estudios parece que la escritura sumeria fue anterior y surgió en Mesopotamia alrededor del año 3500 a. C.

Gracias a la escritura se pudo empezar a archivar la información, consignar leyes, ordenar el comercio y preservar la historia, las costumbres y las tradiciones. Precisamente los historiadores establecen la diferenciación entre la prehistoria y la historia partiendo de la ausencia o presencia de fuentes escritas autóctonas.

Pero la palabra oral no deja huella directa en los restos arqueológicos, por lo que los investigadores han tenido que utilizar otros métodos para tratar de resolver este interrogante. Por ejemplo, las habilidades simbólicas, como los primeros vestigios de arte, o la aparición de habilidades sofisticadas de fabricación de herramientas.

Por otra parte, el desarrollo del cerebro aporta claves para desvelar este misterio. Hoy sabemos que el neocórtex, una de las áreas más modernas de la corteza cerebral, es el soporte principal del registro de lo simbólico, necesario para la aparición del lenguaje.

Me parece digna de atención una investigación que trata de aproximarse al origen del lenguaje dirigida por Thomas Morgan, psicólogo de la Universidad de Berkeley (California) en 2015. En ella se estudió la forma en que el lenguaje influye en el aprendizaje a la hora de elaborar unas básicas herramientas de piedra llamadas *oldowan*. Se trata de escamas de piedra como las fabricadas por los primeros humanos hace aproximadamente 2,5 millones de años.

El procedimiento para su fabricación consiste en golpear un núcleo de piedra con un martillo, también de piedra, para conseguir que se desprenda así un copo afilado que permitiría cortar la piel y la carne de las presas.

En el experimento se crearon cinco grupos con distintas condiciones para el aprendizaje: uno en el que únicamente les facilitaban los objetos necesarios (piedra y martillo) sin mostrarles ningún ejemplo para la ingeniería inversa; otro en el que contaban con una muestra de la herramienta que debían fabricar, además de las herramientas y materiales; un tercero en el que podían ver a otros investigadores expertos fabricar las herramientas; otro en el que los expertos podían comunicar con gestos cómo golpear la piedra para lograr el objetivo; y un último grupo en el que se les permitía utilizar el lenguaje hablado para explicar el procedimiento.

Los resultados demostraron muy poco éxito en los primeros grupos frente a unos resultados mucho más favorables en los grupos con posibilidades de comunicación. Con ayuda del lenguaje no verbal se duplicaba el grado de acierto en la elaboración de la herramienta mientras que, en el último grupo, que contaba con la ayuda de la palabra hablada, el porcentaje de resultados exitosos se cuadruplicaba.

Los investigadores concluyeron que el desarrollo exitoso de estas primeras tecnologías de creación de herramientas hace más de dos millones de años habría necesitado la capacidad de enseñar a otros y probablemente también marcase el inicio del lenguaje hablado, lo que los investigadores llaman protolenguaje.

La investigación señala la efectividad del lenguaje para aprender y vincularía el avance técnico y cultural de nuestros ancestros con su aparición. Independientemente de la fecha de su nacimiento, que por el momento sigue siendo una incógnita, lo que parece claro es que la mayor diferencia entre nosotros y otras ramas de homínidos es nuestro privilegiado lenguaje.

HIPÓTESIS DEL PAPEL DE LA COCINA EN LA EVOLUCIÓN HUMANA

Otra hipótesis acerca del origen del lenguaje es la de que cocinar nos hizo humanos.

Diferentes autores, desde el investigador español Faustino Cordón en su libro *Cocinar hizo al hombre* al norteamericano Richard Wrangham en su más reciente *Catching Fire: How Cooking Made Us Human*, la cocina sería el factor clave para la aparición de la palabra. Para Cordón, «la cocina está tan por encima de la actividad animal que su ejercicio provocó la palabra».

En su libro explica que «el medio de toda especie somete a esta a una evolución, a un cambio perfeccionador». En primer lugar, la aplicación de útiles rudimentarios le proporcionaría un complemento a su cuerpo que antes no tenía, lo que le permitiría ampliar su provisión de alimento con nuevos manjares. Por ejemplo, podría escarbar imitando al jabalí en busca de tubérculos y raíces comestibles, sin embargo tendría un problema a la hora de poderlos masticar y digerir. También podría matar algún animal con ayuda de un arma, pero sus dientes no serían adecuados para triturar este tipo de comida. Por tanto, la transformación del alimento era crucial.

El dominio del fuego, el medio principal de transformación culinaria del alimento mediante la aplicación de calor, significó un paso fundamental.

Lo normal es que inicialmente los homínidos pudieran observar el efecto de un fuego provocado, por ejemplo, por un rayo, y que apreciaran cómo las grandes fieras huían de él. Asimismo es verosímil que aplicaran su habilidad para avivar los rescoldos y alimentar con leña esas primeras hogueras. Tras disfrutar de sus ventajas como defensa, es posible que concibiesen la idea de transportar el fuego en una tea.

Desde entonces, la hoguera constituiría una protección indispensable para los homínidos y pudo convertirse en el centro del hogar.

En cuanto al descubrimiento de las posibilidades del fuego para transformar la comida, pudo ser que algún alimento cayera en el fuego por error o como fruto de la curiosidad. Como consecuencia, descubrirían que algún producto vegetal o animal no digerible en crudo podía ser consumido tras su paso por el fuego. De este modo se lograría la hazaña de la transformación del alimento.

Un avance esencial que permitió superar la aplicación directa del fuego fue el invento de la cocción, posiblemente determinado por el descubrimiento de la cerámica. Esta permitió controlar las dos variables principales que intervienen en la actividad de cocinar: el agua y el calor.

La experiencia obtenida a través de la cocina sería de los primeros conocimientos empíricos transmitidos por tradición oral. También la cerámica constituiría un importante caso de conocimiento valioso, con la transformación por medio del calor de una masa de arcilla húmeda en una vasija rígida, impermeable y resistente al fuego.

Además, la práctica de la cocina sería la primera actividad que permitiría al homínido elaborar proyectos. A esta primera actividad seguirían encadenándose otras para adecuar la realidad a su favor: la agricultura, la ganadería, la metalurgia, etc.

Antes de descubrir la cocina, nuestros ancestros tendrían objetivos como la búsqueda apremiante de comida, pero con escasa posibilidad de previsión. No obstante, la actividad de la cocina es una actividad planificable y tiene sentido que por su complejidad se realizase conforme a una receta y a un proyecto. Desde cazar y recoger los productos, transportarlos y almacenarlos, hasta el hecho de hacer y mantener el fuego. Todo ello exigiría cooperación y cierta división del trabajo entre los que cazan y recolectan, o los que guardan el campamento y los que cocinan.

La práctica culinaria es tan rentable para la especie que debió imponerse como actividad habitual, favoreciendo así la cooperación del grupo. A su vez, el acampar durante el día para estas labores pudo influir en la comunicación oral entre ellos, por lo que estos homínidos cooperadores, atentos al proceso de transformación del alimento, estarían en condiciones de desarrollar el lenguaje.

Hasta entonces los gritos de los homínidos habrían consistido en sonidos para evocar a un animal cuya presencia requiriese una respuesta inmediata (gritos con un contenido semántico de nombre, o con función de sujeto, como león o serpiente). También podría encontrarse otro tipo de chillidos con contenido semántico de predicado, como una acción que el receptor debiera realizar, como correr, atacar, etc.

Para los autores partidarios de esta teoría, la actividad culinaria proporcionó a los homínidos una conciencia de agente, que los llevó a diferenciarse de su obra, de forma que comenzarían a relacionar, en las primeras oraciones, voces sustantivas y voces verbales, como objetos inertes y acciones, conquistando con ello una mayor libertad y capacidad de colaboración.

Como afirma Yuval Harari, lo que marca un gran salto en la evolución y nos diferencia del resto de seres vivos, al capacitarnos para cooperar de una forma revolucionaria y construir nuestra cultura parece que es el lenguaje, y con él «el pegamento de los mitos», capaz de unir a un enorme número de individuos de grupos diversos en torno a un mismo proyecto o idea, ya fuera construir una catedral, organizar una gran guerra, crear una moneda para el intercambio de bienes o definir las leyes del reino.

¿CÓMO SURGEN LAS NORMAS SOCIALES?

Las normas sociales resultan un fenómeno muy interesante. Son reglas para colaborar que proporcionan a los grupos un marco seguro para relacionarse, unos límites que se conocen de antemano y hacen posible la convivencia y la cooperación.

En las sociedades humanas, contamos con normas implícitas y explícitas recogidas en leyes, códigos, decálogos, constituciones, etc.

Los primates tienen un sistema menos sofisticado, pero también tienen normas sociales, pues el grupo regula los comportamientos y no permite que un individuo sea agresivo o no colabore sin motivo en la caza, la defensa, etc.

Por ejemplo, en los juegos, los individuos no deben mostrar todo su potencial agresivo. Si alguno lo hace, será sancionado y excluido al instante. Marc Bekoff, etólogo experto en el juego en animales, explica que perros, lobos y coyotes regulan su fuerza ya que, de lo contrario, serían aislados y evitados, lo que podría conllevarles la muerte, dado que en solitario la supervivencia se reduce a la mitad respecto a aquellos que viven en manada.

Asimismo, en los primates encontramos el sentido de la justicia cuando se buscan compañeros más ecuánimes en el reparto de recompensas, cuando se rebelan contra un macho dominante que abusa de su poder o cuando se enfadan, por ejemplo, con los que no colaboran en la defensa del territorio común sin motivo.

Para los homínidos, vivir en solitario significaba peligro de muerte. Con el objetivo de lograr una vida en sociedad beneficiosa para todos, emergieron unas normas que hacían posible esta colaboración duradera.

Como afirma Alejandro Jodorowsky, actualmente los humanos conservamos muchos miedos y nos apresuramos para adaptarnos a las pautas de nuestros grupos de referencia, pues seguimos sintiendo, al igual que nuestros antepasados, que «es terrible ser expulsados del clan». Tal vez podemos reconsiderar si hoy es tan terrible.

Hasta hace poco los antropólogos pensaban que los valores se adquirían únicamente por aprendizaje, pero hoy en día se plantea que pueden provenir ya de nuestro ancestro común con los primates. Para Pablo Herreros parece que habría una «moral arcaica», anterior a lo cultural o humano, compartida con los grandes simios: una predisposición innata a la justicia y a marcar unas normas óptimas para la convivencia.

¿CÓMO EVOLUCIONAN LAS DIFERENTES CULTURAS?

En la actualidad, la mayoría de los investigadores coinciden en que cada cultura posee sus creencias, normas y valores, y que se hallan en un flujo de evolución constante.

La cultura puede transformarse como respuesta a cambios dentro de su entorno o por la interacción con otras culturas. Como explica Harari en *Sapiens,* por ejemplo, en 1789 la población francesa pasó de creer en el mito del derecho divino de los reyes a creer en el mito de la soberanía del pueblo.

De igual manera, la aparición de la imprenta de Gutenberg en 1456 permitió que emergiera y se extendiera un valor clave de nuestra sociedad moderna como es la libertad de acceder y cuestionar el conocimiento y expresar la propia opinión, el cual contribuirá también al avance de la ciencia.

En torno al 10000 a. C. en la tierra coexistían mundos totalmente independientes y desconectados entre sí. Sin embargo, hoy en día casi todos los humanos compartimos el mismo sistema geopolítico, el mismo sistema económico y el mismo sistema científico.

La cultura global no es homogénea, hay muchos estilos de vida, pero están cada vez más interconectados y se influyen entre sí.

En un viaje a Japón que tuve la fortuna de hacer hace algunos años, recuerdo cómo un guía me explicaba con tristeza cómo los jóvenes japoneses cada vez están más influidos por la cultura norteamericana de las series de televisión, la música y el cine, alejándose así de los valores y tradiciones japoneses de sus padres y abuelos. La fidelidad a sus empresas, la paciencia, la abnegación y el espíritu de sacrificio parece que no tienen tanta aceptación en las nuevas generaciones como antaño.

Este curso, en el que mi hija de quince años ha participado en un maravilloso intercambio escolar de un trimestre con una niña canadiense de su edad, hemos podido experimentar de primera mano cómo dos adolescentes separadas por una distancia de seis mil kilómetros podían tener gustos sumamente parecidos. Desde afinidad en cuanto a música, deporte, aficiones, ídolos o figuras de referencia, ropa y marcas de zapatillas hasta idéntico amor por las tortitas, los *smoothies*, los helados y los batidos de ciertas cafeterías.

Por suerte, aún mantenemos algunas diferencias culturales y hay margen para disfrutar descubriendo nuestras mutuas diferencias. El clima, los hábitats naturales, las costumbres y los horarios, así como nuestro arte, nuestro idioma o nuestras expresiones y tradiciones más distintas.

LAS NORMAS CULTURALES

Las normas culturales son las reglas que regulan el comportamiento en una determinada cultura. Algunas normas están escritas en forma de decálogos, principios y leyes mientras que otras operan informalmente. Las normas suelen facilitar la convivencia, pues generan la comodidad de conocer las expectativas del grupo y de no molestar ni ser molestados, pero también pueden ser una herramienta de control social. Existen claros ejemplos que aún perduran hoy, como el uso del burka en las mujeres en ciertos países de religión islámica como Afganistán o la tradicional sumisión de la mujer en Japón.

Las normas culturales pasan de generación en generación a través de la educación, las prácticas religiosas o los ritos y costumbres de cada sociedad.

Las tradiciones a menudo se asocian con la finalidad de complacer a los dioses o divinidades y, por este motivo, las personas criadas en una cultura habitualmente cumplen con convicción con esas costumbres transmitidas por sus ancestros. Las tradiciones suelen hacer referencia a la celebración de los nacimientos y las muertes, a los rituales de iniciación, de matrimonio, los saludos, la forma de vestir, alimentarse, etc.

El término «tabú», de origen polinesio, se refiere a personas o cosas con las que se prohíbe el contacto por considerarse sagradas, o a ciertas palabras o temas de los que se prohíbe hablar por razones religiosas o normas sociales establecidas como pudor, buen gusto, etc. Son prohibiciones respaldadas habitualmente por poderes sobrenaturales.

Los tabúes están relacionados en la mayoría de las ocasiones con la sexualidad, aunque también existen tabúes alimenticios o tabúes de indumentaria, como los que forman parte de las indicaciones de las grandes religiones como el judaísmo, el cristianismo o el islam. En ocasiones las religiones se asientan sobre creencias de las culturas anteriores, por lo que es difícil señalar con precisión el origen de ciertas costumbres o ideas.

A lo largo de la historia, las religiones han configurado en gran medida las creencias y los valores de la cultura, y han sido un instrumento de transmisión de los modelos de conducta de una generación a otra, indicando cómo las personas deben conducir sus vidas.

Lo cierto es que, aunque el peso de las religiones es menor en la actualidad, en muchas sociedades los tabúes que antaño imponía la religión no han desaparecido del todo, sino que se conservan arraigados en nosotros. Encontramos, por ejemplo, que la sexualidad sigue siendo un tema difícil de abordar para muchas personas y familias en nuestra sociedad.

Así, en tiempos de nuestros abuelos y de algunos de nuestros padres, en España era tabú hablar de temas como la menstruación, o incluso mencionar prendas de ropa interior. Se consideraba preferible utilizar otros términos generales y evitativos como «paños menores». También encontramos aún en algunas personas tabúes ante conductas como dar el pecho a un bebé en público o el hecho de expresar el dolor o el enfado en función de ser hombre o mujer. Como hemos visto, estas normas aceptadas van evolucionando con la sociedad.

LA MORAL

José Antonio Marina explica, en Ética para náufragos, un caso estudiado por Marvin Harris: la vaca sagrada, o la prohibición de matar vacas sagradas en la India. Parece que este precepto, que nos puede resultar extravagante desde nuestra óptica occidental, tenía un propósito razonable en sus orígenes: impedir que el campesino, cuya supervivencia dependía de la vaca, la matase cuando el hambre acuciase.

Para el filósofo madrileño, las distintas tradiciones morales han sido construidas a partir de una suma de accidentes históricos suscitados por un permanente deseo del ser humano de sobrevivir y ser feliz. Explica que la estructura de esas creaciones morales de cada cultura es bastante constante. «En todas hay normas, autoridades, sistemas de control y sentimientos que acompañan a la experiencia moral», además del comportamiento de la obediencia.

LAS DIFERENCIAS CULTURALES EN LOS GESTOS

El antropólogo Weston La Barre está entre los autores clásicos de la corriente contraria a Darwin, y plantea que el lenguaje no verbal viene determinado por la cultura.

En su libro *Las bases culturales de emociones y gestos*, muestra con numerosos ejemplos que los gestos tienen significados culturalmente aprendidos.

Escupir es, en muchos lugares, un gesto de máximo desprecio, mientras que entre los masáis de África es un gesto de afecto y bendición, y en China, escupir al suelo es un gesto habitual no percibido como mala educación, como sí ocurre en nuestro entorno europeo. Parece que en su cultura tragar saliva se entiende como perjudicial por asociarse con tragar impurezas.

En Japón, no contener el estornudo por todos los medios se considera una grosería, al igual que sonarse la nariz en público, que debe evitarse y hacerse en un baño o lugar reservado.

Por el contrario, para los japoneses, dormirse en cualquier lugar (incluso en una reunión) no es extraño. El *inemuri* (quedarse dormido estando presente en el puesto de trabajo) está perfectamente aceptado. Esta conducta extraña para nosotros en Occidente tiene una justificación que explica en su blog la experta en sociedad y cultura de Asia oriental, Laura Tomás.

Tras la derrota sufrida en la Segunda Guerra Mundial, Japón necesitaba recuperarse económicamente y los trabajadores hicieron un gran esfuerzo para poder sacar adelante al país en un breve tiempo. Desde entonces, quedarse dormido en el propio sitio de trabajo se percibe como una consecuencia de la acumulación de horas y de la absoluta dedicación al mismo, por lo que está permitido e incluso bien visto en todos los niveles. Como pude observar en mi viaje a Japón, lo correcto para ellos cuando alguien se duerme en el entorno laboral, incluso en mitad de una reunión o presentación, es hacer como si no ocurriera nada y no despertar a la persona.

En algunas zonas de la India, por ejemplo, no es adecuado señalar a nadie con el dedo, pues resulta ofensivo y es recomendable indicar con la mano en su lugar. Levantar los dedos índice y corazón en Reino Unido tampoco es conveniente, pues es un gesto de agravio equivalente al insulto con el dedo corazón utilizado en países como España o Estados Unidos.

En algunos países de la antigua Unión Soviética no es tan frecuente sonreír. En Moldavia, por ejemplo, si una mujer le sonríe a un hombre desconocido, normalmente este pensará que está coqueteando.

Un conocido proverbio ruso dice que «Sonreír sin razón es un signo de estupidez», y los autores británicos de una popular guía sobre Polonia también advierten a los turistas de que «los polacos ven el sonreír a los extraños como un signo de estupidez».

En los comercios o en las calles de Polonia, por ejemplo, es poco frecuente recibir una sonrisa de los dependientes, y el contacto ocular con extraños es menor que en otros países europeos.

LAS SOCIEDADES *WEIRD* Y EL PESO DE LA CULTURA OCCIDENTAL

En 2010 el antropólogo Joe Henrich y el psicólogo Steven Heine, de la Universidad de British Columbia (Canadá), publicaron su famoso artículo «The Weirdest People in the World» en la revista *Behavioral and Brain Science*. En él atacaban la metodología aplicada en ciencias sociales hasta la fecha, destacando que la mayor parte de las investigaciones psicológicas se realizan en entornos occidentales y con sujetos participantes que identificaron ingeniosamente como *WEIRD* (palabra que significa «raro» en inglés). *WEIRD* es el acrónimo de las palabras *West, Educated, Industrialized, Rich and Democratic,* es decir, Occidentales, Educados, Industrializados, Ricos y Democráticos.

Estos investigadores llamaron la atención sobre el hecho de que las personas de estos países no son representativas de la especie humana, sino que son una minoría extraña. Él y sus colegas probaron por medio de numerosos ejemplos que no es seguro construir teorías universales con una porción no representativa de la población.

Por ello sugieren que, en adelante, los investigadores sean conscientes de las limitaciones de sus muestras y busquen participantes más representativos para sus estudios.

En este libro utilizaremos el término cultura occidental para hacer referencia al conjunto de normas sociales, valores, costumbres, creencias religiosas, sistemas políticos, etc., asociados a Europa y a otros territorios altamente influenciados por Europa debido a la colonización, como Estados Unidos, Canadá o Australia, que se consideran generalmente parte de la cultura occidental.

Las bases de la cultura occidental son el arte, la filosofía, la literatura y los sistemas político-legales que se han desarrollado en Europa.

En Occidente somos herederos de las grandes contribuciones de la antigua Grecia, con la filosofía, las matemáticas y la ciencia, y la antigua Roma, con la ingeniería, el derecho y la organización del Estado. Se considera que una de las bases del pensamiento occidental es el racionalismo, que tiene su origen en la antigua Grecia y se encuentra presente en las distintas civilizaciones posteriores a través de la filosofía helenística, la escolástica, el humanismo y la Ilustración.

De la misma manera, la Iglesia católica ha contribuido al desarrollo de los valores, ideas, leyes e instituciones de nuestra sociedad occidental actual.

Conceptos tan positivos y básicos como los derechos humanos, la democracia y la igualdad como los entendemos hoy a lo largo y ancho del planeta tienen sus orígenes en la civilización occidental. Aunque también temas cruciales como el papel de la mujer en la sociedad se han visto condicionados por nuestra cultura y por siglos de influencia de la religión católica.

Resulta importante que seamos conscientes del sesgo que supone la visión desde nuestra particular cultura, en nuestro caso la occidental, para así evitar convertirla o entenderla como la norma.

Nuestro deseo es poner de manifiesto nuestras diferencias y semejanzas desde el respeto y amor por las diferencias culturales construidas en cada territorio. Pero nuestra visión está enraizada en nuestra cultura, por lo que resulta difícil desprendernos de ella por completo. Aunque busquemos tener una mirada amplia y global, este libro está inevitablemente escrito partiendo desde la visión occidental, europea, española de 2021.

Tal vez el hecho de analizar los elementos no verbales y los valores propios de nuestra herencia y de otras nos permita abrir nuestra mirada para, finalmente, entendernos mejor unos a otros.

LA PERCEPCIÓN DE LOS GESTOS

Como hemos visto anteriormente, los investigadores coinciden en afirmar que las expresiones de las emociones básicas en el rostro son universales.

Paul Ekman identificó las emociones básicas a partir de investigaciones transculturales en una tribu de Papúa Nueva Guinea. Observó que esas personas de una cultura aislada de la Edad de Piedra eran capaces de identificar con gran fiabilidad las expresiones emocionales en fotografías tomadas a personas de otras culturas.

Sin embargo, la cultura ha ido configurando distintas normas de comportamiento en cada territorio, que además evolucionan con el tiempo. No hace mucho, en España y otros países de nuestro entorno, por ejemplo, no estaba bien visto que la mujer vistiese pantalones o montase en moto a horcajadas. Hoy en día, la sociedad ha evolucionado y, con ella, las costumbres y comportamientos, superando de este modo numerosos prejuicios en relación con lo que una mujer o un hombre debe o no hacer.

Nuestra cultura occidental se caracteriza por proponer suavizar el lenguaje no verbal más claro y primitivo. En nuestro entorno no está bien visto ir por ahí haciendo ostensibles el aburrimiento, el sueño, el deseo, el enojo o la superioridad.

Por ejemplo, en la cultura europea tradicional se suele considerar de mala educación el gesto de estirarse y bostezar por ser esta una señal de aburrimiento o sueño.

Una investigación de las universidades del Estado de Nueva York (SUNY) y de Viena, dirigida por Andrew Gallup en 2014, sostiene que «bostezar no solo refrigera el cerebro, sino que además mejora su eficacia y su velocidad de respuesta». Según este estudio, publicado en la revista *Fisiología y Comportamiento*, «el bostezo contribuye a mantener la temperatura cerebral balanceada y en una homeostasis óptima», es decir, lo mantiene estable para asegurar su correcto funcionamiento.

Parece que el bostezo además aporta ventajas desde el punto de vista de la salud o el bienestar físico de la persona. No obstante, las culturas que proponen reprimirlo en público, como la occidental, lo hacen con el fin de evitar que se interprete el comportamiento por parte de los demás como aburrimiento o desinterés.

La práctica del yoga ha difundido, sin embargo, los beneficios de bostezar y desperezarse. En las sesiones de yoga concretamente se potencian y se provocan ambas conductas. Al inicio, con los primeros movimientos y ejercicios respiratorios, se bosteza, y a medida que se van soltando las tensiones también se anima a expresar el bostezo de forma natural, como un signo de cambio interno. Se considera que provocando voluntariamente el bostezo estaremos más relajados y liberaremos tensión.

Lo que para el yogui es una señal de bienestar, para la cultura occidental tradicional sería una señal de aburrimiento, falta de interés y descuido.

Otro gesto que nos depara sorpresas en cuanto a su percepción por distintas culturas es la sonrisa.

Numerosos estudios indican que la intención positiva de la sonrisa parece ser universal. «Una sonrisa es la señal más común de intenciones positivas. De hecho, una sonrisa transmite un mensaje que incluso un bebé recién nacido comprende y los bebés comienzan a sonreír a los tres meses de edad» (Wörman *et al*.).

Asimismo, se considera aceptado por los investigadores en este campo que las personas sonrientes son mejor percibidas que las que no sonríen, pues se consideran más felices, atractivas, competentes y amigables, como popularizó Dale Carnegie en su famoso libro *Cómo ganar amigos e influir en las personas*, y como posteriormente demostraron diversos investigadores.

Sin embargo, sabemos que existen diferencias interculturales en la intensidad, frecuencia y uso de la sonrisa.

Piotr Szarota, en su libro *La sonrisa: manual de usuario*, expuso las diferencias interculturales en las sonrisas que preferían los usuarios para sus fotos de perfil en la red social Windows Live Messenger (MSN), presente en más de sesenta países.

En su investigación se analizaron en total unas tres mil fotografías de unos veinte países. En algunos lugares como Brasil, Estados Unidos e Indonesia, la gran mayoría de usuarios (más del 75 %) presentaban un rostro sonriente. Pero en otros lugares, como Polonia, la cifra se reducía a menos del 40 %.

La investigación permitió a este autor averiguar que la cultura polaca incorpora cierta reticencia a sonreír debido a su preocupación por la sinceridad, entendida como mostrar los sentimientos verdaderos. Me parece interesante en este sentido un párrafo que incluye Szarota, extraído a su vez de la lingüista polaca Anna Wierzbicka:

> En Polonia, la asunción de que el rostro de una persona debería reflejar sus sentimientos constituye una premisa cultural, que se evidencia en usuales expresiones peyorativas como «sonrisa falsa» y «sonrisa artificial» […]. Tales expresiones implican que alguien está mostrando buenos sentimientos hacia otra persona, que en realidad no siente, y por supuesto, este no es un comportamiento aceptable.

Parece que la sonrisa polaca no suele indicar una amistad superficial, sino, más bien, un afecto sincero destinado a personas que conoces. Es significativo que esta cultura carezca del equivalente a decir *cheese* de los norteamericanos o «patata» en España para generar una sonrisa ya que, al igual que en otras culturas como la árabe, no es habitual sonreír a la cámara.

Szarota también encontró una diferencia significativa entre el número de sonrisas de los europeos occidentales y orientales, pues los antiguos europeos orientales (polacos, checos, eslovenos, húngaros y alemanes de la antigua Alemania del Este) sonreían menos que los occidentales (españoles, británicos, franceses, italianos, finlandeses y alemanes occidentales).

El autor polaco, miembro de la Academia Polaca de Ciencias, explica que estas diferencias pueden deberse tanto al bienestar de las personas como a estrategias conductuales distintas. Aporta el testimonio de la escritora croata Slavenka Drakulic en su libro titulado *Café Europa: vida después del comunismo*, de 1997, donde describe la «cultura de la no sonrisa» de la Europa oriental:

> Aquí una sonrisa no es un signo de cortesía, sino que demuestra la inferioridad del que sonríe [...]. No hace mucho tiempo, una sonrisa podía provocar desconfianza. ¿Por qué sonríe esa persona? ¿Significa eso que es feliz? ¿Cómo es posible que sea feliz con toda la miseria que nos envuelve? Cualquier muestra de felicidad era motivo suficiente para sospechar de una persona, a la cual, como poco, se la consideraba indecente.

Estos ejemplos subrayan la importancia del marco cultural en la interpretación de los gestos y nos llevan a destacar como conclusión que, de acuerdo con los planteamientos de Ekman, aunque las expresiones faciales de las emociones estén biológicamente determinadas, existen unos importantes determinantes culturales respecto a cuánto se muestran las emociones, los detonantes que las provocan y las costumbres de cada sociedad para controlar la expresión facial en determinadas situaciones.

A lo largo del libro descubriremos ejemplos de malentendidos que provoca la interpretación apresurada de los gestos en distintos ámbitos.

SI... (RUDYARD KIPLING)

El poema *If...*, de Rudyard Kipling, Premio Nobel de Literatura, escrito en 1895, conforma las reglas del comportamiento británico y es un ejemplo del estoicismo de la época victoriana.

Si puedes mantener la cabeza en su sitio cuando todos a tu alrededor la pierden y te culpan a ti.
Si puedes seguir creyendo en ti mismo cuando todos dudan de ti, pero también aceptas que tengan dudas.

Si puedes esperar y no cansarte de la espera;
o si, siendo engañado, no respondes con engaños,
o si, siendo odiado, no incurres en el odio.
Y aun así no te las das de bueno ni de sabio.

Si puedes soñar sin que los sueños te dominen;
Si puedes pensar y no hacer de tus pensamientos tu único objetivo; si puedes encontrarte con el Triunfo y el Fracaso,
y tratar a esos dos impostores de la misma manera.

Si puedes soportar oír la verdad que has dicho, tergiversada por villanos para engañar a los necios.
O ver cómo se destruye todo aquello por lo que has dado la vida, y remangarte para reconstruirlo con herramientas desgastadas.

Si puedes apilar todas tus ganancias y arriesgarlas a una sola jugada;
y perder, y empezar de nuevo desde el principio y nunca decir ni una palabra sobre tu pérdida.

Si puedes forzar tu corazón, y tus nervios y tendones,
a cumplir con tus objetivos mucho después de que estén agotados,
y así resistir cuando ya no te queda nada
salvo la Voluntad, que les dice: «¡Resistid!».

Si puedes hablar a las masas y conservar tu virtud.
O caminar junto a reyes, sin menospreciar por ello a la gente común. Si ni amigos ni enemigos pueden herirte.
Si todos pueden contar contigo, pero ninguno demasiado.

Si puedes llenar el implacable minuto,
con sesenta segundos de diligente labor Tuya es la Tierra y
todo lo que hay en ella,
y —lo que es más—: ¡serás un Hombre, hijo mío!

CONCLUSIÓN

Nacemos en la gran familia de los seres vivos y gran parte de nuestros gestos forman parte de nuestra herencia genética; pero la maravilla de cada sociedad, cada cultura, los ha modelado, interpretado y legitimado a su manera con el uso.

Como hemos visto, el aprendizaje social sería el encargado de modelar las respuestas a las emociones, los estímulos que las provocan y las reglas para su manifestación.

Del mismo modo que los investigadores del cerebro han descubierto en él una superposición de las etapas evolutivas, en la comunicación humana podemos hablar también de ciertas capas superpuestas.

En los próximos capítulos nos adentraremos en el análisis de la base biológica, así como de la capa cultural, que moldean nuestra comunicación no verbal.

Veremos cómo se concretan lo biológico y lo cultural en nuestra potente y comunicativa mirada humana, en nuestra diferencial verticalidad, en el papel crucial de las manos, en la ocupación que hacemos del espacio, en la misteriosa y afiliativa sonrisa, en los delatores gestos de pies y piernas, en lo que decimos a través del vestido y los objetos que portamos, en los gestos de descarga o al utilizar la mentira que, como veremos, no inventamos los humanos.

A medida que avances en el libro, te animo a plantearte tus objetivos de mejora o puntos de reflexión. Para ello te sugiero que vayas anotando las ideas que te parezcan más aplicables para ti.

2

Qué dicen los macrogestos del cuerpo

¿QUÉ DICEN LOS GESTOS?

Los gestos cumplen muy diversas funciones. Sirven para acompañar y reforzar los mensajes de las palabras o para comunicar por sí mismos en otras ocasiones. Se emplean para expresar afecto, como en unos brazos abiertos que dan la bienvenida; comunicar instrucciones o ser didácticos, como el brazo de un policía indicando la dirección; para amenazar e insultar, como las manos de dos personas en un atasco; para proyectar un mensaje de complicidad, como cuando nos lanzan un guiño acompañado de una sonrisa, y mucho más.

En este capítulo vamos a recorrer los diferentes elementos de la comunicación gestual humana, observándolos desde un doble punto de vista, el del sustrato animal y el del aporte de la cultura, lo que nos permitirá entender esas capas que nos caracterizan.

Aunque existen interrelaciones entre todos los elementos y para hacer un buen diagnóstico de los gestos siempre es recomendable tener una visión global de la situación, necesariamente hemos de ir por partes. Abordaremos primero los macrogestos, vinculados al tronco, la cabeza y las extremidades, perceptibles a simple vista, y, a continuación, veremos los gestos relativos al rostro y la mirada, apreciables a una distancia más próxima.

MACROGESTOS

El tronco y las extremidades aportan mucha información, pues controlamos menos sus movimientos y nos dan mensajes vitales relacionados con el interés-desinterés y con el deseo de huida. Comenzaremos por hablar de la postura vertical, característica del ser humano, y de sus consecuencias en nuestra comunicación.

LA POSTURA VERTICAL EN EL SER HUMANO

NUESTRA HERENCIA ANIMAL Y EL INICIO DEL BIPEDISMO

Los investigadores coinciden en afirmar que la postura bípeda fue uno de los factores clave, si no el principal, en la evolución. Pero ¿qué fue lo que motivó que comenzáramos a caminar erguidos?, ¿en qué circunstancias ocurrió?

Se considera que los homínidos comenzaron a andar erguidos hace unos 3,7 millones de años aproximadamente. Un importante hallazgo fue el de los restos de huellas prehistóricas fosilizadas localizadas en el yacimiento de Laetoli (Tanzania), efectuado por el equipo de Mary Leakey en 1978.

De acuerdo con estos descubrimientos se comprobó que las huellas de los *Australopithecus afarensis* que poblaban la región en esta etapa eran muy similares a las de los humanos actuales, puesto que sostenían el peso de su cuerpo en la parte delantera del pie como nosotros, y no se presentaban encorvados como los chimpancés o los gorilas, que apoyan la parte media del pie. Como explica el investigador Juan Luis Arsuaga en su libro *La especie elegida*, es indudable que esta especie presentaba ya una locomoción bípeda, fuera perfecta o no.

Los *Australopithecus* cuentan con una mezcla de características muy interesante: caminaban erguidos sobre sus miembros posteriores —como los humanos actuales— mientras que su dorso y extremidades superiores eran similares a las de los gorilas.

A esta especie también perteneció Lucy, nuestro antepasado homínido más famoso, que vivió hace 3,2 millones de años en la región de Hadar en Etiopía. Lucy medía poco más de un metro de estatura, pesaba unos 27 kg y vivió hasta los veinte años. Aunque la forma de la pelvis reveló su posible capacidad bípeda, algunos científicos creen que Lucy era tanto terrestre como arborícola y que por la noche buscaría refugio en los árboles.

Posteriormente se encontraron en la zona restos de otros individuos, pero el esqueleto más completo fue el de Lucy, con cincuenta y dos huesos en total. En España podemos disfrutar de réplicas de su esqueleto parcial en el Museo Arqueológico Nacional de Madrid (MAN), así como en el Museo Arqueológico de Burgos, ambos centros referentes en la prehistoria mundial.

El momento en que nuestros antepasados homínidos se pusieron de pie coincide, según los investigadores, con una época de sequía en que abandonaban la selva para comenzar a moverse por la menos arbolada sabana. De este modo, una de las hipótesis más aceptadas es que se erguirían para utilizar mejor la vista en ese nuevo entorno y poder mirar a lo lejos, para ver venir las cosas. Abandonado el refugio atalaya de los árboles, elevaron sobre la estepa su extraordinaria visión binocular.

Además, parece que el cráneo, una vez posicionado en lo alto de la espina dorsal, hizo que las mandíbulas salientes para uso agresivo dejaran de ser útiles, lo que provocó la reducción del tamaño de los dientes y la retracción de la mandíbula.

Como vemos, nuestra verticalidad conlleva enormes consecuencias. Las manos quedaron libres para ser ocupadas con armas e instrumentos cada vez más delicados y sofisticados. La boca perdió su función de defensa y pinza portadora y cobraron importancia los sonidos que se emitían. Antes no habría resultado fácil hablar llevando algo en ella.

EL PORQUÉ DEL PASO AL BIPEDISMO

¿Pero cuál fue entonces el motivo de ese gran paso? Se habla de cambios exógenos, relacionados con las exigencias en el hábitat, y endógenos, cambios en el cerebro, la visión, la coordinación ojo-mano, etc. Para diversos autores, desde Darwin (1871) a Shapiro (1956), entre muchos otros, la explicación tendría que ver con cambios en el clima y el entorno que llevarían al uso de herramientas y la necesidad de liberar las manos para ello. Para otros, el paso a la postura erguida estaría asociado con el uso de armas y no de herramientas, pues entienden que estas se utilizarían en gran medida sentados o en cuclillas. Sin embargo, el uso de armas como lanzas u otros útiles de piedra afilada sí sería mucho más eficiente desde la postura vertical.

Por otra parte, parece que las herramientas de piedra son muy posteriores al bipedismo, por lo que el bipedismo no estaría asociado con esta habilidad.

Otra hipótesis interesante es la que plantea el investigador Gordon Hewes, para quien este gran paso se debió a un cambio en el hábitat y la alimentación, que requería el transporte del alimento a lo largo de distancias considerables. En su artículo «Food Transport and the Origin of Hominid Bipedalism», explica cómo el bipedismo liberaría los brazos y manos de nuestros ancestros para poder recolectar, cargar y transportar comida con eficiencia, lo cual supondría una gran ventaja evolutiva.

Expone que ya en los macacos la locomoción bípeda aparece de forma inmediata cuando se les presenta una carga de comida voluminosa y sienten una amenaza que les mueve a llevársela rápidamente. En los homínidos no sería difícil que las nuevas circunstancias del entorno favorecieran esta misma conducta, en este caso, de forma prolongada.

LA POSTURA DE PIE, PROTECCIÓN Y APOYO

Las manos y la visión fueron grandes ventajas de la bipedestación pero, a cambio, con su nueva postura, el cuerpo de los homínidos dejó al descubierto sus órganos vitales.

Por este motivo, cuando nos sentimos amenazados, el instinto de protección nos empuja a encorvarnos como nuestros parientes animales para proteger esos órganos, convirtiendo las manos en armas, como la postura del boxeador o la persona que se dispone a pelear: el cuerpo encogido, flexionando piernas y cintura, preparados para saltar si hiciera falta.

Desde que nuestros parientes optaron por caminar erguidos, nuestro frente se presenta indefenso, por lo que a veces nos cuesta estar de pie sin escudos o barreras delante.

Esta postura también se da cuando hablamos ante un grupo numeroso. Las extremidades, en especial los brazos, pueden jugar en estas ocasiones el papel de escudo y modular la exposición del individuo, como, por ejemplo, cuando los cruzamos delante.

La postura de pies juntos es poco estable. Las piernas muy separadas por el contrario dan estabilidad, pero menos capacidad de movimiento y reacción a los cambios del entorno.

El ser humano se siente cómodo sobre el eje de una pierna y con otro punto de apoyo algo separado. Una pierna hace la función de eje principal y la otra pierna levemente flexionada permite, con apoyo del pie, guardar el equilibrio y a la vez poder girar rápido o echar a caminar si fuera necesario. Esta postura tan versátil debió favorecer la supervivencia de nuestros antepasados.

El eje único, flexible y extraordinariamente articulado también nos permite girar el tronco, inclinarnos levemente o acompañar el movimiento de los brazos para realizar distintas tareas.

Nos sentimos tan a gusto sobre un pie y con un leve apoyo del otro, tan seguros, que exagerar la postura, arqueándolo y descansando sobre la cintura, resulta poco formal, relajado, desafiante. En algunos contextos profesionales formales o de protocolo, no sería adecuado este tipo de apoyo acentuado en una pierna, incluso podría considerarse maleducado.

LA ORIENTACIÓN INCONSCIENTE DE LOS PIES Y LAS PIERNAS

Las piernas ofrecen una fuente de información muy interesante. Desde pequeños nos enseñan a controlar la expresión facial y de las manos a través de modelos y pautas culturales que nos permiten ganarnos la aceptación y el afecto de nuestro entorno próximo. Pero las piernas se controlan menos y, a menudo, pueden ofrecer pistas acerca de cómo nos sentimos internamente, pues el cerebro también envía a la parte inferior del cuerpo mensajes que tienen que ver con nuestras emociones. Por ejemplo, es posible que una persona muestre una sonrisa por educación, mientras que la posición de los pies o las piernas, por el contrario, da un mensaje de tensión.

Las investigaciones del Dr. Paul Ekman y de William Friesen sobre el engaño muestran que cuando una persona miente ofrece más señales de mentira en la parte inferior de su cuerpo que en la parte superior. Las personas tienen más control de sus manos y rostro, de modo que los pies y piernas son una fuente de información bastante fiable.

Asimismo, es útil recordar que la función esencial de los pies y las piernas de nuestros ancestros tenía mucho que ver con la supervivencia, puesto que les permitía huir de los depredadores y perseguir a sus presas.

Hoy la función principal de las piernas y los pies es servir al cuerpo para desplazarse, acercarnos a lo que nos interesa, huir de los peligros y mantenernos estables cuando estamos inmóviles. Por ello, en definitiva, la posición de los pies y las piernas nos indica lo que interesa a la mente, la dirección en que quiere ir: la determinación de estar en un lugar o conversación, o bien el deseo de alejarse.

Por ejemplo, cuando una persona se impacienta por terminar una conversación o tiene intención de marcharse por temor u otros motivos, es frecuente que sus pies se orienten hacia la puerta. También el movimiento de los pies bajo la mesa, en el caso de alguien sentado, puede indicar nerviosismo, descontento o ganas de marcharse.

Los pies evidencian impaciencia cuando se flexionan y golpean el suelo de forma repetida con la punta. Si además esto va acompañado de un suspiro o soplido, la intensidad de la emoción a la que necesitamos dar salida resulta clara.

PIERNAS ABIERTAS O CERRADAS

Por otra parte, las piernas tienden a adoptar de forma natural el papel de barreras de protección frente a una invasión del espacio personal.

Los pies juntos aportan un menor equilibrio a la postura y nos hacen ocupar menos espacio. Las piernas cruzadas indican autoprotección, por lo que se acercan a un gesto de timidez o defensa.

Las piernas separadas, por el contrario, ocupan espacio, y transmiten con ello estabilidad, fuerza y confianza, debido a la exposición y desprotección que implica el gesto, en especial cuando se mantienen los brazos atrás. Como inconveniente, nos hace ver estáticos o inmóviles y poco flexibles. Este gesto algo extremo lo vemos en los personajes de Superman y Superwoman, que se plantan ambos muy estables con piernas notablemente separadas, sin rastro de miedo ante el posible adversario.

Un punto intermedio transmite neutralidad y equilibrio emocional y parece ideal, aunque veremos que la cultura y el rol que desempeñemos también tendrán su peso.

Podemos fijarnos en la separación de nuestras piernas cuando estamos de pie. Puede ser interesante observar hacia dónde apuntan nuestros pies y los de nuestros interlocutores. Usémoslo para obtener información y para aprender.

QUÉ DICEN LAS DISTINTAS CULTURAS SOBRE LA SEPARACIÓN DE PIERNAS

El peso de la cultura influye en lo que cada sociedad percibe como correcto. Para las culturas de Asia-Pacífico, por ejemplo, con fuertes valores como la prudencia, la humildad y la contención emocional, unido al respeto por la jerarquía y las normas, es preferible una ocupación del espacio menor, por lo que a menudo vemos posturas de piernas más juntas que en Occidente. Al sentarse, cruzar las piernas en la rodilla o tobillos se considera preferible a hacerlo colocando un tobillo sobre la rodilla.

Gordon Hewes investigó la postura a escala global y detectó que cada cultura tiene posturas que considera correctas e incorrectas. Si bien, como indica Flora Davis, «descubrió que es raro que las mujeres se sienten o permanezcan de pie con las piernas separadas, postura frecuente en los hombres», parece que los tabúes culturales relacionados con la sexualidad, y concretamente el tabú de la exposición genital, juegan un papel importante en los hábitos posturales de numerosas culturas.

En general los varones separan algo más las piernas, ángulo que se amplía aún más en algunas profesiones como los soldados durante sus guardias, los levantadores de peso, los vaqueros y algunos personajes más.

Como sabemos, la cultura moldea los comportamientos que se consideran aceptados y alentados en cada sociedad. En las sociedades occidentales a menudo se ha educado a las niñas para juntar las rodillas al sentarse o, por ejemplo, al posar en fotografías. Y hasta hace poco tiempo se consideraba adecuado para las mujeres, en caso de montar en moto o bicicleta, hacerlo de lado, «como señoritas», pues las posturas de rodillas unidas se consideraban más decorosas.

También es más frecuente que los hombres crucen las piernas en la llamada forma de cuatro, con el tobillo apoyado sobre la rodilla contraria, frente al cruce de piernas de rodilla con rodilla, más cerrado, o al cruce de piernas en paralelo, casi exclusivamente realizado por mujeres.

Autores como Hewes hablan de la influencia de la ropa y el calzado en la forma de sentarse de hombres y mujeres como, por ejemplo, en el uso de botas pesadas o de faldas ajustadas.

Afortunadamente, desde que en gran parte del mundo las mujeres usamos pantalones (como veremos más adelante en el capítulo sobre el lenguaje del vestido), y a medida que se ha conseguido romper con algunos estereotipos, la postura va siendo una cuestión de elección personal. Aunque sin duda el peso de las pautas culturales y los patrones estéticos aprendidos es grande y no es fácil de eliminar.

En el entorno occidental, hoy en día tenemos la fortuna de poder expresar nuestros gustos y actitudes con menos restricciones a la hora de vestir y expresarnos gestualmente. Creo que existe un límite claro en no molestar a los que nos rodean y respetar sus preferencias en la medida en que les afecte. Nuestra libertad termina donde empieza la del otro.

Por desgracia, en algunos lugares del planeta todavía no existe libertad para que cada persona, y en especial las mujeres, puedan elegir el atuendo que quieren vestir, así como su postura y actitud.

En mi opinión, valores como la libertad, el ejercicio de la propia expresión y el respeto a las diferencias deberían primar sobre valores de otro tipo. La reflexión que hacemos en este libro sobre el peso de la educación, la cultura, los valores y las normas en nuestro lenguaje no verbal aspira a ser una pequeña ayuda para hacernos más conscientes de nuestras decisiones e invitarnos a elegir.

LA INFORMACIÓN DEL TRONCO

El tronco es el centro del cuerpo humano y, junto con la cabeza, contiene los órganos vitales esenciales para la vida. Por ello, es indudable que su postura nos aporta información valiosa. A continuación veremos que muchas de sus reacciones son binarias.

EL CÓDIGO BINARIO: ACEPTACIÓN-RECHAZO

El cerebro humano permanece en estado de alerta, gestionando las respuestas fisiológicas del cuerpo ante los estímulos emocionales, de forma que se acerca a lo que implique un beneficio y se aleja de lo que considera un riesgo.

Este mecanismo de supervivencia se halla situado específicamente en una parte primitiva del cerebro llamada sistema límbico. Ante un peligro, la reacción negativa del sistema límbico es instantánea, porque evolutivamente eso ha sido lo más útil.

Como comentamos en el primer capítulo, la *afirmación ventral* estaría relacionada con estas reacciones del sistema límbico. Cuando lo que ocurre produce una emoción positiva, volvemos el torso hacia la fuente, abriéndonos, en una muestra de confianza y vulnerabilidad. Encontramos un claro ejemplo de ello cuando saludamos a alguien que queremos: abrimos los brazos, dejando el torso expuesto, y nos abrazamos cálidamente.

Lo contrario sería la *negación ventral*, el hecho de volver la espalda a lo que nos genera descontento, como respuesta de nuestro sistema límbico para proteger el frente, una parte vulnerable donde se encuentran nuestros órganos vitales. Esa negación puede quedar oculta, ser más o menos «furtiva», o expresarse abiertamente como clara señal de rechazo, como cuando alguien nos da la espalda o nos hace «el girasol».

No podemos olvidar que volver la espalda implica normalmente que se cierre una trascendental vía de conexión que es la mirada.

La educación y las reglas de convivencia y saber estar en nuestra cultura proponen no dar la espalda a los demás o suavizar ese tipo de gestos de rechazo. En algunas ocasiones aparecen de forma más o menos sutil y nos pueden dar indicios de distanciamiento o desinterés.

Resulta tierno observar la transparencia de los niños pequeños quienes, aún sin filtros, no ocultan la emoción cuando dan la espalda y cruzan los brazos en señal de enfado. También podemos apreciarlo en ocasiones en los adolescentes cuando dan la espalda o se alejan de nosotros de diversas formas a través de sus gestos, la evitación, el uso de su propio espacio, su forma de vestir, etc.

El modelo de contento-descontento es un esquema que se utiliza para interpretar los comportamientos humanos, teniendo en cuenta los signos de aceptación o rechazo que emitimos, por ejemplo, a través de señales de incomodidad en el rostro, el tronco y las extremidades. Como veremos más adelante, es un sistema utilizado en investigaciones policiales y en la detección de la mentira.

LA EXPRESIÓN DE LAS EMOCIONES A TRAVÉS DEL CUERPO

Cuando algo nos interesa, nos inclinamos hacia delante y nos acercamos a ello. Por el contrario, cuando algo nos contraría o nos disgusta, nos alejamos.

La ocupación que hacemos del espacio comunica cómo nos sentimos. Por ejemplo, cuando colocamos los brazos en jarras pasamos a ocupar más espacio, elevamos los hombros y transmitimos un mensaje de posesión territorial.

Cuando estamos de pie ante una mesa, apoyar las manos y el peso del cuerpo sobre ella demuestra interés, acercamiento y un matiz de dominio del espacio y posesión territorial. Alguien que se comporta así parece que no se siente tímido o fuera de lugar.

Cuando una persona se siente triste, a menudo podemos observar un reflejo en el cuerpo, en la postura de los hombros más caídos, el cuello y la cabeza ocultos, menos erguidos. No parece extraño que la emoción de la tristeza, que conlleva una ausencia de energía, se manifieste en el cuerpo. Como explica Amy Cuddy y vimos en el capítulo 1, se trata de un proceso de ida y vuelta, pues la postura más erguida y los gestos de poder, más abiertos, generan a su vez una descarga de hormonas que transforman nuestro estado emocional.

Es decir, que nuestra postura física y la posición del tronco, la cabeza y los brazos afectan a nuestro estado anímico. Tenemos ahí un punto para influir en nuestras emociones.

Un ejemplo de situación muy evidente en la que el cuerpo habla es cuando una persona sentada ante una mesa se deja caer sobre ella desplomada sobre sus brazos. Si lo habéis visto alguna vez, sabréis que es un gesto sumamente elocuente de derrumbe emocional que a veces va acompañado de llanto. También es posible que, tras tomarse el tiempo necesario para desahogarse, la persona pueda volver a recuperar el ánimo y, con él, la posición vertical.

Para experimentar el papel de la postura en nuestro estado anímico, el autor experto en PNL, Joseph O´Connor, nos propone el siguiente ejercicio en su libro *La venta con PNL*:

Deje el libro y póngase de pie. A continuación, baje la mirada hacia el libro y encorve los hombros. Afloje las rodillas y adopte una postura lánguida. Ahora, sin cambiar de posición, procure sentirse confiado y decidido.

Después, coja el libro y enderécese. Extienda los hombros, inhale y exhale a fondo y por completo. Mantenga una postura firme, con el peso repartido por igual entre ambos pies. Alce la barbilla y mire al frente. Ahora, sin moverse, procure sentirse inseguro y vacilante.

El ejercicio seguramente te ha permitido comprobar que resulta imposible experimentar interiormente una sensación incompatible con el lenguaje corporal. La fisiología es, como demostró Amy Cuddy, efecto y causa de nuestro estado.

No olvidemos que contamos con la ayuda del cuerpo como recurso para percibir nuestras emociones, e incluso para cambiarlas o modificar su intensidad.

Te propongo que hagas algunos ejercicios para tomar conciencia de tu postura: ¿Te has fijado en la orientación de tu cuerpo en tus grupos sociales? ¿Qué ocurre cuando llega alguien que no te agrada? ¿O en situaciones de enfado? Presta atención a los pequeños movimientos involuntarios que realizamos. Si te grabas en vídeo tendrás la oportunidad de verlos detenidamente.

Observa la orientación de tu cuerpo y la de los demás cuando estáis en grupo. Puedes percibir las distintas reacciones del cuerpo ante un comentario. Si tienes niños o adolescentes a tu alrededor, también puedes apreciar en ellos estos gestos de forma que te ayuden a entender el momento que atraviesan.

Para entender mejor a los demás, es interesante probar a realizar sus gestos o adoptar su actitud física. ¿Qué sentimos cuando hundimos la cabeza entre los hombros? ¿Cómo nos sentimos en relación con el mundo cuando echamos la cabeza hacia atrás y miramos desde arriba con los párpados entrecerrados?

LOS SALUDOS

EL ORIGEN ANIMAL DE LOS SALUDOS

Como vimos en el primer capítulo, los animales necesitan un territorio en el que alimentarse y sobrevivir, lo que convierte en relevante la entrada en él de otros individuos.

Los etólogos, investigadores del comportamiento animal, consideran que el saludo entre ellos constituye una ceremonia de apaciguamiento. Cuando dos individuos se aproximan, existe el peligro de un ataque físico; por lo tanto, uno o ambos harán un gesto de apaciguamiento, que demostrará la ausencia de intención agresiva y llevará a tolerar esa presencia.

La psicóloga americana Flora Davis, en su famoso libro *El lenguaje de los gestos*, menciona diversos estudios sobre las pautas de conducta que comparten el ser humano y los primates, entre ellos la forma de saludarse.

También Jane Goodall explica cómo son los saludos de los chimpancés. En sus notas describe que algunas veces se abrazan y se besan, se hacen reverencias, se estrechan las manos, e incluso en ocasiones se palmean la espalda como gesto de bienvenida.

Recientemente Jane Goodall liberó a un chimpancé que había sido encerrado por cazadores furtivos y explicó que el abrazo que recibió de él fue uno de los más emocionantes de toda su vida.

Tenemos otro caso de expresión emocional animal en el libro *El* último abrazo, del etólogo Frans de Waal. En él narra el maravilloso momento en el que el biólogo holandés Jan Van Hooff fue a visitar a su amiga, la chimpancé Mama, ya anciana, cuando estaba próxima a morir. Cuando advirtió su presencia, su reacción fue inconfundible. Su cara se iluminó con una sonrisa de felicidad, gritó de alegría, alargó el brazo hasta la cabeza de su visitante humano y le acarició el pelo. Mientras el biólogo la acariciaba, la anciana chimpancé le rodeó con el brazo y lo acercó hacia ella. Esta escena llena de emociones, elegida por De Waal para comenzar su libro, es un ejemplo más del valor del contacto y el abrazo para nuestros parientes primates.

Asimismo, sabemos que entre los primates los abrazos son un poderoso símbolo de vínculo y unión. Antes de una actividad que requiere cooperación, como un ataque a otro grupo, algunas especies de primates se abrazan entre sí con un gesto que parece contribuir a recordar su unión y sus objetivos comunes.

En los humanos los saludos representan un contacto próximo que permite recibir una primera información sobre el otro individuo a través de los sentidos: la vista, el oído, el tacto e incluso el olfato.

Es un momento crucial, pues en él se establecen los primeros lazos a partir de la primera impresión, y a través de esas señales iniciales se puede transmitir, por ejemplo, la predisposición de los individuos a colaborar y el interés por la relación.

SALUDOS ALREDEDOR DEL MUNDO

Es bien conocido que alrededor del mundo podemos encontrar distintos tipos de saludos bastante dispares. A partir de algunos puntos en común que parecen tener una base biológica, el ser humano ha desarrollado formas de saludo peculiares en cada región del mundo, ocasionadas por nuestra tendencia a crear una cultura, unas normas y unas costumbres específicas en nuestras sociedades.

El lenguaje corporal tiene mucho de código social. Cada grupo comparte unos comportamientos, normas y costumbres producto de los factores geográficos, políticos, históricos, económicos, religiosos, etc., que han afectado a su región a lo largo de los siglos. Estos factores sirven de base para determinar lo que es decoroso, lo que es de buena educación o lo que debe hacerse, cómo debe vestirse en cada situación, lo que está prohibido, etc.

Resulta interesante conocer estas diferencias culturales, y al mismo tiempo reflexionar sobre los rasgos que compartimos en nuestra forma de dar la bienvenida al otro, sea cual sea el territorio.

LOS RASGOS COMUNES EN LOS SALUDOS

Los saludos se han desarrollado culturalmente como señales de respeto y buena voluntad hacia la otra parte. Los rasgos comunes en los saludos nos hablan de un lenguaje común, básico y primitivo, que todos podemos leer.

Las inclinaciones

Como explica el etólogo británico Desmond Morris en su libro *El hombre al desnudo*, un rasgo característico de la sumisión es aparentar pequeñez.

Los gestos de postración presentes en distintas culturas, en los que las rodillas e incluso las manos tocan el suelo, indican una gran sumisión y respeto y se reservan para altas autoridades.

La reverencia unidireccional se emparenta con la sumisión o el miedo, con la postura del inferior ante el superior, de la que tenemos antecedentes claros en el mundo animal. Sin ir más lejos, los perrillos se agachan cuando temen que se les riña o pegue, y en mamíferos sociales como los lobos apreciamos gestos de sumisión ante el individuo más fuerte, agachando la cabeza y evitando la mirada. También los niños pequeños inclinan la cabeza en señal de vergüenza cuando son regañados.

Las exhibiciones religiosas propias de distintas culturas contienen gestos y actos de sumisión en honor a los dioses o figuras dominantes. Estos actos adoptan formas diversas como arrodillarse, hacer reverencias, cánticos, ofrenda de regalos y otros ritos dirigidos a un símbolo de la deidad, que a veces opera a través de intermediarios como sacerdotes, sacerdotisas o personas santas. Los saludos que se hacen en distintas culturas a personas importantes o de alta jerarquía tienen similitudes con estos ritos religiosos.

El saludo con una inclinación por ambas partes refleja amabilidad, respeto y atención mutua desde una posición de confianza e igualdad. La versión más moderada se limita a una leve inclinación de cabeza sin implicar el cuerpo.

La orientación del cuerpo hacia el otro y el contacto visual

Son señales universales de conexión y acercamiento, que indican atención y respeto hacia la otra parte. La duración y la intensidad de la mirada varían en cada cultura. Por ejemplo, en las culturas árabes y latinas es frecuente el contacto visual intenso, y su ausencia se percibe como poco respetuosa, en especial entre personas del mismo sexo.

Por el contrario, en culturas muy jerárquicas (en especial en Asia, África y Latinoamérica), evitar el contacto visual es un signo de respeto ante jefes y mayores, aunque la orientación del cuerpo sin embargo se mantiene.

La mirada invade el territorio ajeno, por lo que bajar la cabeza puede entenderse como una forma cortés de pedir permiso para acercarse al territorio de un igual. Por ejemplo, cuando hemos de pasar entre varias personas, es habitual pedir permiso deteniéndonos un instante y avanzar con la mirada al frente o inclinada, para que nuestra intrusión sea la menor posible.

La aproximación física

Los saludos con contacto, como el abrazo y el apretón de manos, son en ciertas culturas la forma de mostrar interés y aproximación hacia el otro. El origen está en transmitir que no existe intención agresiva.

En algunas culturas, como en China y Japón, tradicionalmente no se ha realizado este tipo de saludos, pues la distancia se considera una muestra de respeto.

Algunos países de alto contacto físico son, por ejemplo, los mediterráneos (Turquía, España, Francia, Italia y Grecia) y los de Latinoamérica; entre los países con un nivel de contacto medio encontramos los de Norteamérica y norte de Europa; y en las culturas de bajo contacto físico se encuentran Japón, Australia, Nueva Zelanda, Portugal y los países escandinavos.

La sonrisa

Es un gesto de bienvenida definitivo, común a todas las culturas, conocido y raramente malinterpretado, desde los líderes mundiales actuales a las tribus primitivas. La sonrisa es un gesto multicultural por excelencia, que como más adelante veremos presenta también interesantes matices en los tipos y usos.

LOS VALORES DETRÁS DE LOS GESTOS

Las variantes gestuales entre las diferentes culturas tienen que ver con las normas y los valores. Entender los valores que subyacen bajo las diversas culturas permite comprender comportamientos distintos en un mundo cada vez con menos fronteras.

Precisamente entre las habilidades de dirección más valoradas hoy en día se encuentran la demostración de respeto, la tolerancia a la ambigüedad, la orientación a las personas y la empatía. Felizmente, en muchos ámbitos de las organizaciones nos encontramos ante una creciente actitud de respeto a la diversidad.

Las personas procesamos la información verbal y no verbal basándonos en nuestras asunciones o premisas, formadas a partir de nuestras experiencias culturales previas. Incluso cuando se trata de personas del mismo *background*, las interpretaciones pueden ser erróneas.

Más evidente será el proceso en el caso de culturas distintas. Es fácil que se produzcan malentendidos cuando partimos de un conjunto de actitudes, valores, creencias, prejuicios y expectativas diferentes respecto a las del emisor. Entender las diferencias culturales puede ayudar a percibir el origen de esos malentendidos y a resolverlos.

Shoji Nishimura y otros autores proponen distinguir entre culturas de alto contexto y culturas de bajo contexto. Para las primeras, un gran peso de la comunicación recae en la comunicación no verbal y la simbología, por lo que requieren alto conocimiento de la cultura para entenderla. Las culturas de bajo contexto, por el contrario, serían aquellas con una comunicación más directa, que dependen en mayor medida de las palabras y no requieren tanto conocimiento previo.

LAS CULTURAS DE ASIA-PACÍFICO

En las culturas de Asia-Pacífico, la educación potencia el control de las emociones y la autodisciplina. Desde la infancia se educa a la persona para que solo hable cuando se dirigen a ella, solo si tiene algo importante que decir y para que soporte las crisis con fortaleza y sin mostrar ninguna emoción.

De acuerdo con el Leadership Management Institute (LMI), en su documento *Asian Pacific Cultural Values*, la supresión de la expresión de las emociones trae consigo el estereotipo de «la inescrutable Asia».

El respeto a la autoridad no se cuestiona. Se educa para respetar a los jefes, ser personas leales, dignas de confianza y cumplidoras. Además, se consideran valores muy importantes la lealtad a la familia y el concepto de vergüenza. Se disuade de cualquier comportamiento que rompa la armonía o traiga deshonor a la familia. El miedo de llevar vergüenza o fracaso a la familia ha funcionado siempre como elemento de control en estas culturas.

Se valora la interdependencia frente al individualismo y se ponen las necesidades del grupo y la familia por encima de las individuales. La perseverancia, el conformismo, la lealtad, la humildad, el trabajo duro y la frugalidad son valores deseados.

Las asiáticas también son culturas que valoran enormemente la herramienta del silencio en su comunicación. Hacer una pausa antes de responder indica que la persona ha tomado en consideración la pregunta y le ha concedido tiempo, por lo cual se entiende como una señal de educación y respeto.

Como hemos visto al hablar de los saludos, en general son culturas de bajo contacto físico, exceptuando algunos territorios como Filipinas. Me parece muy interesante el caso de este país asiático con una identidad tan singular. La influencia de tres siglos de dominación española dejó un gran impacto en la lengua (al menos el 33 % de las raíces de las palabras de la lengua tagala son de origen español), en la religión (la religión católica es profesada por alrededor de un 80 % de la población), en el arte, en la gastronomía y en la cultura en general. No es de extrañar que el lenguaje no verbal también contenga esa fusión de rasgos de las comunidades originarias asiáticas, rasgos españoles y, desde 1898, estadounidenses, tan característica de los filipinos.

LA CULTURA ESTADOUNIDENSE

Según afirma Tyler V. Lynn en su libro, *Cultural Interacting*, la cultura de Estados Unidos se caracteriza por valores como el individualismo, la libertad y la privacidad.

En la misma línea, para el sociólogo alemán Geert Hofstede, Estados Unidos posee la cultura más individualista de entre cuarenta culturas estudiadas, tras obtener un 91 sobre 100 en una escala que evalúa esta variable. Dichos populares como «Si quieres un buen trabajo, hazlo tú mismo» o «Tienes que soplar tu propio cuerno» revelan este énfasis en la autonomía.

Los estadounidenses son generalmente amantes de la innovación, la invención, la flexibilidad, la orientación al ahora y a los resultados. La cultura estadounidense es de ritmo rápido. Benjamin Franklin acuñó ya en 1748 frases como «El tiempo es dinero» y «El tiempo perdido no se recupera jamás». Parece que estos conceptos sobre el alto valor del tiempo se han grabado en la psique de este país.

La honestidad, la ambición y el éxito son valores esenciales en los Estados Unidos de América. Expresar con franqueza la propia opinión es aceptable y a menudo admirado. Perseguir el interés propio se considera natural y legítimo.

Los niños son educados desde pequeños para mirar a los ojos de su interlocutor. A otras nacionalidades les suele llamar la atención su autoconfianza, que puede resultarles arrogante.

También choca frecuentemente a los visitantes de otras regiones su informalidad en la manera de vestir, así como en las costumbres y las relaciones, como por ejemplo en la relación profesor-alumno.

Es una sociedad igualitaria. Los visitantes procedentes de culturas más jerárquicas perciben como demasiado igualitarias las relaciones con taxistas, botones o camareros. A la inversa, para los americanos, las relaciones con este tipo de profesiones en estos países se perciben excesivamente serviles.

En cuanto a la expresividad emocional, comparados con otras culturas, podríamos decir que los estadounidenses se muestran hacia el medio del espectro. Para los latinos pueden resultar fríos y para los asiáticos, por el contrario, demasiado impulsivos y directos.

LAS CULTURAS LATINOAMERICANAS

Las culturas latinoamericanas, al contrario que la de EE. UU., no son individualistas. Puntúan mucho más bajo en esta variable según el modelo Cultural Compass. También el ritmo de vida y de trabajo es diferente en las culturas latinoamericanas respecto a EE. UU. Para las culturas latinas es fundamental cuidar y mantener las relaciones, lo cual requiere tiempo y esfuerzo.

El compañerismo en el trabajo, las alianzas, el intercambio de información y favores se consideran importantes, lo que deriva en una comunicación diplomática, cauta, indirecta o de no confrontación. Como consecuencia, pueden resultar excesivamente diplomáticos para los estadounidenses, pues este rasgo es percibido por ellos como insinceridad.

En Latinoamérica se mantiene una mayor proximidad física, se estrechan las manos con suavidad y se dan más abrazos. Además, se gesticula más con manos y brazos, por lo que pueden parecer más emocionales y nerviosos para sus homólogos de EE. UU., mientras que los norteamericanos pueden parecer fríos y distantes para los latinos.

EL MUNDO ÁRABE

En el mundo árabe, los estilos de comunicación difieren mucho de una región a otra. Así, en la zona del Golfo se observan emblemas propios, como darse palmadas con la mano en la cabeza con un significado de agradecimiento que expresa «en mi cabeza». También es común el gesto de saludo cálido que consiste en colocar la mano derecha sobre el corazón. Suele producirse cuando dos personas amigas se ven y saludan a distancia, tras ondear la mano.

En Arabia Saudí no es raro ver a hombres que se toman de la mano para caminar y charlar, comportamiento menos frecuente en la cultura occidental. Este gesto muestra amistad, igualdad y cordialidad hacia sus amigos o familiares y no tiene que ver con las preferencias sexuales.

Un rasgo muy diferencial de la cultura árabe es que la distancia social se incrementa enormemente cuando la otra persona es una mujer, pues la mujer desempeña un papel muy secundario en su cultura. Como regla general, en países de mayoría islámica como Irán, Irak o Pakistán los hombres no deben acercarse o tocar a las mujeres.

Turquía es la excepción en el mundo islámico en este sentido, donde sí podemos encontrar que hombres y mujeres estrechan sus manos.

Como afirma el profesor de Sociología en la Universidad de Jordania, Musa Shteiwi, citado en el blog Una Antropóloga en la Luna: «La cultura árabe históricamente ha sido segregada, por lo que las emociones y los sentimientos son canalizados hacia el mismo sexo». «Los hombres pasan mucho tiempo juntos, y estas costumbres surgieron de este modo».

Algunos de estos rasgos de gestualidad propios van cambiando o evolucionando. Por ejemplo, cada vez va siendo más raro ver a hombres caminar de la mano en una ciudad como Beirut, en el Líbano, donde los sexos se mezclan abiertamente. Sin embargo, se mantienen en Arabia Saudí y otros países en los que la segregación por sexos sigue siendo fuerte.

En encuentros internacionales, este tipo de normas sobre la conducta no verbal generan situaciones complicadas de protocolo. Por ejemplo, cuando hombres con costumbres de países como Irán —donde los hombres no tienen contacto físico con las mujeres— han de saludar, compartir mesa y conversación con sus homólogas occidentales.

REVERENCIAS Y OTROS SALUDOS CON INCLINACIÓN

Las reverencias e inclinaciones son frecuentes a lo largo del mundo. Encontramos saludos muy formales que llegan a ras de suelo, como el saludo de la India, que consiste en arrodillarse y tocar los pies de los mayores, o el *kowtow*, saludo tradicional chino que consiste en arrodillarse y apoyar la frente en el suelo. Estos nos recuerdan poderosamente a los saludos de los vasallos a los reyes o señores feudales en nuestra Edad Media europea.

Se realizan como gesto de adoración religiosa o de respeto a una alta autoridad como el emperador o a los funcionarios del Gobierno como representantes de este. A partir del Movimiento Estudiantil del Cuatro de Mayo de 1919 en China, estos saludos cayeron en desuso. Hoy solo quedan vestigios en las artes marciales, como el saludo al maestro, en la práctica religiosa para rezar ante las imágenes de Buda o como saludo de los hijos a padres y abuelos en ocasiones especiales como las bodas. Hoy en día, el medieval *kotow* ha sido sustituido por la leve inclinación del cuerpo y la cabeza.

En Japón, por ejemplo, se practica la reverencia cuando dos personas se encuentran y ambas se inclinan hacia delante sin que haya contacto físico. A mayor respeto, mayor flexión del tronco, hasta un máximo de sesenta grados, y mayor duración del saludo. Los hombres practican la inclinación con las manos en los costados y las mujeres con las manos entrelazadas.

En las nuevas generaciones japonesas se va extendiendo el saludo, que consiste en una sencilla inclinación de la cabeza.

La reverencia es un tipo de saludo que en Occidente casi ha desaparecido y solo se reserva como parte del protocolo en el saludo a la monarquía. En Occidente, los cantantes, actores de teatro y otros artistas inclinan cabeza y tórax para saludar tras su actuación al público, que frecuentemente les aplaude y lanza flores. Se trata de una actitud humilde, afectuosa y servicial, señal de agradecimiento por la atención y los aplausos recibidos.

También es conocido el saludo *namasté* de la India, que se realiza presionando las dos palmas juntas a la altura del corazón, con una leve inclinación de la cabeza. Significa literalmente «yo te hago una reverencia».

O el saludo *wai*, tradicional de Tailandia, que consiste en unir las manos junto al pecho o debajo de la barbilla en posición de rezar, inclinando la cabeza hasta que las puntas de los dedos se apoyan en la frente. Se suele utilizar por parte de los tailandeses para saludar a sus superiores, a personas mayores, o a personas de mayor estatus social.

Percibimos que se trata de una cultura altamente jerárquica. Por ejemplo, cuando los camareros o personal de un hotel saludan a los clientes con el *wai*, el cliente puede sonreír o decir gracias, pero no se espera que lo devuelva ni que lo haga en primer lugar.

En la Filipinas tradicional, un signo de respeto a los ancianos es inclinar la cabeza, sujetar su mano derecha, colocarla sobre la propia frente en gesto de pedir su bendición y decir las palabras *mano po*. El gesto transmite la veneración y respeto de esta cultura hacia las personas de más edad.

Ceder el paso al otro es un gesto de cortesía en algunas culturas. En ocasiones el hecho de ceder el paso se acompaña de contacto, al guiar o empujar con suavidad el cuerpo de la otra persona, normalmente con una ligera presión de la mano en la espalda. Este detalle suele indicar quién tiene el mando o autoridad y en ocasiones ha generado tensión en encuentros diplomáticos entre mandatarios como Putin y Obama, pues ambas partes deseaban dejar pasar primero a su homólogo.

Tradicionalmente en la cultura occidental, el marido llevaba la mano sobre el hombro de su mujer, mientras que esta pasaba el brazo por la cintura de él.

Otro saludo clásico de la cultura China tradicional, con más de 3.000 años, es el de la palma sobre el puño. Aunque desde hace unos cien años en China se emplea el saludo occidental de estrechar la mano, este saludo tradicional de cortesía se mantiene en bodas, cumpleaños, funerales o celebraciones del año nuevo chino.

El origen del gesto era mostrar las manos unidas y sin armas para indicar que las intenciones no eran de lucha. Se realiza de pie y mirando con atención a los ojos de la otra persona. Para los hombres, el puño de la mano derecha medio cerrado y la mano izquierda cubriéndola delante del pecho. En el caso de la mujer, la colocación de las manos es la inversa, con la mano derecha sobre la izquierda. El lado derecho es el honorable en China para la mujer, y el izquierdo lo es para los hombres. Se han de levantar ambas manos hasta la frente, inclinarse y darse la mano suavemente tres veces mientras se procede a la felicitación verbal.

El saludo de kung-fu es una variación del saludo tradicional chino, muy similar pero con la mano izquierda extendida sobre el puño, al mismo tiempo que se hace una inclinación de cabeza. Hay varias explicaciones sobre el posible origen de este gesto. Una de las más aceptadas es que proviene del ideal confuciano de la perfección a través de la búsqueda del desarrollo de las cualidades académicas y de las artes marciales. El puño representaría la violencia y la guerra, en tanto la palma abierta simbolizaría la apertura y la cortesía del conocimiento, que debería prevalecer. Parece que el propio Confucio (551 a. C. a 479 a. C.), además de sabio pensador, fue un hábil jinete y arquero. Su influencia en la cultura China se considera enorme.

Una aproximación física mucho mayor supone el saludo *hongi* de Nueva Zelanda, que consiste en unir las frentes y la nariz. Es una forma de saludo ancestral que se utiliza en las reuniones tradicionales maoríes, en las ceremonias de protocolo y en la recepción de personalidades al país. Como vemos en reportajes y noticias sobre este país, se ejecuta uniendo la nariz y la frente entre las dos personas que se saludan, para transmitirse respeto e intercambiarse el *ha* o aliento vital, que, según la mitología maorí, se convierte en un lazo de unión entre ambos individuos.

También resulta muy curioso el saludo que puede encontrarse en el Tíbet, que consiste en saludar sacando la lengua. Esta costumbre según parece tiene su origen en una leyenda: las personas han de enseñar la lengua para demostrar que no son la reencarnación de un temible emperador antibudista que según la historia tenía la lengua negra.

ESTRECHAR LAS MANOS: ORIGEN Y EXPANSIÓN

Otros tipos de saludos frecuentes hoy en día por todo el mundo son el apretón de manos, los dos besos o el abrazo. Cada uno indica progresivamente una mayor aproximación entre los que se saludan.

El apretón de manos es el saludo más frecuente en Occidente y se ha extendido por casi todo el planeta. Se utiliza para dar la bienvenida, despedirse, dar las gracias o cerrar un acuerdo, fundamentalmente entre personas que se conocen en un plano profesional.

En cuanto a su origen, para los investigadores, el hecho de extender la mano, tanto en el chimpancé como en el ser humano, representaría un rito de apaciguamiento, para indicar que no existe intención de ataque. Parece que el gesto de ofrecer la palma podría proceder de la ritualización del gesto de ofrecer comida, y por tanto como muestra de buenas intenciones. Igualmente manifiesta indefensión a través de la ausencia de armas o escudos.

Además, este gesto permite transmitir mucha información: la apariencia de las manos y su cuidado, su suavidad o aspereza, su temperatura, sequedad o humedad, la duración y energía del saludo, la posición más dominante, colaboradora o sumisa, así como otra posible información a través del olfato.

Existen testimonios del saludo de estrechar la mano ya en los relieves asirios esculpidos en el siglo ix a. C. que representan al rey asirio Shalmaneser III saludando al rey de Babilonia Marduk-zakir-shumi para sellar una alianza.

Asimismo, existen textos y restos arqueológicos que muestran la práctica del saludo de manos en la antigua Grecia, en torno al siglo v a. C., como por ejemplo la estela funeraria que representa dos soldados estrechando sus manos que puede contemplarse en el Museo de Pérgamo de Berlín.

Existen otros indicios sobre la presencia del apretón de manos como señal de acuerdo también en la época prerromana, en las denominadas «téseras de hospitalidad». Eran documentos en plata o bronce a través de los que se establecía un pacto de hospitalidad entre pueblos o personas. Normalmente tenían forma de animal, de cabezas humanas o de manos entrelazadas y estaban formadas por dos piezas similares que se unían formando una única pieza completa. El anfitrión guardaba una parte y el visitante la otra y servía para reconocer pasados muchos años al antiguo huésped o sus descendientes. Vemos a través de las téseras que ya entonces las manos estrechándose simbolizaban un pacto o acuerdo entre dos partes.

En los países asiáticos, con culturas de bajo contacto, no era un saludo habitual hasta hace aproximadamente un siglo, pero actualmente se ha extendido y es habitual en la mayoría de los entornos de negocios.

La firmeza del saludo difiere de unos países a otros. En Estados Unidos y Europa el ideal es que sea firme, pero sin apretar, de forma que no haga daño ni fuerce la postura de la otra persona. En China, en cambio, el apretón de manos debe ser más ligero.

En Arabia Saudí, los hombres se saludan entre sí estrechando sus manos o con un abrazo, aunque la distancia aumenta en el caso de ser mujeres.

Suele considerarse adecuado esperar que la persona con el mayor estatus social sea quien lo inicie, especialmente si se trata de la realeza. No suele ser correcto rechazarlo y, por ese motivo, no se debe ofrecer a alguien de estatus superior para no comprometerlo.

La comunicación intercultural supone retos en el lenguaje y en el plano no verbal. La emisión y la interpretación de los gestos depende, en gran medida, como estamos viendo, de factores culturales como las costumbres, las normas y las expectativas. Las diferencias culturales generan malentendidos y salvar estas situaciones requiere respeto, comprensión de las diferencias, experiencia y tacto.

Para el experto en comunicación intercultural Roger Axtel, el mejor consejo en relación con los gestos es el de las dos aes (*ask* y *be aware*), es decir, preguntar cuando tengamos cualquier duda y estar atentos a cualquier posible malentendido para aclararlo cuanto antes.

CURIOSIDADES SOBRE LA EVOLUCIÓN DE DIFERENTES SALUDOS ALREDEDOR DEL MUNDO

El saludo del ejército, con la palma de la mano extendida frente al lado derecho de la cabeza, por encima de la sien, procede del gesto básico de etiqueta de quitarse el sombrero para mostrar respeto al entrar en un recinto cerrado o presentarse ante alguien de rango superior. El gesto evolucionó acortándose con solo una elevación del sombrero y después se simplificó hasta llegar al gesto que conocemos hoy de rozar el ala del sombrero o gorra con dos dedos de la mano derecha.

Otro tipo de saludo mucho más informal es el saludo norteamericano de chocar los puños, extendido hoy en medio mundo, que procede de los boxeadores profesionales en los años setenta. Comenzó a utilizarse cuando la gente imitaba cómo tocaban sus guantes antes de un combate. Después el gesto se hizo popular entre jugadores de baloncesto, que chocaban los puños con sus compañeros de equipo en lugar de estrecharse las manos para mantener la tiza en sus palmas. El gesto se extendió entre los aficionados, llegando incluso al presidente de EE. UU., Barak Obama, que lo convirtió casi en seña de identidad desde que saludó a su esposa con él en el evento de celebración de su nominación para la presidencia.

Un ejemplo característico de saludo grupal sería la famosa haka maorí, popularizada en todo el mundo por los All Blacks, el equipo nacional de rugby de Nueva Zelanda. Nació como danza de guerra o rito tradicional en el campo de batalla para infundirse ánimo y cohesión e intimidar al adversario. Consiste en gritos feroces, acompañados de palmadas rítmicas, golpes en el suelo y expresión fiera, que incluye gestos como sacar ostensiblemente la lengua y abrir mucho los ojos.

Hoy se utiliza en el entorno deportivo y se ha convertido en un rito representativo de la cultura maorí, por lo que se realiza en eventos oficiales en honor a los invitados. No es extraño que haya perdurado por la carga emocional que transmite ese rito ancestral de los aborígenes del país. Todo un poderoso gesto de cohesión y contagio emocional.

Existen otras muchas costumbres a lo largo del planeta, como las que implican golpear con la mano o el puño, como el saludo de los esquimales de Canadá a los extraños con un golpe del puño en la cabeza o el hombro, o el de los hombres habitantes de la Amazonía, que se saludan con una palmada en la espalda.

EL BESO, SU ORIGEN Y EVOLUCIÓN

El origen del beso parece remontarse al intercambio de alimento de la madre hacia sus vástagos. Durante millones de años las crías de aves y mamíferos fueron alimentadas así y este comportamiento íntimo de cuidado, de intercambio y de protección pudo evolucionar en los homínidos hacia la demostración de afecto.

Los besos estimulan los labios y producen placer. La de los labios es una piel muy fina y las terminaciones nerviosas son muy numerosas, lo que los convierte en una de las partes más sensibles del cuerpo. Hasta cien veces más que las yemas de los dedos.

Para algunos investigadores, el beso romántico en los labios, que es costumbre universal independientemente de la cultura, lleva a los dos individuos al intercambio de información sensorial a través del gusto, el olfato, el tacto, e incluso a través de las feromonas. Estas sustancias químicas en forma de partículas aéreas que plantas y animales utilizan como medio de comunicación para atraerse o rechazarse aportarían información profunda sobre la persona. De forma que este contacto de los labios podría revelar claves sobre la compatibilidad genética, como las posibilidades de una pareja para tener descendencia.

Lo que es cierto es que el beso nos avisa sobre la atracción o falta de ella que sentimos hacia alguien, y tal vez esas mágicas feromonas nos estén enviando información sobre lo que nos interesa desde el punto de vista biológico.

Hace años en nuestra sociedad occidental no estaba bien visto culturalmente que una pareja se abrazase y se besase por la calle, cosa que hoy resulta bastante frecuente y menos llamativa. En otras culturas como, por ejemplo, la japonesa, continúa siendo tabú y los gestos de afecto que implican contacto no se consideran adecuados en público.

Vemos que la conducta no verbal en los distintos lugares del mundo va evolucionando de acuerdo con los factores políticos, económicos y culturales que afectan a cada sociedad. Aunque, como iremos viendo en diversos ejemplos, la tendencia de la globalización ha unificado muchas normas y costumbres y va reduciendo las diferencias.

BESOS AL AIRE

En Latinoamérica y diversos países de Europa como Italia, Francia, España y Portugal, además de estrechar la mano, también es frecuente saludar, en especial a las mujeres, con dos rápidos besos, uno en cada mejilla. En la mayoría de los casos, las mejillas simplemente se rozan mientras los labios emiten el sonido del beso.

Los dos besos implican un mayor contacto y en países como Alemania, Polonia o Gran Bretaña no son habituales y pueden ser mal recibidos, por lo que es recomendable limitarse a un firme apretón de manos. Las palmas descubiertas se unen, lo que indica ya un gran contacto.

En algunas regiones de Francia, Holanda, Bélgica y Suiza es frecuente, entre personas conocidas, saludarse con tres besos en las mejillas, comenzando por la derecha.

En Arabia Saudí una forma de saludo y de mostrar respeto por una persona de edad avanzada es darle un beso en la frente.

EL ABRAZO

El abrazo es el gesto de afecto por excelencia, pues en él las dos personas se rodean con sus brazos mutuamente y se produce una aproximación hasta invadir la distancia íntima. Se trata de un gesto que conecta con la protección. Por ejemplo, en una aglomeración o en una situación de peligro con nuestra familia o seres queridos, de forma natural nos unimos a ellos, o los rodeamos con los brazos para protegerlos.

Echamos el brazo por encima de los hombros de alguien cuando queremos expresarle nuestra unión o apoyo, una especie de consuelo y acompañamiento sin palabras. El abrazo es un gesto de apertura, mutua entrega y confianza, aunque existen distintos tipos, más o menos próximos, cálidos y prolongados.

Habría un abrazo íntimo cuando los pechos de ambas personas se juntan y hay proximidad entre ambas cabezas, una a cada lado, con un encaje perfecto. En este tipo de abrazo cada persona es refugio físico y abrigo emocional para la otra. Si a esto se une la mirada sostenida de complicidad, normalmente estaremos ante un abrazo romántico.

También hay abrazos más breves y con menos contacto, en los que las cabezas quedan más alejadas, en situaciones profesionales o de menor confianza. A veces el abrazo va acompañado de unas palmadas en la espalda, sobre todo en el caso de los hombres, que normalmente indican el final del abrazo.

Un gesto de afecto que puede considerarse «medio abrazo» es el que se produce cuando pasamos el brazo por encima del hombro de otra persona amiga. Aunque implica mucho menos contacto, suele significar cariño, apoyo y camaradería entre amigos o colegas, y aparece en momentos de celebración o cuando queremos animar o consolar a alguien.

La forma de abrazar cambia en las diversas culturas, pues es una conducta que comporta un alto contacto. Podemos encontrar abrazos menos cálidos, por compromiso, o en los que la persona no se encuentra cómoda por distintos motivos, culturales o personales.

Como hemos visto, la cultura de Estados Unidos es más táctil que la cultura británica y del norte de Europa, donde hay poco contacto más allá de darse la mano. En 2009, generó un gran revuelo y numerosos titulares el abrazo entre Michelle Obama y la reina Isabel de Inglaterra, ya que la por entonces primera dama estadounidense se saltó el protocolo, para sorpresa de la reina y de todos.

LA DURACIÓN DE LOS ABRAZOS

Entre los habitantes de la isla de Andamán, en el golfo de Bengala, los amigos y parientes que no se han visto durante semanas se sientan juntos, uno en el regazo del otro, se abrazan mutuamente y lloran durante unos minutos.

En nuestro entorno occidental, la duración media de un abrazo entre dos personas es de tres segundos, aunque en situaciones de emoción intensa como un entierro, en el reencuentro con una persona querida o tras una gran victoria de nuestro equipo, nos abrazamos por más tiempo.

Un estudio de la Universidad de Carolina del Norte concluyó que cuando otras personas nos tocan o abrazan se incrementan los niveles de oxitocina en la sangre, también conocida como la hormona del amor. Este neurotransmisor, que actúa en el sistema límbico, tiene muchos beneficios en nuestra salud física y mental, pues nos ayuda, entre otras cosas, a relajarnos, sentirnos seguros y reducir la ansiedad y el estrés.

Para algunos investigadores, como la terapeuta Lía Barbery, creadora del Sistema Abrazoterapia y autora del libro *El lenguaje de los abrazos*, la duración del abrazo debe ser de más de seis segundos para que produzca un impacto químico en el cerebro y nos proporcione ese efecto terapéutico sobre cuerpo y mente.

El poder terapéutico del abrazo se basaría para esta autora en su relación con el gesto de la madre cuando toma en brazos a su hijo y su cerebro segrega oxitocina, al igual que en el alumbramiento o cuando le amamanta. Gracias a ella, el bebé se siente unido a su progenitora, relajado y seguro. En el acto del abrazo, el cerebro libera serotonina y dopamina, gracias a las que experimentamos sensaciones positivas de bienestar, armonía y plenitud.

Una investigación de la Universidad de California sugiere que las parejas que se abrazan más frecuentemente tienen niveles más altos de oxitocina, lo cual ocasiona que la presión arterial sea más baja, al igual que el ritmo cardíaco y el riesgo de padecer enfermedades cardíacas. Parece que esta hormona también hace a los hombres más cariñosos y mejores a la hora de desarrollar relaciones sociales. Y aumenta la libido y el desempeño sexual de los sujetos estudiados.

El experto en *branding*, Andy Stalman, propone ocho abrazos de seis segundos al día como mínimo. Pero ¿para qué? El objetivo sería que haya tiempo para que la oxitocina impacte en el cerebro y de ese modo establezcamos lazos más profundos de confianza y generosidad. Por ello bautizó los abrazos como «armas de emoción masiva».

De acuerdo con esta información, parece recomendable expresar el afecto hacia nuestros seres queridos y disfrutar de abrazos largos cuando sintamos deseos de hacerlo.

Pero no olvidemos ser empáticos a la hora de percibir la comodidad o incomodidad de la persona a la que abrazamos. Su cultura, su educación y sus creencias pueden ir en contra de este abrazo largo, por lo que hemos de estar atentos para no imponerlo.

PANDEMIA DEL COVID-19 Y SALUDOS

Durante los primeros meses de la pandemia del COVID-19, la Organización Mundial de la Salud recomendó utilizar el saludo del codo o, en su defecto, el saludo del puño para evitar estrechar las palmas y reducir el contacto físico y la propagación del virus.

Sin embargo, con la expansión del virus, se fue recomendando un contacto aún menor y una mayor distancia física, de al menos un metro y medio, que permitiera reducir todavía más los riesgos de propagación.

La imprescindible mascarilla y la muy recomendable distancia provocaron que el saludo *namasté*, la inclinación de cabeza, el gesto de la mano en el corazón o la sonrisa con los ojos se convirtieran en los saludos más seguros y convenientes.

Las limitaciones de contacto que ha provocado la pandemia nos hacen ser más conscientes del valor del contacto físico y el significado que expresa. Muchas personas lo echamos de menos y deseamos que sea posible volver a compartirlo.

Sin embargo, también nos vamos acostumbrando a esa falta de contacto al saludarnos y despedirnos a distancia.

Es muy posible que la experiencia de esta pandemia afecte a nuestros hábitos de contacto físico en el futuro. ¿Qué pasará con las sociedades hasta ahora de alto contacto como las mediterráneas? ¿Qué efecto tendrá el miedo al contagio en el futuro? ¿Afectará a nuestros hábitos en cuanto a los besos y los abrazos? ¿Volveremos a saludarnos con las mismas ganas o seremos más recelosos?

Esta situación nos lleva a pensar que tal vez una epidemia o enfermedad pudiera estar en el origen de los hábitos de las culturas de bajo contacto.

Por otra parte, como leí recientemente en Twitter, igual que nuestros mayores en España pasaron necesidad en la época de la posguerra y esto significó una permanente tendencia a sobrealimentar a los suyos, probablemente haya secuelas para las generaciones que estamos viviendo esta pandemia, aunque todavía no sabemos exactamente en qué sentido.

LAS MANOS Y LOS BRAZOS

LAS MANOS DE LOS PRIMEROS HUMANOS

Nuestro cerebro humano multiplicó su volumen por tres en la etapa en que comenzamos a caminar erguidos sobre las dos piernas. Pero en las manos se produjo uno de los cambios más relevantes: los dedos índice y pulgar se modificaron para formar lo que se conoce como «la pinza de precisión», una mano especializada en manejar objetos.

José María Bermúdez de Castro, director del Centro Nacional de Investigación sobre Evolución Humana (CENIEH), en Burgos, destaca el papel principal de las manos en nuestra evolución. «El cerebro, cada vez más grande y complejo, diseñó todos los productos culturales y tecnológicos de esos últimos dos millones de años, pero la mano ha sido el instrumento necesario para lograrlo».

Los investigadores destacan el salto evolutivo que supuso para los homínidos la bipedestación y el hecho de dejar las manos libres, pues les permitió comenzar a agarrar y portar objetos con facilidad, construir y manejar herramientas y les abrió nuevas posibilidades para transformar su entorno.

El desarrollo del cerebro, junto con la capacidad de imaginación y representación y la nueva disposición de las manos, nos permitió salir de los mecanismos estímulo-respuesta instintivos de nuestros antecesores. Gracias a las manos, el ser humano pudo construir herramientas, dominar el fuego y ejecutar sus planes para cazar, cocinar o resguardarse.

También podemos intuir que hace 35.000 años las manos ya tenían un significado especial para los humanos, como acreditan las pinturas rupestres de las cuevas de Pech Merle en el suroeste de Francia o las cuevas del Castillo en Cantabria, en el norte de España. En ambas encontramos, junto a diversos animales como uros, bisontes o ciervos, manos en negativo cubriendo las paredes, pintadas usando las manos a modo de plantillas. No sabemos si se trata de señales de saludo, de despedida o si son firmas de los artistas, y parece que el misterio del significado de estas manos de nuestros antepasados se mantendrá por algún tiempo.

Las útiles manos de los homínidos precisamente pudieron contribuir a aumentar la cooperación. Antes de contar con la palabra, los gestos de las manos permitirían comunicarse en situaciones de necesidad como, por ejemplo, para apuntar hacia un lugar al que dirigirse o para avisar a otros de una amenaza o de una oportunidad de caza, comportamientos útiles para la supervivencia y el éxito del grupo.

Por el contrario, los chimpancés no utilizan las manos ni los dedos para señalar algo interesante o prevenir de alguna amenaza, sino que se guían sencillamente por la posición del cuerpo y la cabeza.

Todo apunta a que la cooperación ha sido un factor clave para el éxito de nuestra especie y parece que las manos han formado parte de ese proceso. Ya en las poblaciones de neandertales en distintos enclaves se han encontrado evidencias de individuos con discapacidades físicas que no hubieran podido llegar a la vida adulta sin la cooperación de la tribu. Y también contamos con vestigios de cómo el *Homo sapiens* destacó por su capacidad de trabajar en equipo, por ejemplo, en la caza cooperativa de mamuts.

Enseñar la palma de la mano equivale a mostrarse, exponer las cartas, decir la verdad. La palma, de piel más clara y sensible que la cara externa, tiene algo de entraña, de interior delicado que a veces presentamos.

Desde tiempos remotos, el oficio principal de las manos del ser humano ha sido portar algún objeto, trabajar, defenderse o atacar. Los gestos que muestran las palmas libres transmiten indefensión. No vamos armados, no escondemos nada, no somos peligrosos.

EL LUGAR DE LAS MANOS HOY

La posición y el movimiento de las manos al comunicar dice mucho, pues las manos implican acción y transformación.

Cuando están presentes, a la vista, son más comunicativas. Cuando esperamos una orden de pie, las juntamos ante la cintura o las colocamos sobre la parte anterior de las caderas. El tabernero se las seca en el delantal mientras parecen decir «aquí estamos», dispuestas a servir. El vaquero, alerta, las apoya sobre el cinturón, preparado para disparar si hiciese falta.

Cuando se colocan más abajo, sobre la pelvis, o sentados, apoyadas sobre las pantorrillas o subiendo los calcetines demuestran timidez excesiva.

Si las situamos más arriba de la cintura —en las solapas, tirantes o nudo de la corbata— reflejan una postura algo arrogante, de autoridad. Detrás de la nuca transmiten una total exposición que solo parece procedente en situaciones de máxima confianza e informalidad. En otras circunstancias resultaría una exhibición de poder excesiva.

Nos decían de niños que las manos en los bolsillos eran de mala educación, que parecen ocultarse, pero vemos a gente elegante a los que sienta bien este gesto. El motivo es que los brazos flexionados resultan más estéticos y activos que dejados caer.

Una mano en el bolsillo del pantalón o de la chaqueta, sin introducirla hasta el fondo, puede ser elegante, de cierta reserva. Puede funcionar bien para un paseo o una charla informal, aunque no tanto para hablar en público, ante un tribunal o en una conversación formal o profesional. Esto se debe a que las manos fuera de la vista, ya sea en los bolsillos, a la espalda o bajo la mesa, nos muestran menos implicados en la comunicación. Si guardamos una, nos reservamos una carta.

Cuando una mano aprieta la muñeca de la otra a la espalda, indica que nos controlamos o nos revestimos de autoridad. Puede ser señal de que la persona está nerviosa o no se encuentra cómoda, por lo que controla-limita sus movimientos y descarga su tensión en el cierre del puño.

Las manos enlazadas entre sí, distendidas, parece que escuchan. Hacia arriba, y dirigidas hacia nuestro interlocutor, se abren y lo explican todo, transmiten energía e implicación.

Al hablar en público las manos acompañan el discurso de forma espontánea cuando relacionan varios puntos de una enumeración, señalan el antes y el después, la derecha y la izquierda, lo superior y lo inferior; acotan, dividen, ponen condiciones y abren posibilidades, como caminos en las ideas. Como testigos, subrayan lo que decimos, pero sin dibujarlo todo, que sería repetirlo. Un exceso de movimiento y protagonismo de las manos podría distraer y transmitir nerviosismo.

Si estamos ante una mesa, es frecuente que se produzcan gestos de descarga como entretenernos jugueteando con el bolígrafo, arreglando papeles, dibujando infinitas flechas o enredando con un clip. Si dejamos las manos vacías, eliminamos distracciones y nos mostramos más centrados en la conversación con quien nos habla. El bolígrafo para tomar notas sería una clara excepción.

HOMBROS Y BRAZOS TAMBIÉN SE MUEVEN

La posición de hombros y cuello tiene mucha influencia en nuestra postura, en especial en la cabeza y el tronco. La postura más neutra y estable sería la vertical, pues colocan el tronco en una posición erguida, simétrica y relajada.

En cuanto al movimiento de brazos, las culturas meridionales gesticulamos más. Nos movemos en público, al aire libre, hablamos para gente más distante y podemos sacar las manos sin que se nos queden heladas. El nórdico habla en casa, junto a la chimenea. A esa distancia se economiza cualquier gesto.

Cuanto más alto es el gesto y cuanto más se separan los brazos del perímetro del cuerpo, mayor emoción manifiesta. Utilizamos los brazos, y no solo las manos, para los grandes gestos y emociones: para deplorar lo ocurrido, llamar o saludar al que está lejos, decir que no faltaba más, advertir de un peligro, reaccionar ante una gran alegría, etc.

Por ejemplo, nos llevamos las manos a la cabeza ante una sorpresa o preocupación. El gesto más amplio aún, con los codos extendidos hacia delante, es una conducta autoprotectora que se produce cuando cometemos un error, o en situaciones de gran incredulidad o sorpresa. Dirigir el tráfico y señalar la puerta, así como los actos supremos de dominio, se realizan con el brazo, sin pronunciar palabra.

Cruzar los brazos es la postura con que se enseñaba antaño a ser niños buenos. Era como una invisible camisa de fuerza para tener quietos, inactivos e incomunicados a esos locos bajitos, como diría Serrat.

Además de restringir el movimiento, también se suele interpretar que los brazos cruzados delante protegen la zona ventral. Para Desmond Morris, los brazos cruzados crean una barrera ante el pecho, protegiendo esa zona tan vulnerable de los órganos vitales. Además, tendrían un efecto consolador y confortante, pues equivaldrían a darnos un medio abrazo a nosotros mismos.

No es adecuado hacer una interpretación apresurada de los brazos cruzados, que pueden deberse a muy distintas circunstancias. Pueden aparecer por frío, por aburrimiento, cansancio, autoabrazo, tensión o, en ocasiones, enfado.

Los brazos cruzados a la espalda se contienen o autocontrolan y dejan el frente desprotegido. Por ese motivo, este gesto frecuente en policías, miembros del ejército y otras fuerzas de seguridad transmite autoridad y autoconfianza.

Aunque no podemos precipitarnos. Abordamos el estudio de los distintos elementos progresivamente para guardar un orden, pero una correcta interpretación de los gestos ha de hacerse de forma global. Por ejemplo, si los brazos atrás se acompañan de una mirada firme y el rostro orientado al frente, probablemente recibiremos una impresión de confianza. Otro tipo de expresión, como la mirada dirigida al suelo, o un rostro apesadumbrado o de miedo, nos hablaría de timidez. O si la mandíbula aparece tensa y la frente fruncida, apuntaría hacia una actitud de contención en situación de enfado. En el próximo capítulo hablaremos del crucial aporte de la expresión facial, la mirada y la sonrisa.

Los hombros también son un elemento del cuerpo sumamente expresivo. Cuando hablamos en público, los hombros y el cuello no han de estar rígidos para resultar naturales y expresivos. Los brazos han de estar relajados, no rígidos, ni pegados al cuerpo, lo que indicaría tensión. Es bueno recordar que la voz se ve afectada por la posición y la ausencia de tensión en la zona de los hombros y el cuello.

Los hombros subidos denotan preocupación o tensión y pareciera que tienden a subir para proteger la cabeza. El gesto de subir y bajar los hombros rápidamente comunica: «no es cosa mía, no me importa, me da igual». Cuando se hace el gesto con las palmas hacia arriba, envía un mensaje de impotencia al mostrar las manos vacías.

La mayor o menor rapidez de los movimientos también aporta información. La velocidad se asocia a energía, optimismo y vitalidad, mientras que la lentitud se asocia a la reflexión, menor energía y contención.

EL ESTILO GESTUAL DE MANOS Y BRAZOS EN DIFERENTES CULTURAS

Cada individuo posee su propio estilo de gesticular, que en parte refleja su cultura y personalidad.

Es bien conocido que determinados gestos difieren en su significado a lo largo del mundo, como el signo del pulgar arriba, el signo de victoria o la señal de *OK*. El gesto del pulgar hacia arriba, por ejemplo, un gesto positivo en la cultura occidental actual, es un insulto en muchos países islámicos y asiáticos.

La mayoría de los emblemas (así se llaman los gestos que pueden reemplazar a una palabra) tienen un origen cultural y, por lo tanto, conviene conocerlos si nos movemos en un entorno multicultural.

Además de los distintos emblemas, también encontramos diferencias en cuanto a la amplitud y frecuencia de los gestos. Para las culturas del norte de Europa, por ejemplo, la gesticulación de las culturas mediterráneas y de Oriente Medio es considerada pasional y excesiva. A la inversa, para los mediterráneos la actitud contenida del norte de Europa a menudo puede resultar fría.

Como explica Flora Davis, a partir de 1940 David Efron llevó a cabo una investigación para desmentir las afirmaciones de los científicos nazis acerca de que los gestos se heredaban racialmente. Para ello estudió el estilo gestual de inmigrantes judíos e italianos en Nueva York a través de observaciones, dibujos y películas y descubrió que existen notables diferencias. Los italianos tendrían gestos de brazos más expansivos y simétricos, empleando ambas manos con movimientos en todas direcciones. Los judíos, por su parte, mantendrían las manos próximas al pecho y los antebrazos pegados al cuerpo.

Al estudiar a segundas generaciones, comprobó que los que mantenían lazos estrechos con su comunidad étnica original los conservaban, mientras que los que se adaptaban o integraban más a la vida norteamericana iban perdiéndolos paulatinamente. Lo que demostró incuestionablemente es que los estilos gestuales no se heredan genéticamente, sino que se aprenden por imitación y contagio.

En nuestra cultura occidental, la expresividad gestual mesurada es síntoma de equilibrio. La falta de expresión facial y la pobreza de movimientos transmiten inactividad o depresión. Y en el otro extremo, los gestos exagerados y demasiado rápidos se pueden interpretar como poco control de nosotros mismos, mala educación o síntoma de ansiedad, por lo que generarían mala impresión.

Cuando trabajamos o convivimos con personas de culturas distintas, conocer las diferencias gestuales nos permite empatizar, comprender, evitar malentendidos y conectar con las personas de procedencias distintas, incluso dentro de un mismo país.

Además de la amplitud de los gestos, hay otros matices sobre el uso de las manos en función de la cultura. Por ejemplo, para recibir un regalo en la mayoría de los países de Asia (China, Japón, Vietnam o Corea del Sur), así como en la India y Oriente Medio, han de usarse las dos manos, pues implica mayor atención y respeto.

EL TRIÁNGULO EXPRESIVO: EL ROSTRO Y LAS MANOS

Las manos forman junto con el rostro un triángulo expresivo cambiante que retiene la atención del interlocutor.

Las manos prestan apoyo al discurso y al pensamiento. Si acercamos el puño al rostro, evoca que el trabajo es duro. Si solo uno o dos dedos, el apoyo se hace sutil: no pesan tanto las ideas. Si se deja caer la cara sobre la palma, demuestra la pesadez del aburrimiento.

Si se frota suavemente con un dedo la mejilla o pellizcamos distraídos el lóbulo de la oreja buscamos una relación que se escapa, despejamos el picor de una última duda. Si se aprieta fuertemente el mentón con la mano en tenaza, una gran decisión está a punto de ser tomada.

Una mano en el cuello, aflojando el nudo de la corbata, suele ser muestra de agobio o preocupación. Llevar la mano a la nuca demuestra una situación de abatimiento, fracaso e indecisión, que en público no nos permitimos a menudo.

Cuando levantamos el dedo índice delante del rostro o cerca de la oreja, pedimos atención, silencio, precisión. Si se dirige al interlocutor, puede percibirse como amenaza o riña. Igual, o peor, si lo hacemos con un bolígrafo.

El gesto de taparse la boca con la palma de la mano es un acto de autocontrol o autocensura, que indica voluntad de reprimir una posible opinión. Puede ser señal de desacuerdo acerca de lo que estamos oyendo o de autocontrol para no intervenir en la conversación porque no se considera oportuno.

Hasta los cuatro años, cuando los niños mienten, se tapan la boca en un gesto inconsciente de autocensura. En los adultos el gesto suele limitarse a un rápido movimiento de la mano frente a la boca.

En general, cuando las personas reciben malas noticias o presencian hechos desagradables, la reacción más habitual suele ser taparse la cara con las manos como forma de evitación. De hecho, este fue el gesto más observado a nivel mundial cuando el planeta recibió la noticia del atentado contra las Torres Gemelas el 11 de septiembre de 2001.

El dedo índice sobre un diente, sobre los labios, la boca ligeramente abierta o bajo el mentón son signos que pueden significar perplejidad o duda.

Para Sergio Rulicki, experto en lenguaje no verbal, unir las manos junto al rostro con un gesto de ruego, los dedos índices apoyados sobre los labios y tocando la punta de la nariz indica que se está evaluando un problema difícil que genera preocupación.

Las gafas puestas o en las manos se convierten en un símbolo de la inspección, el juicio y el análisis intelectual. Lo mismo da ponérselas que quitárselas, mirar a su través o por encima de ellas, utilizarlas como índice o jugar con ellas: evocan a su alrededor la atención y la crítica hacia lo circundante.

CURIOSIDADES. LOS GESTOS SEXUALES U OBSCENOS

Cada civilización tiene sus tabúes sexuales, que varían según el lugar y la época. Como explica Desmond Morris en su libro *El hombre al desnudo*, los gestos obscenos utilizan un signo tabú como forma simbólica de ataque. En lugar de golpear físicamente a la persona, se le envía un gesto sexual a modo de amenaza.

El gesto del dedo corazón erguido y los demás doblados, con simbología fálica, tiene más de 2.000 años y se sigue utilizando en la actualidad. Los romanos ya lo llamaban «el dedo obsceno». Hoy en día se sigue viendo este gesto con un significado cercano a «no me asustas», «vete a paseo» o «que te den».

Otros símbolos fálicos, además del dedo corazón, pueden ser la lengua, los dedos índice y corazón unidos, el dedo pulgar, el puño o el antebrazo.

El corte de mangas, por ejemplo, se hace con todo el antebrazo proyectado hacia arriba y el otro brazo apoyado. Es un gesto común de insulto en los países europeos mediterráneos. Percibimos que este gesto, frecuente en la época de nuestros abuelos, va perdiendo uso y quedando un poco anticuado o viejuno, al igual que, como veremos, ocurre con otros gestos locales.

El gesto del pulgar obsceno en Cerdeña significaría algo como «siéntate aquí encima». Cuando los visitantes utilizan la señal amistosa del pulgar hacia arriba o la señal de autostop, puede producir confusión. Sin embargo, el significado fálico tradicional actualmente tiende a ser barrido por la versión más universal, amistosa y positiva.

El gesto obsceno de rascarse o agarrarse los genitales, común en México, también sería un gesto fálico de poder o dominio. Otros gestos alusivos a la cópula son los que recuerdan con los dedos a la penetración y los que imitan el movimiento de la pelvis.

En Oriente Medio existe un insulto que consiste en alzar la palma y significa que el insultado «tiene cinco padres», como ataque a la reputación de la madre.

De la misma manera, encontramos el gesto de los cuernos con los dedos índice y meñique en los países mediterráneos como Grecia, Italia o España, esta vez dirigido al marido para indicar que su mujer le es infiel.

El gesto más representativo de los roqueros y seguidores de la música *heavy metal* es muy similar y parece también desplazar los significados antiguos del gesto. La mano cornuda o *maloik* se ha extendido a lo largo y ancho del mundo por diversos artistas de *rock*, de modo que hay dudas sobre su origen exacto. Algunos lo atribuyen a los Beatles.

Otra de las hipótesis es que el gesto tendría su origen en el cantante Ronnie James Dio, de la banda Black Sabbath. Según el músico, impulsor del símbolo, su abuela de origen italiano lo utilizaba de forma supersticiosa cuando él era un niño para curar el mal de ojo, o *malocchio,* pues según la creencia tradicional italiana la mano cornuda aleja el mal o los malos espíritus de una persona. Otros artistas lo han utilizado hasta convertirse en un símbolo universal del *rock*.

TIPOS DE GESTOS

Sabemos que los gestos sirven al ser humano para acentuar o complementar la comunicación verbal, para regular la conversación o incluso para sustituirla. Existen gestos más conscientes y otros más inconscientes. Algunos cuyo origen es más biológico o instintivo y otros que son claramente consecuencia de la cultura.

Para aclarar estos aspectos, resulta útil la clasificación de Ekman y Friesen en «The Repertoire of Nonverbal Behavior: Categories, Origins, Usage and Coding». Esta incluye cinco categorías de gestos de acuerdo con su uso y origen distinto.

LOS EMBLEMAS

Son gestos que poseen un significado o una traducción verbal específica y clara, conocida por la mayoría de los miembros de una comunidad. Por ejemplo, cuando aplaudimos (una especie de abrazo imposible en la distancia hecho con palmadas), cuando lanzamos un beso o hacemos con los dedos la V de victoria. Este gesto parece ser que fue puesto de moda por Churchill y la prensa británica como símbolo de la resistencia y la victoria aliada en la Segunda Guerra Mundial.

Cada cultura tiene su repertorio de emblemas, y diversos autores han tratado de elaborar recopilaciones de los emblemas correspondientes a distintas culturas. En 1941 Efron registró un glosario de emblemas usado por inmigrantes judíos e italianos en Estados Unidos. Saitz y Cervenka desarrollaron una lista de emblemas norteamericanos y colombianos (como explica Mark Knapp en su libro *Comunicación no verbal*).

Paul Ekman, en paralelo a su búsqueda de expresiones faciales universales, indagó emblemas que fueran universales y encontró unos veinte movimientos comunes a tres culturas totalmente divergentes como Argentina, Japón y la tribu fore de Nueva Guinea, como los gestos con las manos que indican acciones como comer o dormir, frotarse las manos para indicar frío o tocarse la tripa en señal de hambre.

Otras investigaciones han mostrado además la presencia de emblemas similares en culturas muy distantes, como el gesto de algo que cuesta mucho dinero, que se realiza con los dedos índice y corazón unidos y frotando el pulgar rápida y repetidamente contra ellos.

Existen innumerables emblemas propios de cada cultura como, por ejemplo, en la japonesa. En este país, al entrar a un restaurante que está lleno, podemos encontrarnos un encargado del local con los brazos formando una equis delante del pecho para indicar que no es posible pasar. También en otras situaciones, como si entramos por error por la puerta de salida o tratamos de acceder a una sala donde no está permitida la entrada, podemos encontrarnos con que alguien nos haga este gesto.

Al tener un origen cultural, los emblemas pueden producir equívocos cuando interactúan personas de culturas distintas. El gesto de unir pulgar e índice formando un círculo, que en numerosos países significa de acuerdo, *OK*, en Alemania y Brasil puede ser un gesto obsceno o escatológico. De la misma manera, como hemos visto al hablar de las manos, el gesto occidental de levantar el pulgar para expresar que todo va bien, en Medio Oriente y ciertos lugares del Mediterráneo sería similar a mostrar el dedo corazón.

El origen de este gesto a menudo se ha explicado de forma equívoca en relación con los tiempos del Imperio romano. Supuestamente, la suerte de los gladiadores tras sus combates la decidirían la masa y el emperador, este último, con un gesto de pulgar arriba o pulgar abajo, simbolizando vivir o morir.

Sin embargo, sabemos que fueron las películas de Hollywood las que extendieron esta creencia, que no es correcta históricamente. En realidad, cuando el pulgar apunta de forma horizontal representaría una espada y significaría «matadlo», mientras que para salvar al gladiador, el pulgar debía mantenerse oculto. ¿Por qué se extendió esta idea errónea? Parece que siglos después de caer el Imperio romano, franceses e ingleses contaban con los dedos comenzando por el pulgar, por lo que para ellos el dedo hacia arriba simbolizaba número uno o primero. Al entender el gesto del pulgar arriba como positivo, contaron la historia de los gladiadores romanos y la decisión acerca de salvarlos o no concebida desde su visión.

Tom Cruise, con su pulgar arriba en el cartel de la película *Top Gun*, es un buen ejemplo de cómo el cine y las figuras míticas para cada generación pueden expandir el uso de un gesto como este, que se ha extendido por multitud de rincones del globo.

Como curiosidad, existen diversas teorías sobre el origen del gesto y la expresión *OK* norteamericana, como la de que significaba *cero killed* («cero muertos»), que parece no ser exacta. Según la investigación del lingüista Allen Walker, la expresión se originó en Boston, cuando unos jóvenes periodistas crearon un sistema de abreviaturas con errores de ortografía entre los que figuraba *OK*, por *oll korrect* (versión humorística de *all correct*). Perduró porque a su vez el presidente estadounidense Martin Van Buren adoptó esta expresión en 1840 para su campaña de reelección por coincidir con las iniciales de su lugar de nacimiento, Old Kinderhook.

Es llamativo el recorrido de la expresión y el emblema hasta llegar a todo el mundo en la actualidad. Afortunadamente, o no, casi nadie tiene en la cabeza hoy el significado original mediterráneo cuando recibe un texto con este emoticono.

LOS ILUSTRADORES

Independientemente de nuestra raza, cultura o idioma, las personas agitan sus manos y gesticulan cuando hablan, incluso en el caso de las personas ciegas de nacimiento.

Los ilustradores son gestos o movimientos corporales que complementan al lenguaje hablado y apoyan a las palabras, enfatizándolas. Por ejemplo, cuando abrimos los brazos para acompañar la palabra «enorme» o simulamos un círculo para expresar que algo es «global», cuando hablamos de verter un líquido y giramos la mano colocada en forma de C para simular el movimiento o cuando extendemos las manos hacia delante para hacer referencia a dar u ofrecer algo.

Al igual que los emblemas, los ilustradores son gestos emitidos conscientemente y en ocasiones intencionalmente. Algunos pueden asemejarse a un sistema de puntuación, al separar las partes del discurso, y otros tienen la función de ampliar el contenido de la comunicación delineando las formas de las acciones.

La congruencia de los gestos ilustradores con el lenguaje verbal está asociada a la credibilidad, de modo que son parte importante de nuestra comunicación.

Estos movimientos de brazos y manos suelen adelantarse respecto a los conceptos verbales, por lo que se entiende que los gestos de alguna manera pueden ayudar a evocar las palabras o ideas. Hoy en día no se ha resuelto si la función de estos gestos es guiar al receptor mediante la ilustración visual de nuestro contenido verbal o ayudar al emisor a pensar. Ambos cometidos son de gran interés.

Los ilustradores también se ven afectados por la cultura, pues esta tiene impacto en la frecuencia de uso y el ritmo de los gestos. Determinadas culturas son más propensas a utilizar ilustradores de forma más amplia que otras, por ejemplo, son enormes las diferencias de los italianos frente a los japoneses. Como hemos comentado, los japoneses no gesticulan mucho mientras hablan, sino que, más bien al contrario, a menudo juntan las manos, lo que reduce aún más los gestos durante la conversación.

LOS REGULADORES DE LA INTERACCIÓN

Son acciones no verbales que tienen la función de organizar la conversación, especialmente en su inicio y final, avisando acerca de las expectativas de los interlocutores.

Encontramos los casos más claros en los saludos y las despedidas. Estos aportan información sobre la relación, transmiten las diferencias de estatus, el grado de intimidad e incluso la frecuencia del contacto.

También serían reguladores los gestos que se realizan para acompasar los turnos en las conversaciones, como por ejemplo, cuando señalamos para dar paso a la otra persona, o los ademanes para mantener el turno de palabra, para solicitarlo, para indicar que continúe o avance. Son movimientos que hacemos habitualmente de forma inconsciente, y la interpretación para el receptor es evidente.

LOS MANIFESTADORES DE AFECTO O EMOCIÓN

Además de los gestos faciales asociados a las emociones, de los que hablaremos más adelante, los gestos corporales expresan los estados de ánimo de la persona: nos muestran tensión, ansiedad, alegría, triunfo, etc.

Diversos investigadores han afirmado que la ansiedad y la tensión dan lugar a movimientos reconocibles. Por ejemplo, un rasgo típico de la emoción de rabia es apretar o agitar el puño, pues contiene la esencia de un puñetazo simbólico. En el golpe a la mesa o a la pared, comportamientos más próximos a una agresión real, encontramos mayor carga emocional y menor autocontrol.

Gestos representativos de afecto serían, por ejemplo, el abrazo protector y el contacto suave de la mano sobre el antebrazo, señal de acompañamiento o consuelo entre amigos y familiares.

Estos gestos son comunes y universales, aunque la intensidad, la frecuencia, el contexto y las pautas de realización varían en función de la cultura. Como hemos visto anteriormente, determinadas culturas invitan a restringir la expresión de las emociones mientras que otras la favorecen.

LOS ADAPTADORES O APACIGUADORES

Son acciones no intencionales asociadas a emociones negativas respecto a uno mismo o a otras personas en situaciones de la vida cotidiana. Estos ademanes aumentan en momentos de tensión, estrés o incomodidad psicológica. Tienen una función adaptativa o de autorregulación, como «vía de escape» para canalizar las respuestas emocionales. Hay autores que los llaman acertadamente *gestos apaciguadores* o *gestos de descarga*.

Ekman y Friesen descubrieron que los gestos autoadaptadores aumentan cuando crece la incomodidad psicológica y la angustia de una persona. En esta línea, Howard S. Freedman, investigador en comunicación no verbal en el ámbito de la salud, señala una relación estrecha entre tocarse el cuerpo y la autopreocupación, así como con una posible huida de la interacción.

Asimismo, sabemos que los primates y otros animales realizan cortas acciones o tics que sirven de válvula de escape o descanso a la tensión vital. La actividad principal se interrumpe para introducir actos estereotipados, de aseo, arreglo personal, ingestión de bebidas o alimentos y repetición de acciones motóricas.

En los enfrentamientos entre simios se ha observado cómo se entremezclan los gestos amenazadores, golpes y gruñidos con acciones como arreglarse el pelo, rascarse, comer un insecto imaginario, limpiarse la boca, etc. Después de tales distracciones vuelven a la tensión principal de la pelea.

Konrad Lorenz, pionero de la etología, también habló sobre los movimientos de sustitución en las aves en su libro *Consideraciones sobre las conductas animal y humana*. En sus estudios sobre los ánades nadadores, reflejó que cuando se alcanza una excitación general muy alta, aparecen movimientos instintivos no correspondientes a la situación biológica, en el sentido de conservación de la especie. Por ejemplo, identificó en los ánades actividades de sustitución como la autolimpieza o el picoteo aparente del suelo como parte de los movimientos de cortejo.

Los gestos apaciguadores aparecen en los humanos cuando la persona está preocupada, asustada, insegura o intenta calmarse y concentrarse. Al sostener una conversación difícil, al resolver un problema o en ocasiones al hablar en público, demostramos y entretenemos la tensión con este tipo de gestos.

Para Ekman y Friesen hay tres subtipos de gestos adaptadores: autoadaptadores, los dirigidos a otros y los dirigidos a objetos.

Autoadaptadores: son comportamientos en los que manipulamos el propio cuerpo y en especial el rostro, con la finalidad de tranquilizarnos o reducir el estrés. Algunos ejemplos serían: llevarnos las manos a la cara, al cuello, autoabrazarnos, mordernos las uñas, restregarnos los ojos, limpiar las gafas, arreglarnos el pelo, colocarnos los puños y el cuello de la camisa, abrocharnos y desabrocharnos la chaqueta, etc.

Adaptadores sociales o externos: se originan en las relaciones con otras personas y forman parte de estrategias de interacción como el cortejo, el ataque o la defensa como, por ejemplo, el hecho de cruzar los brazos para protegernos o apartarnos del exterior.

Adaptadores instrumentales: son actos no verbales aprendidos relacionados con manipular objetos, como remangarse para iniciar una tarea o ajustarse el nudo de la corbata antes de una reunión. También incluiríamos actividades motrices que descargan tensión: tamborilear con los dedos en la mesa, dibujar, enderezar un clip, voltear, tapar y destapar el bolígrafo, quitar bolitas del jersey, etc.

Como podemos observar, las tres categorías no son exclusivas, de modo que un gesto como morder un bolígrafo puede estar incluido en más de una categoría al mismo tiempo.

Los gestos apaciguadores son los gestos más primitivos, los menos afectados por la cultura y el aprendizaje, los más inconscientes y tal vez por eso los más interesantes. Por este motivo, se analizan para la detección de la mentira, pues indican un cierto descontrol emocional y son un medio de expresión inconsciente de sentimientos, actitudes, deseos, posiciones de rol y estatus.

La información que aportan estos gestos apaciguadores puede ser una llave para el autoconocimiento, ya que a menudo dice lo que las palabras callan. Reconocer las emociones que hay detrás de los gestos, de las que no siempre somos conscientes, puede ayudarnos a conocernos y tomar mejores decisiones.

EL CONTROL DE LOS GESTOS A TRAVÉS DE LA CULTURA

Las diferentes culturas rechazan algunos gestos de descarga o apaciguadores por considerarlos improcedentes, molestos o de mal gusto.

Por ejemplo, la cultura occidental censura las conductas en público relacionadas con la limpieza o aseo, como el uso de un palillo, rascarse con insistencia y energía, morderse las uñas, tocarse repetidamente el pelo, y otras que ponen en evidencia fluidos como la saliva, el sudor, etc.

También se rechazan las conductas que molestan por ruidosas (golpear con el bolígrafo, hacer chasquidos con la lengua, comer vorazmente o haciendo ruido) o por ser visualmente mareantes o repetitivas, como mover una rodilla nerviosamente, etc.

Hemos de encontrar otras formas de canalizar la descarga de tensión que suponen estas manifestaciones.

Otras culturas, como la asiática, aún restringen más la expresión de las emociones y tensiones por la importancia de valores como el autocontrol, la humildad y la discreción, junto con su tradicional respeto incuestionable a la autoridad y las normas.

A veces se ha afirmado que la sonrisa en la cultura asiática, y concretamente en la japonesa, se utiliza para tapar emociones como el enfado y el miedo. Tal vez sea más correcto afirmar que diversas emociones están asociadas en esta cultura a la sonrisa.

POSICIÓN Y MOVIMIENTOS DE LA CABEZA

La cabeza es una parte nuclear del cuerpo que alberga el cerebro y distintos receptores sensoriales especializados como son los ojos, la nariz, la boca y los oídos. Por todo ello, su posición no puede resultar indiferente en nuestra comunicación.

Ladear la cabeza es un gesto de atención, apertura y relajación, relacionado con mostrar la yugular en señal de sumisión como hacen los animales. El gesto permite apaciguar al rival en una pelea, mostrándose indefenso, más pequeño y menos amenazador. En español, la expresión «lanzarse a la yugular» significa aprovechar el punto débil del otro, en referencia a la fragilidad de esta zona.

El experto en comunicación no verbal del FBI, Joe Navarro, afirma que la flexión del cuello es un gesto incompatible con la mentira, la inquietud o el miedo, pues es una zona muy vulnerable y no se expondría en esas circunstancias.

Acompañado de una sonrisa leve, este gesto indica amabilidad, buena disposición, escucha, ternura o búsqueda de aprobación. En general, puede considerarse un gesto positivo, aunque en función de nuestro rol y objetivos podemos reflexionar sobre si este hábito nos beneficia o nos interesa reducirlo.

¡Ojo! La cabeza ladeada también puede ser indicador de sueño si los párpados se cierran o se apoya la cabeza sobre la mano.

Además de esta inclinación lateral, el *coach* y experto en comunicación no verbal, Francisco Yuste Pausa, en su libro *Herramientas de coaching personal* propone tener en cuenta tres posturas clave en relación con la posición de cabeza y tronco.

La primera sería la posición neutral, que se corresponde con una posición erguida normal de la cabeza, vertical pero sin tensión.

La segunda posición sería la de la cabeza inclinada hacia delante y abajo, con el mentón próximo al pecho. Se trataría de una posición reflexiva, orientada hacia el interior, que se asocia con un estado de ánimo de tristeza o pesimismo. Cuanto más inclinada esté la cabeza, más intensa será la emoción. La postura también indica inseguridad, pues oculta o protege una zona vulnerable como es el cuello.

La tercera posición sería la de la cabeza orientada hacia arriba, con el mentón elevado apuntando hacia delante, en lugar de hacia sí mismo. Al exponer el cuello, se puede considerar una postura no defensiva, asociada a emociones positivas como el orgullo.

La cabeza alta y el mentón muy elevado, gestos ascendentes que nos hacen más grandes, se asocian a la seguridad, el orgullo, la vanidad y la necesidad de reafirmación o superioridad. La cultura popular identifica estos gestos con ser «estirados». Hacen que el interlocutor se sienta mirado desde arriba y puede manifestar alejamiento. Subir la barbilla implica una mayor ocupación del espacio, que se puede asociar con confianza, frente a la barbilla baja que transmitiría sumisión.

Para Yuste, en el cuerpo encontramos las mismas tres posiciones que en la cabeza, con una lectura similar, pero con el matiz de ser más estructurales. Es decir, la postura del tronco no tendría tanto que ver con la situación o el momento concreto, sino más bien con las emociones habituales del individuo.

De acuerdo con esta visión, la postura del tronco y la cabeza erguidos, con los hombros abiertos sin excesiva tensión, transmite neutralidad emocional. El tronco inclinado hacia delante comunicaría peso sobre los hombros, soportar una carga pesada. El cuerpo y los hombros dirigidos hacia atrás comunicarían un estilo más distante e incluso vanidoso.

Según esta teoría, las emociones dejarían una huella duradera en la posición del tronco y cuello de la persona. Si las emociones dejan huella en el cuerpo, y a la inversa, la postura influye en el estado emocional, como demostró la investigadora Amy Cuddy, sería de esperar que las posturas que cada cultura propicia también dejaran su impronta en las emociones de las personas de ese territorio. Considero que sería un campo magnífico en el que investigar.

Otros movimientos de cabeza, propios de la cultura occidental, que resultan curiosos son, por ejemplo, mover la cabeza lateralmente, como un péndulo lento y rítmico, que expresa duda, como si nos balanceáramos entre el sí y el no a la idea. Dos golpes serían una llamada a venir hacia nosotros o señalar con la cabeza en una dirección. Dejar caer la cabeza con lentitud significa rendición y abatimiento, o tozudez, desacuerdo y/o desinterés.

Un golpe brusco a un lado o hacia atrás transmite discrepancia y desprecio respecto a algo de lo que la persona se retira. A veces, va unido a un resoplido, que lo hace más intenso y evidente.

AFIRMAR Y NEGAR

En casi todas partes del mundo, mover la cabeza de arriba abajo significa acuerdo o afirmación, pues bajar la cabeza implica aceptación, como vimos en los saludos. El no sería el gesto contrario, próximo a rechazar lo que te ofrecen.

Charles Darwin fue uno de los primeros científicos que investigó sobre esta materia y averiguó que eran signos comunes alrededor del mundo. Darwin sospechaba que el asentimiento estaba impreso en nuestros genes, como gesto próximo a una reverencia o inclinación. Incluso las personas ciegas de nacimiento bajan la cabeza para afirmar.

En esta misma línea, la inclinación rápida y repetida suele significar que ya estoy enterado y que pido la palabra. Si la inclino una y otra vez con lentitud quiero decir que voy entendiendo correctamente lo que recibo. Es una buena manera de escuchar, pues indica atención y recepción de lo que nos cuentan.

El movimiento de la cabeza de arriba a abajo como indicación de afirmación y la rotación sobre el eje vertebral para indicar negación se consideraban naturales e instintivos hasta que se descubrió que en algunos territorios había diferencias en la forma de expresar estos mensajes. En Bulgaria y en algunas partes de Grecia, Yugoslavia y Turquía parece ser que hacen estos gestos prácticamente al revés. Agachar la cabeza es el no, la distancia, el desacuerdo. El llevarla a uno y otro lado, el sí: pero en este caso no bajan los ojos ni ocultan el cuello al interlocutor; ofrecen confiados ambas mejillas.

Hay varias teorías acerca del origen de esta forma de afirmar y negar en Bulgaria, una de ellas relacionada con los cinco siglos de dominio otomano. Cuando los turcos conquistaron Bulgaria, quisieron imponer a los habitantes la religión islámica y estos se vieron obligados a aceptar la nueva fe. La leyenda dice que los búlgaros acordaron intercambiar los gestos de afirmación y negación para poder salvar sus vidas y no traicionar a su religión.

En cualquier caso, actualmente, con el aumento de los viajes internacionales y el creciente intercambio cultural, esta práctica está cambiando en Bulgaria, sobre todo en las grandes ciudades. En un ambiente más multicultural como el de las ciudades, cada vez la gente usa más los signos universales, pues el mezclar los gestos tradicionales búlgaros con los gestos globales presenta más dificultades.

En la India, hoy en día se mantiene un gesto peculiar muy frecuente que es el bamboleo de cabeza a izquierda y derecha en sustitución de sí o tal vez. Es un gesto omnipresente a lo largo de todo el país, con distintos matices en función de la velocidad y la expresión facial, que genera bastantes dudas a los visitantes.

Comprobamos que la cultura moldea incluso gestos con significados tan potentes como la afirmación y la negación.

LA COMUNICACIÓN NO VERBAL
CUANDO ESTAMOS SENTADOS

EL COMPONENTE CULTURAL
DE LA POSTURA DE SENTADO

El ser humano pasa gran cantidad de tiempo sentado a lo largo del día. Como explica Flora Davis, en Occidente tendemos a olvidar que hay otras maneras de sentarse y estar de pie además de las habituales. Es posible que nos sorprenda saber que más de una cuarta parte de la humanidad acostumbra a ponerse en cuclillas para descansar o trabajar. Los niños no suelen tener dificultad a la hora de adoptar esta postura, pero en nuestra sociedad occidental no se considera adecuada ni cómoda, por lo que los adultos perdemos la capacidad de usarla.

Cuando tenía quince años tuve la suerte de convivir con una familia canadiense de origen filipino y pude observar que, con mucha frecuencia, las mujeres de la casa se sentaban en cuclillas para hacer tareas domésticas como rallar zanahorias para un pastel, partir frutas o ver fotos de un álbum. Era muy frecuente también que la familia extensa se reuniese para cualquier evento o celebración en torno a una mesa baja y la mayoría de las personas permaneciesen durante horas alrededor, sentadas en el suelo, en cuclillas o de rodillas sobre sus talones.

¿A qué se deben estas diferencias culturales? Para el antropólogo estadounidense Gordon Hewes, el terreno y la vegetación son los factores principales que influirían en los hábitos de sentarse o mantenerse de pie. En regiones con hierbas altas, los pastores se verían obligados a vigilar a sus rebaños de pie, mientras que en lugares de poca hierba como la tundra, los pastores lo harían sentados o en cuclillas. En las culturas más húmedas, la nieve o el barro en el suelo impedirían sentarse directamente, por el contrario, los suelos de césped o grama invitarían a ello.

Hewes comprobó que la postura de cuclillas profunda, con las plantas de los pies apoyadas y las nalgas rozando el suelo o muy próximas a él, era muy frecuente a lo largo del mundo excepto en Europa y las culturas derivadas.

El antropólogo expone una anécdota curiosa. Los únicos ejemplos de figuras humanas en esta posición encontrados en su investigación por toda Europa fueron una antigua vasija de metal griega y otra del periodo de la Tène, en la Edad del Hierro. Ambas tenían el mismo motivo: una figura en cuclillas que representaba un ser demoníaco tocando una flauta o armónica. Esto sugiere que los artistas percibían esta postura como burda o primitiva.

Hewes explica que la postura de cuclillas es una posición excretora casi universal y plantea que es posible que su nula presencia en la cultura occidental se deba a la represión por su proximidad con este gesto íntimo.

En las culturas de Estados Unidos, la postura de cuclillas se da únicamente en las comunidades de los apalaches del sur, no siendo jamás adoptada por las mujeres en público. Para el antropólogo americano, los tabúes acerca de la exposición genital de las mujeres probablemente también han jugado un papel importante en la identificación de una postura femenina como aceptable o no.

La investigación de Hewes le llevó a concluir que sentarse en el suelo con las piernas estiradas, a veces con los tobillos o las rodillas cruzadas, es un típico hábito postural femenino, muy infrecuente en hombres a lo largo del mundo. Por ejemplo, las mujeres melanesias usan esta postura mientras que los hombres adoptan las cuclillas profundas.

El gesto se asocia con tareas comúnmente asignadas a las mujeres como el uso de telares, así como para la lactancia de bebés cuando la madre realiza otras actividades simultáneamente.

Otra postura que nos resulta aún más compleja a ojos occidentales es la postura «de cigüeña» que adoptan ciertos habitantes de África. Permanecen de pie sobre una pierna doblando la otra por debajo de la rodilla y abrazando con el pie la espinilla.

El origen de las sillas y los bancos se remonta al menos a hace 5.000 años en Egipto y Sumeria, donde se encuentran los primeros grabados e imágenes. Los gobernantes y figuras relevantes, además de las divinidades, aparecen sentados en sillas o tronos. En la tumba de Tutankamón se encontró, junto a estatuas y otros objetos, un trono de madera con incrustaciones de ébano y marfil. Los plebeyos, artesanos y sirvientes son representados, en cambio, en bancos sin respaldo.

El mobiliario de cada territorio se adapta a las costumbres, como las mesas a nivel de suelo de las culturas asiáticas. Cuando visité Japón pudimos disfrutar de alojarnos en varios hoteles tradicionales donde cenar, desayunar y comer en las anteriormente mencionadas mesas suponía un ejercicio de flexibilidad, especialmente para los turistas de mayor tamaño. Sin embargo, los hoteles, las oficinas y los restaurantes habituales se han adaptado desde hace ya tiempo al estilo occidental.

En la cultura china las sillas aparecen tarde, y en Corea y Japón nunca superaron a las posturas tradicionales. Las civilizaciones del continente americano prefirieron las banquetas bajas y solamente para las personas de autoridad.

Por otra parte, en países orientales como Japón y Corea es importante mantener una postura correcta y equilibrada, con la espalda vertical, tanto al estar de pie como sentados. No es correcto encorvarse o ladearse, los pies deben estar en el suelo, alineados, y las manos han de situarse sobre el regazo o en los brazos de la silla.

Algunas culturas son muy rigurosas con la corrección postural y mantienen distinciones en función del sexo, la edad y el estatus. Las reglas en cuanto a la postura se imponen como otras reglas de etiqueta, mediante el ridículo, el regaño verbal o el castigo físico.

Las posturas de piernas cruzadas de la India se han difundido enormemente a través del budismo y del hinduismo. La posición, que consiste en sentarse de forma que cada planta del pie descanse en el muslo contrario, se da en Samoa, Japón, Bali, Camboya, Tailandia y la India, donde es una de las asanas típicas del yoga. Al extenderse la práctica del yoga y la meditación en Occidente, vemos que estas posturas sobre cojines y alfombras están cada vez más presentes en espacios de descanso y hogares.

LAS SILLAS Y MESAS EN LA COMUNICACIÓN

Las mesas y sillas forman parte de nuestro escenario habitual y tiene sus implicaciones e impacto en la comunicación no verbal cotidiana. Pero ¿comunican o incomunican?

En primer lugar, podemos decir que la mesa o el mostrador representan un obstáculo para la comunicación, en cuanto que es una barrera entre los interlocutores. Sin embargo, la presencia de una mesa o mostrador en medio se explica por estar trabajando sobre papeles.

El plano más comunicativo del cine es el de tres cuartos o plano americano, aunque cada vez es más frecuente verlo en los presentadores de televisión. No es fácil bajar la mesa, pero sí podemos escoger una silla que pueda elevarse o, en su defecto, ponerle un cojín.

Las mesas de reunión deberían ser idealmente más bajas que las de despacho, de manera que descubran el tronco. Que se vean manos y codos, sin necesidad de subir los hombros, y que los antebrazos puedan relajarse sin que las manos desaparezcan bajo la mesa.

A menudo en los despachos, además de escritorio de trabajo con el ordenador y otros útiles, encontramos otra mesa redonda, más apta para reunirse y colaborar, pues comunica igualdad y equidistancia entre los miembros.

Cuando dos o más personas se sientan enfrentadas a ambos lados de una mesa rectangular, se crea algo parecido a dos bandos. Si podemos escoger, para conversar, lo ideal será sentarnos en ángulo de cuarenta y cinco grados, a un mismo costado del tablero, lo que evoca un ambiente más grato de colaboración y confianza.

Como dato curioso, según la leyenda, la mesa redonda fue una innovación del rey Arturo en Camelot. Transmitía un potente mensaje de horizontalidad y equidistancia pues nadie, ni siquiera el rey, la presidía en particular.

En cuanto a la postura de sentados, si estamos en público no es recomendable dejarse caer sobre el respaldo de la silla ni sobre la mesa, pues indicaría cansancio. Es preferible sentarse de lleno sobre el coxis para mantener la verticalidad. De esta manera el peso se apoya en la columna y las piernas no pesan. No es necesario cruzarlas. Lo más saludable sería adoptar una postura relajada, con los pies bien apoyados en el suelo. Recogidos con tensión bajo el asiento, sobre las puntas o cruzados denotan una actitud de miedo, nerviosismo o represión que habitualmente no nos beneficia.

Es útil recordar, como demostró Amy Cuddy, que la postura afecta al propio estado emocional, por tanto, sería recomendable la verticalidad y apertura de los hombros si queremos sentirnos confiados y con energía.

El taburete alto del bar nos mantiene sentados sobre nuestra columna, en un solo eje, más ágiles y flexibles o menos «apalancados» que sentados en una silla.

De la misma manera, los sillines altos de los cantantes sirven para ofrecer apoyo y estabilidad, quedando por otra parte prácticamente de pie. Los dibujantes, que necesitan mover los brazos y girar con soltura, también eligen asientos altos y giratorios.

Los profesores a menudo utilizan el filo de la mesa para hablar desde una postura relajada, pero sin dormir al grupo. Más cercanos y visibles que tras el escritorio.

Hay maneras de sentarse más o menos formales. Lo ideal será adecuarse al contexto, la cultura, nuestro rol y nuestros objetivos. Las posturas y formas pueden marcar el clima de una reunión. A veces nos interesará proyectar una actitud formal y en otras, por el contrario, querremos romper la seriedad de una reunión.

Cuando alargamos los brazos por detrás de la silla se produce un gesto abierto, muy informal y expansivo, que hace uso del espacio. Indica que nos sentimos en confianza, como en casa, en nuestro territorio.

En ocasiones vemos en los jóvenes de ciudad otras formas menos tradicionales, como sentarse en unas escaleras, en el respaldo de un banco, en un bordillo en la calle o directamente en el suelo. Comunican informalidad y cierta rebeldía al saltarse las normas más habituales.

CRUCE DE PIERNAS

Es frecuente, cuando estamos sentados, cruzar las piernas para favorecer la circulación y descansarlas. Solemos apoyarnos entonces en el respaldo del asiento, indicando relajación, aislamiento y una posición estable, desde la que, claramente, no estamos preparados para huir ni luchar.

Esta postura se usa para conversar amistosamente, sin preocupación. Si estuviésemos en una situación tensa, nuestro sistema límbico nos llevaría a plantar los dos pies en el suelo. Cuando empezamos a sentir prisa o se nos ocurre una tarea interesante, descruzamos las piernas para adoptar una postura erguida de trabajo.

Cuando nos sentamos bien, con la espalda vertical, descansamos el cuerpo sobre el coxis y la columna vertebral. Esta postura transmite seguridad y una actitud despierta, lúcida, dispuesta a la acción. Los brazos no pesan y se pueden mover relajados, desde los hombros hasta las manos.

Sentarse con una pierna cruzada en forma de escuadra sobre la otra es un gesto típicamente occidental y masculino. En el caso de las mujeres, es habitual cruzar la pierna sobre la rodilla de la otra. Incluso hay quien realiza un doble cruce, abrazando de nuevo la pierna de apoyo con el pie, a la altura de la pantorrilla. Es un gesto que requiere mucha flexibilidad y tal vez por ello resulta significativamente femenino, y no muy cómodo en mi opinión.

En los países de Oriente Medio mostrar las suelas al sentarse es muy poco educado, pues los pies son una parte inferior que no se debe exponer. En países como Japón, sentarse en una silla con las piernas cruzadas también se considera poco cortés, especialmente ante personas de mayor edad o estatus superior.

Extender las piernas cuando estamos sentados es una señal de estar en confianza, entre amigos o compañeros, cuando estamos en nuestra casa o nuestro despacho. Sería menos acertado desplegar este gesto en una visita o reunión con un cliente o un jefe con el que tengamos poca confianza.

Al igual que vimos en la postura de pie, el cruce de piernas puede indicar protección y cierre respecto a nuestro interlocutor. La orientación habitual es la pierna derecha cruzada sobre la izquierda, aunque también alternamos para cambiar la postura y ganar comodidad. Cuando nos encontramos en un grupo, el cruce de piernas puede dar información sobre el interés hacia las personas participantes. Normalmente orientar la cara interna de la pierna hacia alguien indica apertura, mientras que dar la cara externa indicaría defensa o alejamiento.

3

Qué dicen los gestos del rostro y los microgestos

LOS GESTOS DEL ROSTRO Y LOS MICROGESTOS

En el rostro se reúnen elementos que aportan una enorme expresividad: la mirada, el contacto ocular, los pliegues de la frente, la expresión de las cejas, la tensión en la mandíbula o su ausencia, la sonrisa con sus matices, etc. Todo en el rostro habla. En este capítulo nos dirigiremos a estos elementos centrales de la comunicación humana.

Es útil señalar que el rostro muestra expresiones faciales tanto voluntarias como involuntarias. Las voluntarias están relacionadas con los preceptos sociales que influyen en las formas de comunicación. Este tipo de gestos conscientes se realizan con el control de la corteza cerebral.

Las involuntarias o genuinas no están asociadas con la corteza, sino que se originan en núcleos del cerebro subcorticales. Los bebés de menos de dos años ya manifiestan emociones como la ira, el enfado, la sorpresa, el interés o el miedo. Los adultos también mostramos expresiones faciales subcorticales como levantar las cejas cuando escuchamos con atención o fruncirlas cuando nos concentramos.

LA MIRADA HUMANA

LA FUERZA DE LA MIRADA
EN HUMANOS Y PRIMATES

Es indudable el poder de la mirada en la comunicación. Flora Davis explicó que, entre los humanos, la manera de mirar refleja el estatus, igual que ocurre entre los animales. Cuando un primate líder capta la mirada de otro que considera inferior, el segundo entrecierra los ojos o los desvía.

De hecho, algunos etólogos sostienen que los esquemas de dominio entre los primates se basan en la capacidad de sostener la mirada, más que en otro tipo de interacciones realmente agresivas. Cuando se encuentran, cruzan sus miradas y uno la desvía, están confirmando el lugar de cada uno en la jerarquía. Para Davis, esto probablemente también ocurre entre los humanos.

El lugar al que dirige la vista una persona nos habla de dónde está su atención. Con la vista se abre y se cierra la comunicación con los demás, por lo que el contacto visual se considera posiblemente el rasgo más determinante del lenguaje no verbal. También los psicoanalistas han destacado la importancia del brillo en los ojos de la madre para el desarrollo saludable de la autoestima del bebé.

Por otra parte, el doctor Edward H. Hess descubrió que cuando el humano ve algo agradable o interesante para él, se produce una dilatación inconsciente de la pupila. Es curioso que estemos preparados genéticamente para preferir la foto de un rostro con las pupilas dilatadas frente a la misma foto con las pupilas de menor tamaño.

Un rostro realmente se abre a comunicar cuando se abren los ojos. Conectar empieza por mirar. Cuando nos entusiasmamos, se dilatan las pupilas. El que desprecia, aparta los ojos. Si se aburre, las pupilas se hacen pequeñas.

Se cuenta que los vendedores de jade chinos son capaces de apreciar la dilatación de la pupila de sus clientes provocada por el interés de las piezas.

La conexión emocional que logran dos personas depende en gran medida del número de veces que se miran a los ojos. Mi padre, Manuel Calvo, estudioso de la comunicación no verbal, decía que «los ojos bien abiertos se dejan mirar mientras miran». Demuestran interés, sorpresa o admiración. Recomendaba, para transmitir aprecio a alguien, probar a recibirlo o saludarlo con una sonrisa y abriendo bien los ojos: una señal de interés, sorpresa y alegría.

Los grandes ojos de los niños los hacen muy tiernos. Posiblemente no sea solo por su tamaño, proporcionalmente grande respecto a la cara, sino porque además los mantienen muy abiertos. Esta frase también se la he oído decir a menudo a mi padre.

Los ojos tienen mucho que decir en cuanto a nuestra actitud de escucha. Mantener el contacto visual, asentir, alzar la cabeza y las cejas y orientar un oído hacia el interlocutor son señales de atención. Reposar el mentón sobre los dedos pulgar e índice, formando con ellos una especie de soporte transmite asimismo interés y evaluación de las ideas.

Desviar la mirada indica que apartamos la atención del otro. En ocasiones puede ser un gesto momentáneo de distracción sin importancia, pero en otras la ausencia de mirada es un acto flagrante de desatención, como cuando estamos enfadados con alguien y miramos por la ventana, al suelo o al infinito para manifestar nuestra falta de conexión.

Orientar los ojos hacia arriba como signo de exasperación puede ser, sin cruzar palabra, un gesto sumamente agresivo. Mirar de frente, con el rostro en un plano paralelo a nuestro interlocutor, es señal de franqueza, entrega, apertura, comunicación: el «sí» del lenguaje corporal. Por el contrario, ofrecer el perfil o la espalda al dirigirnos a alguien es una señal de rechazo o desinterés.

Sepamos más sobre estas poderosas armas que portamos en el rostro.

LA GRAN DIFERENCIA DEL OJO HUMANO

Es interesante saber que los ojos del ser humano poseen una curiosa adaptación fisiológica que nos permite cooperar: la esclerótica o parte blanca que rodea al iris, más grande en nuestra especie que en ningún otro animal.

En todos los simios, el color del iris es oscuro y similar al de la esclerótica, al contrario que en el ser humano donde se distinguen muy bien ambas partes. ¿Cuál sería la finalidad de esta evolución? Gracias a la esclerótica, los seres humanos podemos saber hacia dónde mira una persona, pues sirve como referencia de la posición del iris en relación con ella. Esta información podía ser muy valiosa a nuestros antepasados para comunicarse silenciosamente a la hora de acechar a una presa.

Como explica Juan Luis Arsuaga, paleontólogo y Premio Príncipe de Asturias de Investigación Científica y Técnica, a un chimpancé no le interesa que otros sepan hacia dónde está mirando porque podrían descubrir sus propósitos, por ejemplo, cuando ha localizado alimento. Parece que para el ser humano sí era ventajoso señalar con los ojos.

Nuestros ojos tienen con su movimiento grandes posibilidades de expresión. Posiblemente, esta capacidad de cooperar y compartir información más que ninguna otra especie es la que nos ha llevado hasta donde estamos hoy.

LA MIRADA EN LAS DISTINTAS CULTURAS

El poder de los ojos es universal e indudable, pero existen grandes diferencias en cuanto a la duración e intensidad de la mirada que se considera oportuna en diferentes territorios, una vez más, de acuerdo con los valores de la cultura.

La importancia de los ojos se manifiesta a través de numerosas frases y símbolos. En casi todas las culturas hay frases hechas o refranes sobre su capacidad y poder. Es frecuente oír que alguien «nos derritió con la mirada», «se comió a alguien con los ojos» o nos «hipnotizó con sus ojos».

También aparecen expresiones sobre el poder de la mirada, como alguien que nos «fulmina con la mirada», u otros aspectos negativos como tener «una mirada esquiva» o una «mirada huidiza», «una mirada glacial» u «ojos de loco».

Otra huella en la cultura del poder de la mirada es «el mal de ojo», una creencia popular supersticiosa presente en distintas civilizaciones, desde Egipto y Grecia hasta Latinoamérica, que transmite que ciertas personas pueden producir desgracias o enfermedades a otras solo con mirarlas.

Al margen de estas creencias mágicas, es seguro que la mirada proporciona una formidable información sobre las emociones y las intenciones de la persona.

Existe una creencia generalizada sobre la sinceridad de los ojos. En inglés existe la expresión que dice que son «las ventanas del alma».

Los mentirosos tienden a evitar el contacto ocular para que no les delate y los jugadores de póker a menudo utilizan gafas oscuras para que los movimientos de sus ojos no se perciban. Guiñar, que implica ocultar momentáneamente parte de la vista, ha adquirido el significado de que lo que se dice no debe tomarse en serio.

En culturas de contacto visual, cuando la mirada no incluye a una persona del grupo, puede hacer que esta se sienta excluida y, al contrario, un contacto visual prolongado puede transmitirnos que hemos generado interés en alguien.

En el contexto occidental, cuando hablamos a alguien, nos cuesta aceptar que nos está escuchando si no nos mira. Es frecuente la expresión de queja «es que no me miras cuando te hablo», o la autoritaria «mírame cuando te hablo».

Cuando tenemos la palabra, mantener la mirada baja, hacia el suelo, se suele interpretar en nuestro entorno como inseguridad o sumisión, por lo que no es recomendable, por ejemplo, al hablar en público o dirigir un grupo.

Hoy en día también es frecuente que la persona desvíe la mirada hacia el teléfono móvil, omnipresente entre las manos. A menudo funciona como forma de mostrarnos ocupados y como eficaz comportamiento de huida o defensa para evitar la comunicación. Qué decir de la mirada dirigida hacia el suelo mientras se conversa a distancia, con el teléfono pegado a la oreja. Que se lo digan a los famosos cuando intentan escapar de los insistentes *paparazzi*.

Sin embargo, existen grandes diferencias en cuanto a la mirada en las distintas culturas. Como hemos visto, las civilizaciones orientales consideran normativo no expresar las emociones, de manera que no resulta extraño que el contacto ocular sea muy breve o incluso inexistente, haciendo prevalecer los valores de la reserva y la contención.

Estos tabúes respecto a la mirada confirman precisamente su poder y su peso en la comunicación.

RECHAZO DEL CONTACTO OCULAR INTENSO

Aún sin aproximarnos, la mirada puede llegar a incomodar, a modo de un largo brazo que irrumpe en la intimidad ajena. De hecho, la contemplación fija y sostenida es una forma de amenaza para muchos animales. Los gorilas y otros primates son extremadamente sensibles a la observación fija.

Parece que todas las culturas desaprueban el mirar fijamente, aunque existen grandes diferencias en cuanto a lo que se considera imprudente o invasivo. En las culturas orientales, evitar la mirada y bajar la vista significa discreción y respeto, un gesto de humildad muy valorado, como hemos destacado al hablar de los saludos.

Flora Davis advirtió que la mayoría de las culturas consideran tabú las conductas que expresan un exceso de intimidad, tienen relación con la conducta sexual o la expresión demasiado libre de las emociones, aunque en distintos grados. La evitación del contacto ocular prolongado estaría relacionada con estos tres tabúes.

Además de las culturas asiáticas, el contacto ocular directo se ha considerado tradicionalmente descortés, intimidatorio o una insinuación de tipo sexual para los nativos americanos, las islas del Caribe y Puerto Rico, así como para los afroamericanos.

En la cultura occidental tampoco es cortés la exploración del cuerpo de nuestros interlocutores con la mirada, sino que se percibe como un signo de insolencia o descaro, e incluso de desprecio. Lo educado es dirigir la mirada hacia el rostro, no más abajo.

Precisamente la «desatención cortés» consiste en evitar la mirada para no molestar o invadir cuando las personas se encuentran en espacios reducidos. En lugares como un ascensor, una sala de espera o en el autobús, tras una cortés mirada de saludo, resulta apropiado evitar el contacto ocular y reducir la interacción.

Un caso extremo de rechazo al contacto ocular es el de Japón. Un japonés bien educado aprende desde niño a no sostener la mirada y mantenerla baja, dirigida hacia la nuez o el nudo de la corbata. Los japoneses adultos consideran un gesto de respeto bajar los ojos cuando hablan con un superior. También en otras culturas, como las del este de Asia y Nigeria, se considera respetuoso no mirar a la persona dominante a los ojos.

En reuniones multiculturales, es frecuente que los interlocutores europeos se sientan algo incómodos con esta actitud, pues para ellos la mirada fija es un indicador de la franqueza de la relación y alguien que no mira a los ojos resulta poco de fiar.

De hecho, en Occidente, un escaso contacto ocular o una mirada esquiva suelen interpretarse como timidez, falta de interés, descortesía o falta de sinceridad. La mirada fugitiva puede interpretarse como señal de mentira, pues indicaría incomodidad y estrés. De hecho, en Estados Unidos los niños son educados para mirar siempre a los ojos cuando se dirigen a alguien.

A la inversa, para los asiáticos, la mirada directa occidental resulta intrusiva y poco cortés. Por tanto, es positivo tener en cuenta estas diferencias si nos movemos en un contexto intercultural. En cualquier caso, la mirada sostenida no debe prolongarse, pues es una señal de dominancia, poder e intimidación.

FACTORES QUE INFLUYEN EN LA MIRADA

La duración de la mirada se ve influida por varios factores, todos ellos interdependientes.

1. La distancia: cuanto más cerca estemos, más dirá la mirada en menos tiempo. En el ascensor, por ejemplo, hemos de evitar el frente o colocarnos tan próximos que el mirarnos nos agobie. A cierta distancia se puede mantener la mirada con más comodidad.

2. La sonrisa: una mirada prolongada acompañada de una sonrisa denota comunicación y acuerdo. La misma mirada con una expresión seria, dura, puede llevar a la intimidación, el desafío y el reproche.
3. Quién habla: si conversan dos, el que está en el uso de la palabra mira más al rostro del que escucha. Los estudios experimentales contabilizan el doble de tiempo de mirar al que habla, posiblemente porque juega el papel más activo y porque de esta forma percibe la reacción del que escucha. El que atiende parece más ocupado en ir almacenando lo que se dice, con pequeños asentimientos de la cabeza y mirando de vez en cuando para transmitir su interés.
4. El momento en que se mira: normalmente se evita la mirada cuando se requiere concentración, para pensar o buscar la palabra. Al final de una intervención mantenemos la mirada unos segundos, solicitando el cambio de turno.
5. A cuántas personas se mira: cuando se habla en público o nos dirigimos a varias personas, normalmente se distribuye la mirada entre ellas, mientras el público mira casi constantemente. Cuando el que habla se dirige a una sola persona, es habitual que este mantenga el contacto ocular unos segundos y baje los ojos, como en señal de asentimiento.
6. La cultura de origen y las expectativas: según la teoría del equilibrio, durante las interacciones, las personas se esfuerzan por alcanzar un determinado grado de intimidad definido individualmente de acuerdo con las expectativas. Esto produce un equilibrio entre las tendencias de aproximación y evitación hacia la otra persona (Argyle y Dean).

El grado de intimidad está relacionado con comportamientos verbales y no verbales, como la distancia interpersonal, el contacto visual, la orientación del cuerpo, la mayor o menor presencia de sonrisas y el tema de conversación.

Autores como Patterson comprobaron empíricamente en 1973 que existen relaciones compensatorias entre el contacto visual, la distancia de interacción y la orientación del cuerpo.

Por ejemplo, si la persona A modifica el nivel de intimidad aumentando el contacto visual, la persona B puede restablecer el equilibrio ampliando la distancia interpersonal o adoptando una orientación corporal más evitativa.

SE ABRE EL TELÓN: LOS PÁRPADOS

Las cejas y los párpados amplían aún más las posibilidades de comunicación de los ojos.

Si los ojos abiertos nos permiten conectar y son una ventana a los demás, muy abiertos sugieren un estado de alta atención o alerta. En el otro extremo, los que se cierran transmiten duda, examen, desconfianza o introversión. Se hacen recelosos espías, que miran sin dejarse ver.

Unos consejos prácticos para evitar miradas que nos pueden perjudicar:

- Evitemos la mirada furtiva, huidiza, la de quien mira con interés pero intenta ocultarlo. Furtivo, en el diccionario, es lo «que se hace a escondidas y como a hurto. Dícese del que caza, pesca o hace leña en finca ajena, a hurto de su dueño».
- Si nos encontramos por encima, bien en una escalera, tarima o mostrador, hemos de evitar mirar de arriba a abajo. Si estamos sentados y nuestros interlocutores están de pie, tampoco los miremos por encima de las gafas. Lo más comunicativo será inclinar la cabeza para que los rostros queden paralelos. Mirar por encima del hombro tampoco es recomendable, pues es un gesto arrogante de superioridad.
- Mirar por encima de las gafas, incluso sin llevarlas, o por debajo, levantando la cabeza, convierte en objetos evaluables a las personas. Cuidado con los cristales bifocales o las gafas partidas para cerca, ya que pueden hacer creer que sentimos asco o que estamos al acecho.
- Mirar de soslayo, de reojo, connota inspección y desconfianza. Cuidado cuando echamos un vistazo rápido a un

lado, en especial si es por encima de nuestro hombro, puesto que puede percibirse como gesto de control. No olvidemos que la sonrisa tiene la capacidad de transformar esa misma ojeada rápida en un instante de simpatía y complicidad.

- Algunas personas cierran los ojos mientras hablan. El gesto comunica rechazo de la realidad, no querer ver algo porque nos desagrada o no lo aceptamos. Este tipo de microgesto inconsciente puede aportar mucha información si estamos atentos al momento en que se produce y al contenido verbal.

Desmond Morris llamó «corte» al comportamiento de cerrar los ojos en el transcurso de una conversación, el cual está relacionado con impedir que nos lleguen mensajes visuales indeseados. Por ejemplo, cuando nos concentramos en recordar algo en un ambiente de ruido o distracción, cuando se memoriza un texto o número o cuando nos dan una mala noticia, caso en el que las manos también podrían acercarse al rostro para cubrirse.

Si el gesto es ocasional y momentáneo, no tiene importancia y es fácil de entender como señal de reflexión o rememoración de cierta información. Pero si la persona cierra los ojos con frecuencia y permanece así largos segundos en mitad de una conversación, transmite de forma muda que por algún motivo desea alejarse de ese lugar o conversación. Salvo situaciones vitales importantes, no es un gesto que se deba mantener, y sería preferible que la persona se centrase en la conversación o se disculpase si necesita resolver otro problema.

- El parpadeo significa nerviosismo, indecisión, no tenerlas todas con uno. Hay quien lo asocia con una fina sensibilidad.
- Cuando la situación en que nos encontramos hace difícil la mirada frontal, por ejemplo, al estar sentados y alejados de otra persona en la misma fila, el torcer el cuello y la espalda para conectar durante algún momento resulta muy expresivo. Las posturas rígidas endurecen la mirada. Las flexionadas y cambiantes, la enternecen.

LAS CEJAS, ALTAVOZ DE LA COMUNICACIÓN

La evolución ha producido la pérdida de pelo en el rostro humano, por lo que la presencia de las cejas es, cuanto menos, un elemento curioso. ¿Sirven estos vestigios de los antiguos rostros peludos para algún propósito, o son reliquias casuales?

Los científicos coinciden en afirmar que las cejas, junto con las pestañas, ofrecen una función de protección para los ojos frente a elementos como la lluvia, el sol, el polvo y el sudor. Aunque también son relevantes otras funciones de estos arcos de pelo, como su papel expresivo o su impacto en el dimorfismo sexual.

Es muy relevante su papel comunicativo, pues conforman una línea sobre los ojos que contrasta con la claridad de la frente y es visible desde una distancia relativamente grande. Además, la musculatura asociada permite producir movimientos y gestos diversos, a menudo involuntarios, que juegan un papel importante en la expresión de emociones y otros signos sociales.

Ekman y sus colegas examinaron sistemáticamente la función de las cejas en las expresiones faciales de las emociones y percibieron que estas jugaban un papel clave. Aunque los ojos se llevan la fama por su expresividad, las cejas, a través de su gran movilidad y capacidad de producir diversas señales, son las que realmente hacen casi todo el trabajo, junto con los párpados. Ellas ofrecen toda la gama de emociones humanas, desde la agresión hasta el miedo.

Las investigaciones han demostrado que son, en un sentido cinemático, mecánico, la parte más expresiva de la cara, reconocible fácilmente a distancia, además de un rasgo clave en el ámbito del reconocimiento facial.

Cuando queremos dibujar los rasgos principales de las emociones, se identifican fácilmente con una simple composición esquemática de la forma de las cejas y la boca. Las colas bajas indican tristeza. Cejas arriba y curvadas, sorpresa. Si se fruncen en la parte interior del ojo y suben hacia las colas, enfado.

Levantar las cejas se asocia con la sorpresa y admite una gradación significativa: desde el asombro y la admiración hasta el reconocimiento de alguien y el saludo. Cuando se levantan a medias pueden transmitir preocupación y cuando se levanta una sola, incredulidad.

En la admiración y en el saludo el arco se va abriendo hacia arriba, mientras la mandíbula inferior baja y la sonrisa completa el gran círculo (como un ojo muy abierto) del entusiasmo comunicativo.

Cuando se hace un rápido movimiento de levantarlas y arquearlas, normalmente tiene un significado positivo de ilusión, como cuando nos encontramos con alguien que nos resulta agradable, en especial si se acompaña de sonrisa.

Las miradas prolongadas con los ojos muy abiertos y las cejas elevadas son una llamada al otro, que puede advertir que hay algo de qué alarmarse. Con esta mirada también se pide ratificación a la persona que parece hacer signos de alarma.

Cuando se fruncen, por el contrario, ocultan o protegen la mirada. En el enfado, por ejemplo, las cejas bajan y la frente se arruga, lo que indica concentración o tensión. Es curioso que las emociones de sentido negativo como el miedo, la tristeza y la ira suelan ir acompañadas de cejas tensas y contraídas. De alguna manera, la frente fruncida afila la mirada y la vuelve desconfiada.

No solemos controlar el movimiento de nuestras cejas. Cuando la persona mira de forma crítica, de forma automática, estas se acercan y forman pequeños pliegues sobre la nariz, marcando las famosas «líneas de expresión» en la frente.

Asimismo, cuando escuchamos con atención, solemos fruncir la frente y unir las cejas, a la vez que los párpados se cierran algo más, como si se concentraran. Cuando no se mueven en absoluto, puede significar que la persona está aburrida, no manifiesta ninguna sorpresa o no escucha.

Lo que está claro es que este elemento del rostro tiene un gran peso en nuestra expresividad, que hemos de reivindicar frente a la habitualmente aplaudida capacidad de comunicación de los ojos.

OTROS MENSAJES EN LA FORMA
DE LAS CEJAS: EL DIMORFISMO

Parece que las cejas han persistido debido a varias causas. Por una parte, por su importante función a la hora de reforzar las posibilidades de comunicación no verbal y expresión emocional humana. Por otra parte, por su papel en el atractivo facial, unido al dimorfismo sexual y, por tanto, en la selección de pareja y la competencia sexual.

Los maquilladores y cirujanos estéticos destacan la importancia de este elemento en el atractivo facial de una persona. Como curiosidad, en el siglo XVII, en la Europa occidental las cejas eran tan importantes para la belleza que algunas mujeres de alta clase social se colocaban postizos de piel de ratón para potenciarlas.

A lo largo de los siglos ha sido frecuente que las mujeres utilizasen pinzas y otros métodos depilatorios para acentuar el arco y eliminar el vello en el entrecejo. También se han utilizado tratamientos cosméticos para modificar la forma o el color, desde maquillaje, tatuaje temporal o permanente hasta operaciones quirúrgicas en los párpados. El objetivo ha sido habitualmente rejuvenecer la mirada y aportar simetría al rostro.

En los primates, la delgadez de las cejas y su separación en dos arcos sirve para identificar de forma rápida a los individuos jóvenes de rasgos finos. Se podría conjeturar que este hecho subyace en la estética que impulsa el cuidado de esta zona del rostro en la cosmética moderna. En el otro extremo, las espesas cejas de algunos varones humanos mayores recuerdan algo a la exagerada protuberancia cubierta de pelo de la frente que apreciamos en los gorilas macho adultos.

El estudio «*Sex Discrimination: How Do We Tell the Difference Between Male and Female Faces?*» publicado en la revista científica *Perception*, en 1993, halló que el grosor de las cejas era relevante en la discriminación entre rostros masculinos y femeninos.

Otro artículo publicado en *Perception*, esta vez en 2003, «*The Role of Eyebrows in Face Recognition*», por el investigador canadiense Javid Sadr y sus colaboradores del Departamento de Ciencias

Cognitivas del Instituto de Tecnología de Massachusetts (MIT), explica la contribución de las cejas al dimorfismo sexual entre hombres y mujeres y a la estética del rostro, así como al reconocimiento facial.

La moda en cuanto a la forma ideal de este atributo del rostro cambia, pero sin duda siguen siendo un elemento esencial para la belleza. En algunas décadas, el estilo de cejas finas y arqueadas marcó tendencia entre las mujeres, posiblemente para agudizar ese dimorfismo sexual. Sin embargo, en nuestra época parece haber una tendencia, al menos en las sociedades occidentales, a abandonar ese estilo.

Parece que nos encontramos aquí ante una elección más en nuestra comunicación. Las cejas más gruesas pueden asociarse con la idea de que la mujer elige apartarse de las normas o los cánones tradicionales en esta cuestión, adoptando un estilo diferente y libre, con una forma más tradicionalmente masculina.

Vemos que el tipo de cejas es una elección más que tomamos, que no está libre de las connotaciones y condicionamientos propios de cada cultura.

GAFAS DE SOL, ¿ADORNO O PROTECCIÓN?

Las gafas de sol son un accesorio muy habitual hoy en día, especialmente en los lugares y en las épocas del año más soleadas. Permiten vernos favorecidos al incorporar un adorno en el rostro, ocultar señales de fatiga en los ojos e introducir elementos sofisticados como espejo, color, brillo y formas originales.

Pero es cierto que ponerse gafas oscuras o de espejo es renunciar a comunicarse. Las gafas ocultan los ojos y reducen la información, por lo que en algunos contextos formales no se considera cortés mantenerlas puestas cuando saludamos a alguien.

Hoy incluso vemos personajes que las llevan puestas cuando no están al aire libre, sino en el interior. Podemos cuestionar esta conducta de ocultar los ojos cuando conversamos, pues puede percibirse como señal de bajo interés por los demás. Sigue siendo un gesto educado quitarse las gafas de sol en el momento del saludo o presentación o disculparse por mantenerlas si nos molesta la luz.

Hablaremos más adelante del poder comunicativo de los objetos o complementos que portamos.

CURIOSIDAD: POR QUÉ NOS ENTERNECEN LOS OJOS GRANDES DE LAS CRÍAS DE MAMÍFEROS

El Premio Nobel de Medicina, Konrad Lorenz (1903-1989), estudió la importancia evolutiva y adaptativa de los comportamientos humanos e identificó la respuesta de protección innata del humano hacia sus cachorros y sus rasgos, como ojos grandes, nariz chata, frente abultada y mentón pequeño.

Lorenz afirmó que la respuesta de protección se transfiere a esos rasgos comunes presentes en otros animales, en especial los mamíferos. Así que cuando vemos algo adorable y lindo en un bebé elefante, o en algún otro cachorro, se debe a la identificación con los bebés humanos y sus cerebros todavía sin desarrollar.

EL MOVIMIENTO DE LAS PUPILAS. MIRAR PARA PENSAR EN IMÁGENES, EN PALABRAS O EN UNO MISMO

El lugar hacia donde miran las pupilas también aporta información valiosa. Los ojos se van hacia el hemisferio cerebral que dirige determinadas funciones. Sorprende, pero se ha comprobado que es así en las personas diestras, la cual equivale a alrededor de un 90 % de la población.

La PNL (programación neurolingüística), que estudia los movimientos oculares, nos dice que cuando los ojos miran hacia arriba, indica que el pensamiento se acompaña de imágenes visuales. A la izquierda, cuando se recuerdan y se repiten. A la derecha, cuando se crean y se imaginan por primera vez.

Si los ojos miran lateralmente, hacia los oídos, reflejan que el pensamiento se acompaña de sonidos. Al lado izquierdo, indica que se recuerdan imágenes auditivas y se reproducen sonidos o frases ya oídos. Si las pupilas apuntan al lado derecho, se están construyendo frases «nuevas», con mayor lentitud.

Bajar la mirada denota mirar hacia dentro, hacia nosotros mismos. Si se fija la mirada en un punto situado a la izquierda y abajo, se está manteniendo una conversación interior: «*él dijo* tal cosa, y yo le dije tal otra, claro que debió pensar esto».

Si se fija la mirada a la derecha y abajo, se están recordando sensaciones, movimientos y estados de ánimo, como esfuerzo, placidez, alegría, molestia, entusiasmo, agobio, mareo, etc.

Podemos practicar a detectar estos movimientos observando a un amigo situado frente a nosotros y haciéndole preguntas como las que planteamos a continuación:

- ¿De qué color es el felpudo de la puerta de tu casa? (memoria visual).
- Imagínate un bombero con dos cabezas (construcción visual).
- Piensa en una de tus canciones preferidas (recuerdo auditivo).
- ¿Cómo sonaría un perro maullando? (creación auditiva).
- Piensa los pros y contras de la cadena perpetua (autodiálogo).
- Siente cómo sería que te hagan cosquillas por la espalda (experiencia cinestésica).

Para la PNL existen sistemas de representación preferentes, es decir, personas más visuales, más auditivas o cinestésicas. Esto se detectaría a través de su conducta no verbal y también observando el tipo de palabras que emplean.

Cuando un tipo de mirada es muy habitual en una persona, se convierte en una actitud. El que mira abajo, arriba, a derecha, a izquierda o de forma repetida transmite su tendencia a ser una persona ensimismada o extrovertida, creadora o metódica, que pone la fuerza en sus visiones o se impresiona por las palabras.

La perspicacia que se necesita para leer en los ojos de nuestros interlocutores se puede perfeccionar con el tiempo y la atención.

Ha de tenerse en cuenta, por ejemplo, que los zurdos muestran los patrones inversos, por lo que resulta necesario conocer este rasgo para obtener información válida. Por ello, es básico calibrar inicialmente el comportamiento ocular de la persona en situaciones de mínimo estrés y conversando sobre temas triviales. El objetivo sería confirmar si la persona mira a la izquierda cuando recuerda y a la derecha cuando decide o crea, o a la inversa.

En ocasiones se ha hablado de utilizar estos movimientos oculares para detectar la mentira. Pero diversos autores como la doctora Caroline Watt, de la Universidad de Edimburgo, consideran que no es recomendable basar la detección del engaño en estos indicios, pues afirma que, tras diversos estudios, no se encontró relación entre la mentira y los movimientos oculares.

La mirada es una ventana a los demás, que aporta información crucial: transmite interés, seguridad, e incluso dominio. Tiene tanta fuerza que muchas culturas consideran que hay que moderarla.

Cuando la persona mira de frente, se orienta abiertamente hacia sus interlocutores. Además, las pupilas se ensanchan cuando miran con atención e interés y se empequeñecen cuando están aburridas y lejanas.

Mi padre, estudioso de la comunicación no verbal como ya he comentado, inventó un bonito microcuento que decía así: «Érase una vez una oficina de atención al público tan buena tan buena que la dirección pagaba a fin de mes en función del tamaño de la pupila».

El afamado director de orquesta, Benjamin Zandler, afirmaba en una famosa charla TED en 2008 sobre «Música y pasión» que «el éxito se puede medir por el número de personas a nuestro alrededor que tienen los ojos brillantes».

Ambos coinciden en advertir que los ojos brillantes y las pupilas dilatadas en los que nos rodean resultan ser pequeños valiosos tesoros. Cuánta razón.

LA EXPRESIÓN FACIAL

LA EXPRESIÓN DE LAS EMOCIONES: ¿INNATAS O APRENDIDAS?

Los primeros investigadores interesados por la comunicación no verbal se centraron en estudiar si la expresión facial de las emociones es innata o aprendida culturalmente.

Flora Davis, en su libro *El lenguaje no verbal,* expone la investigación de N. G. Blurton Jones en 1963 en la que estudiaba los comportamientos de niños de un jardín de infancia en Londres y los comparaba con los de primates jóvenes.

El estudio descubrió que algunos gestos no verbales de los niños son sumamente parecidos a los de los primates. Por ejemplo, el gesto de enfado y la expresión de ataque, con mirada fija, el ceño fruncido y las cejas bajas. Y también la sonrisa de juego en el niño y la de los primates jóvenes, que mantienen la boca abierta, pero sin mostrar los dientes.

Charles Darwin investigó en el campo de la expresión de las emociones como apoyo a su teoría de la evolución y fue el primero en afirmar, en el siglo XIX, que estas expresiones eran universales en el ser humano, como parte de nuestra herencia biológica.

En 1872 escribió la primera obra que trata de forma exclusiva sobre comunicación no verbal, *La expresión de las emociones en los animales y en el hombre.* En ella defendía que, independientemente de la cultura, todos los seres humanos poseen ciertas manifestaciones comunes de las emociones y que, por lo tanto, estas serían universales. De este modo, inició la corriente que considera que el lenguaje no verbal viene determinado por la naturaleza.

En la corriente que defiende lo contrario, que la comunicación no verbal se configura a través de la cultura, se encuentran investigadores como Birdwhistell, Hall o Margaret Mead.

Los dos enfoques fueron posteriormente revisados por el psicólogo Paul Ekman, la principal autoridad actual en el campo de los gestos y las emociones, junto con sus colaboradores, quienes iniciaron unos nuevos experimentos en los años sesenta para intentar demostrar la universalidad de las expresiones faciales.

Un siglo después de las investigaciones de Darwin, Ekman identificó unos rasgos comunes universales en las manifestaciones de las emociones en los humanos en todas las culturas y latitudes e ideó un sistema de codificación para las emociones básicas: alegría, ira, sorpresa, tristeza, temor, asco y desprecio.

Para ello compararon varias culturas y mejoraron el método de las fotografías utilizado anteriormente por Darwin. Los resultados obtenidos señalaron que la mayoría de los sujetos realizaron las mismas interpretaciones. Ekman concluyó que hay algunas expresiones faciales de emoción universales en la especie humana, independientemente de la cultura o el idioma.

Según esta teoría existe un programa en el sistema nervioso de los seres humanos, al cual Ekman denominó Facial Affect Program, que une los movimientos de un determinado músculo facial con emociones concretas.

A la lista de 1972 que contenía las seis emociones básicas comunes a todas las culturas, en la década de los noventa añadieron once emociones más (desprecio, contento, vergüenza, emoción, culpa, orgullo de los logros, alivio, satisfacción, placer sensorial, diversión y entusiasmo).

Posteriormente otros estudios confirmaron esta hipótesis, como el de la profesora de Psicología, Jessica Tracy, de la Universidad de Columbia Británica, y su colaborador, David Matsumoto, de la Universidad Estatal de San Francisco, en el que compararon las expresiones faciales de yudocas de veintitrés países de los Juegos Olímpicos y Paralímpicos de 2004, tanto videntes como sin visión, a través de más de 4.800 fotografías. Los investigadores encontraron que todos expresaban la emoción de la misma forma, de acuerdo con el contexto social.

Tracy afirmó que: «Dado que los individuos ciegos de nacimiento no pueden haber aprendido los gestos de orgullo o bochorno mirando a otros, sus expresiones de victoria o derrota probablemente sean una propensión biológica innata, más que una conducta aprendida».

Se comprobó que, en la ceremonia de entrega de medallas, el 85 % de los deportistas ganadores de medallas de plata mostraron «sonrisas sociales», que solo utilizan los músculos de la boca, frente a la sonrisa completa, que provoca que se entrecierren los ojos y suban los pómulos. Como explicaba Matsumoto, «Los perdedores estiraron hacia arriba el labio inferior, como si procuraran controlar la emoción en sus rostros, y muchos lograron la sonrisa social».

Las diferencias entre la sonrisa más auténtica y la sonrisa social en individuos ciegos sugieren, para este autor, «que algo que reside en nuestros genes es la fuente de los gestos faciales de emoción». «Quizá nuestras emociones y los sistemas que las regulan son vestigios de nuestros ancestros».

David Matsumoto realizó otro experimento interesante sobre el reconocimiento endogrupal de las emociones. Su hipótesis era que cada grupo reconocería mejor las expresiones emocionales de su grupo cultural, en comparación con las de otro.

Llevó a cabo la investigación con fotografías de expresiones emocionales producidas en situaciones reales, no posadas, pues entendía que en ellas es donde aparecerían los dialectos de la emoción. Tras su estudio, la hipótesis inicial se consideró como nula, pues no encontró ventaja para reconocer mejor las emociones por pertenecer al mismo grupo cultural.

LAS SEIS EMOCIONES BÁSICAS EN EL ROSTRO

De acuerdo con la extendida y reconocida teoría de Paul Ekman y su equipo, el rostro humano expresa las emociones a través de unos determinados rasgos que describimos a continuación:

La alegría: se identifica normalmente por un gesto de extensión horizontal de la boca y los labios, mientras las mejillas se elevan, pudiendo mostrar o no los dientes. Las sonrisas más auténticas generan, además, arrugas bajo el párpado inferior y en los laterales del ojo.

El enfado: se distingue fácilmente por el ceño fruncido, las cejas bajas, tensión en el rostro y la mandíbula apretada. Los antropólogos encuentran afinidad con la postura previa a la embestida en los animales. También puede ir acompañada de inclinación hacia delante como preparación para atacar o signos de represión del enfado, como uno o ambos puños cerrados y señales como crujir los huesos de las manos.

La tristeza: se refleja en el rostro principalmente a través de los ojos. Los párpados superiores se muestran caídos y, al igual que las cejas, descienden hacia los lados. La mirada suele ser baja y las comisuras de los labios descienden ligeramente.

El miedo: se manifiesta en el rostro con la elevación y la contracción de las cejas al mismo tiempo, mientras la boca se estrecha y se contrae hacia atrás.

La sorpresa: se manifiesta con las cejas levantadas y curvadas y arrugas en la frente. Los ojos suelen estar muy abiertos y la mandíbula queda caída sin tensión. La sorpresa puede tener un sentido positivo o negativo para la persona, y por tanto la expresión puede llenarse de alegría o de miedo según el caso de que se trate.

El asco: se caracteriza por arrugar la nariz y la frente y elevar el labio superior, dejando la boca ligeramente entreabierta. Es el gesto que se realiza antes de expulsar de la boca algo desagradable o en mal estado.

La detección de estas señales nos permite anticiparnos a entender cómo se siente la persona que tenemos delante y, en consecuencia, relacionarnos con ella con mayor éxito.

Si tenemos en cuenta todo lo que aporta la expresión facial, existen motivos para tener cuidado con tratamientos como el bótox. Es cierto que nos puede dejar la frente lisa como la de un bebé, pero al mismo tiempo hace desaparecer una parte importante de nuestra expresividad.

Más de una vez, el hecho de no ver venir una emoción nos puede jugar una mala pasada. Al eliminar las arrugas y los movimientos musculares que las provocan, perdemos la información que proporcionan los gestos, como me contó una amiga que se dedica a la producción de vídeo para publicidad.

En aquel caso, una clienta importante se había mostrado descontenta con un pequeño gasto que afectaba al presupuesto de rodaje. El tema se agravó hasta convertirse en una crisis. Mi amiga estaba extrañada de que se le hubiera ido de las manos aquel asunto, acostumbrada a lidiar satisfactoriamente con mil y una situaciones más complejas.

Al final descubrió que la clienta se había inyectado bótox en la frente y supo que esa frente botulínica era lo que no le había permitido ver venir las emociones y adelantarse a atajar el problema a tiempo.

Ya sabes, si quieres que capten bien los matices de tus emociones, di no al bótox.

OTROS SIGNOS FACIALES DE EMOCIÓN

La respiración acelerada, especialmente la torácica (levantar los hombros para respirar) y el aleteo de la nariz, para dar mayor entrada al aire que falta nos indican que el interlocutor está emocionado o ha llegado corriendo. En un momento de esfuerzo ha descargado nueva adrenalina en la sangre y necesita más oxígeno.

El tragar saliva, así como el hecho de humedecer los labios repetidamente, puede expresar estados de alta emoción. El sudor en la frente, cuando no está motivado por la temperatura ambiental, nos habla de esfuerzo o miedo. El rubor en las mejillas, de pudor o vergüenza. El rostro lívido es señal de una fuerte impresión. Las venas marcadas más de lo habitual expresan ira.

LA TEORÍA NEUROCULTURAL Y LAS NORMAS CULTURALES EN LA MANIFESTACIÓN DE LAS EMOCIONES

Frente a la teoría de la universalidad de las emociones que abandera Ekman, según la cual las expresiones faciales tienen una base innata, son fijas y se corresponden directamente con las emociones, existe la visión contrapuesta que afirma que nuestras expresiones son comportamientos aprendidos.

Diversos estudios señalan que la comunicación de las emociones cambia de acuerdo con la cultura.

Rachel Jack, investigadora del Instituto de Neurociencia y Psicología de la Universidad de Glasgow, llevó a cabo con su equipo una investigación transcultural con quince sujetos occidentales y quince orientales, publicada en *PNAS* (*Proceedings of the National Academy of Sciences*), la revista oficial de la Academia de las Ciencias de Estados Unidos.

La autora afirma que «los datos muestran que las expresiones faciales no son universales, sino que han evolucionado y se han diversificado desde sus raíces evolutivas básicas para mejorar la comunicación de las emociones en la interacción social».

Incluso el propio Ekman, tras años de investigación, planteó la teoría neurocultural de la expresión facial, que «considera tanto los elementos universales, los neurológicamente determinados, como los elementos específicamente culturales —aprendidos— de la expresión facial».

Este enfoque defiende que el rostro expresa las emociones de manera universal, pero que el aprendizaje social moldea las respuestas a las emociones, los estímulos que las provocan y las reglas que rigen para manifestarlas. Es decir, que habría diferencias culturales en lo que provoca las emociones y en las costumbres a la hora de mostrarlas o intentar controlar su expresión en situaciones sociales determinadas.

En este sentido, Ekman y Friesen distinguieron cuatro tipos de pautas culturales sobre la exhibición de las expresiones emocionales: aumentar su intensidad, reducirla, aparentar indiferencia y disimular la emoción.

Esto explicaría, por ejemplo, las diferencias a la hora de sonreír entre americanos y japoneses. Los primeros lo hacen abiertamente, mientras que los segundos sonríen discretamente.

LA PERSPECTIVA FUNCIONALISTA (ECOLÓGICO-CONDUCTUAL)

La teoría de la universalidad de las emociones primarias ha prevalecido durante muchos años y está sumamente extendida. Sin embargo, en las últimas décadas, investigadores como Fridlund, Russell, Crivelli y el español Fernández-Dols han planteado una línea de investigación diferente bastante disruptiva, que cada vez gana más respaldo.

El etólogo Alan Fridlund plantea que las expresiones faciales son pautas de acción que no denotan emociones, sino que son herramientas para establecer comunicación e interacción social, es decir, que están dirigidas a un receptor y «son manifestaciones de la intencionalidad social».

Estos autores defienden una visión más utilitaria o funcionalista de las expresiones faciales, basada en teorías modernas sobre el comportamiento animal. Fridlund explica que «a través de nuestros rostros dirigimos la trayectoria de la interacción social».

Eso no quiere decir que el ser humano utilice los gestos para manipular activamente a otros con sus expresiones, aunque de vez en cuando podríamos hacerlo. Apunta más bien que nuestras sonrisas y ceños fruncidos serían instintivos, con una base utilitaria.

Desde esta perspectiva, se critica el modelo neurocultural de Ekman por basar su investigación en fotografías que muestran expresiones faciales exageradas y posadas, desprovistas de contexto y con un formato de respuesta cerrada.

Otro autor de esta corriente, Crivelli, pasó meses investigando en este campo con los habitantes de las islas Trobriand de Papúa Nueva Guinea, así como con los mwani de Mozambique. En ambos grupos aborígenes observó que los participantes en el estudio no interpretaban las emociones faciales de la misma manera que los occidentales. Por ejemplo, las fotografías de rostros que entendemos en Occidente como miedo y sumisión eran interpretadas como ira y amenaza.

De acuerdo con estos autores, la universalidad de los gestos no está suficientemente demostrada y la expresión facial humana no habría evolucionado para mostrar emociones internas sin más, sino que fue consecuencia de intenciones o motivaciones sociales.

Mostrarían lo que nos gustaría que hicieran otras personas, más que cómo nos sentimos. Por ejemplo, la sonrisa aparecería para suavizar la tensión, el llanto para obtener cuidados o el rostro de enfado para advertir a otros de que algo nos ha molestado y lograr un cambio.

CONCLUSIONES

Sin duda la expresión facial aporta información muy valiosa. Por una parte, si entendemos que es reflejo directo de las emociones, sería una fuente de sabiduría natural que nos aporta datos importantes sobre nosotros y sobre los demás.

Ser conscientes de esas expresiones en nosotros, como la tensión, incluso sin vernos en un espejo, nos puede ayudar a identificar cómo nos sentimos y convertirse en un paso previo para elegir cómo canalizar la emoción.

Percibir las emociones en el rostro de los demás nos puede ayudar a entender una situación, o darnos pistas para preguntar a nuestro interlocutor cómo se siente o su opinión sobre el tema que se está tratando, y de este modo entenderlo mejor.

Si, por otra parte, consideramos que las expresiones faciales tuvieron un origen funcional para la interacción social, también su lectura nos aporta información interesante. Nos habla de la función social que tuvo el gesto hasta convertirse en una respuesta instintiva y automática.

De acuerdo con las investigaciones, es esencial no precipitarnos en la interpretación de las expresiones, en especial cuando tratamos con personas de diferente cultura, incluso dentro de nuestro propio país o región.

LA SONRISA

EL GESTO DE AFILIACIÓN DEFINITIVO

¿Qué convierte a la sonrisa en un gesto tan especial? En primer lugar, según la opinión científica mayoritaria, el ser humano es el único animal capaz de sonreír. En segundo lugar, es un gesto de bienvenida universal presente en todos los pueblos y sociedades y su poder expresivo de no agresión predomina sobre cualquier otro.

Además, la vida social de los seres humanos se trenza con sonrisas, que normalmente suponen acuerdo y entendimiento entre aquellos que la intercambian. Estamos ante un gesto afiliativo muy potente con una clara función social de comunicación de intenciones positivas. Para el etólogo Alan Fridlund, la sonrisa facilita que se establezcan y mantengan los lazos sociales y ayuda a coordinar las interacciones.

Flora Davis explica en su libro *La comunicación no verbal* que la sonrisa, un semicírculo abierto hacia arriba, es el segundo estímulo ante el que reaccionan los bebés de pocas semanas. El primero serían dos círculos negros pintados en una cartulina blanca.

Francisco González Calleja, catedrático de Psicología Evolutiva y de la Educación de la Universidad Complutense de Madrid, afirma que la sonrisa «es una expresión innata en el ser humano y se observa antes del nacimiento como indicador de estados de satisfacción».

Hay múltiples razones para afirmar que este gesto tiene un componente innato. Sonreímos ya en el vientre materno, los bebés sonríen, tal vez de forma refleja, a las pocas semanas de vida y la sonrisa está presente en todas las culturas, incluso entre los niños invidentes.

Pero, como hemos visto con anterioridad, también hay un importante componente cultural que refuerza el gesto. González Calleja afirma que «después del nacimiento, el niño aprende a sonreír en función de las pautas culturales, y llega a distinguir entre caras amables y enfadadas sobre los dos meses y medio». Aproximadamente a esa edad es cuando empieza a sonreír.

El gesto contrario, el semicírculo abierto hacia abajo, denota desagrado, enfado y determinación insolidaria.

DISCREPANCIAS SOBRE LA
SONRISA EN LOS PRIMATES

¿Podemos hablar de sonrisa en los animales? Los científicos discrepan acerca de la relación de la sonrisa de los primates con la humana.

Para algunos investigadores, el origen de la sonrisa de los primates parece que estaría en un gesto de alivio después del estrés; un gesto próximo a la expresión de miedo o llanto. Según esta teoría, enseñar los dientes y bajar el labio inferior sería una señal de miedo y de buenas intenciones, que se consideraría predecesora de la sonrisa humana.

Sin embargo, para investigadores como Pablo Rodríguez Palenzuela, catedrático de Bioquímica y Biología Molecular en la Universidad Politécnica de Madrid y divulgador científico:

> Los animales pueden tener otros patrones gestuales o fonéticos, pero no algo como la sonrisa. Los gorilas y chimpancés poseen un lenguaje gestual complejo, aunque lo que más se parecería a nuestra sonrisa, o sea, levantar el labio y enseñar los dientes, para ellos es más bien un gesto de amenaza.

Así pues, según esta corriente, el gesto de apaciguamiento que implica la sonrisa es genuinamente humano. En cualquier caso, sabemos que los animales sienten alegría y que tienen distintas formas de demostrarla.

A un entendido en perros le oí decir que estos sonríen con el movimiento del rabo. También parece que el delfín en sus juegos y saltos revela cierta alegría o buen humor.

EL ORIGEN DE LA RISA Y SU RELACIÓN
CON LA COMUNICACIÓN

Para Robert Provine, profesor de Psicología y Neurociencia en la Universidad de Maryland e investigador especializado en la risa, esta es «una vocalización lúdica que enviamos a otras personas», es decir, que tendría una clara función comunicativa. Reír comunica que todo va bien y que no estamos en peligro.

El origen de la risa ha supuesto un misterio para la comunidad científica desde hace años. Los investigadores han estudiado su presencia en los primates antropomorfos, familia en la que se incluyen el chimpancé, el bonobo, el gorila y el orangután.

Estudios recientes publicados en la revista científica *PLos One*, de acceso abierto en Internet, indican que los chimpancés sonríen y ríen cuando juegan, lo que pondría de manifiesto que la risa tiene una función social, comunicativa y, por tanto, presenta similitudes con la nuestra.

Asimismo, los expertos observaron que las crías de gorila o de chimpancé experimentan el mismo ataque de risa que los humanos, si se les hacen cosquillas. Sin embargo, el sonido resultante es diferente, pues la risa de los chimpancés es más próxima a la respiración, mientras que la risa de los humanos se aproxima al habla.

Para Provine, las cosquillas son probablemente la manera más antigua de estimular la risa y es una de las primeras formas de comunicación en la interacción madre-bebé. También se caracterizan por ser parte de un juego de dar y recibir.

La investigadora Marina Dávila Ross, de la Universidad de Portsmouth (Reino Unido), en un informe publicado por la revista *Current Biology* en 2009 afirma que sus estudios prueban por primera vez la continuidad evolutiva de una expresión emocional humana y explica que «de acuerdo con el estudio, la risa tiene como mínimo de treinta a sesenta millones de años».

Los paleontólogos sospechan que los neandertales, con un lenguaje gestual y gutural tan desarrollado como nosotros, ya poseían esta capacidad.

El equipo de Dávila Ross está muy interesado en las vocalizaciones positivas o las expresiones de placer que se producen ante las cosquillas en los animales. La investigadora considera que la risa está íntimamente relacionada con la comunicación positiva, pues provocaría un aumento de la interacción, lo que a su vez favorecería el desarrollo de la comunicación.

Otras investigaciones revelan que hay numerosos y muy diversos animales capaces de producir vocalizaciones inducidas por las cosquillas: ratas, búhos, pingüinos, perros, suricatos, camellos y delfines. Dávila-Ross espera que un estudio en profundidad en relación con esta materia en el reino animal arroje luz sobre la evolución de la expresión de las emociones.

OBJETIVOS DE LA SONRISA

En el ser humano existen sonrisas muy diversas. Habitualmente suele ser una manifestación de alegría, aunque, como veremos, puede expresar otras emociones o servir a diferentes funciones sociales.

Veremos que hay sonrisas amables y apaciguadoras, aunque además las hay despectivas y crueles. Existen manifestaciones sinceras, pero también puede haber otras engañosas.

Para Niedenthal y sus colaboradores (2010), hemos de distinguir las sonrisas de acuerdo con sus funciones. Fundamentalmente la hay de tres tipos: de disfrute, afiliativas y de dominio.

- Las de disfrute coincidirían con situaciones de placer o éxito.
- Las afiliativas son las que poseen la intención social positiva de crear y mantener lazos. Su expresión es similar a las de disfrute y se diferencian de ellas únicamente por el contexto.
- Las de dominio son las que reflejan estatus superior o control, como en el caso de las sonrisas críticas, orgullosas, de superioridad o intrigantes.

TIPOS DE SONRISAS

Existen múltiples matices e infinitas combinaciones en los rasgos que las componen, pero presentaremos las más habituales.

- La sonrisa verdadera, de bienvenida y aceptación es la que empleamos con personas que nos gustan o queremos.

También es llamada *sonrisa auténtica* o *genuina*. Es aquella en la que se ven los dientes, muestra simetría bilateral, es decir, ambas comisuras de los labios se elevan por igual y además afecta a las mejillas y los músculos alrededor de los ojos, creando líneas de expresión a los lados.

Esta descripción se corresponde con la famosa sonrisa «Duchenne», llamada así en honor al investigador francés Guillaume Duchenne. Sería la sonrisa que implica la contracción del músculo orbicular que rodea los ojos y provoca arrugas alrededor de ellos. Para muchos investigadores indica una emoción espontánea y genuina, pues consideran que la mayoría de las personas no pueden contraer el músculo voluntariamente.

Esto nos lleva a un pequeño conflicto, como decía una alumna mía. Si nos dicen que tenemos una sonrisa bonita y genuina, ¿nos están diciendo que tenemos patas de gallo?

Esta sonrisa franca y alegre, más o menos abierta, a la que se une la mirada, distiende y transmite acogida a quien la recibe. Cuando va de oreja a oreja, suele considerarse máxima expresión de alegría.

Además, podemos hablar de sonrisas con otros matices. Para evaluarlas con acierto habría que entender muy bien el contexto.

- La sonrisa nerviosa, efímera. Tan rápida que solo implica los labios y queda en una mueca. Podría llamarse *sonrisa pública,* porque es la que esbozamos ante desconocidos, por ejemplo, al encontrarnos en la calle: con los labios cerrados y las comisuras de los labios que se estiran levemente hacia atrás.
- La llamada sonrisa falsa o de cortesía, también denominada «no Duchenne». En ella los dientes quedan al descubierto y los labios se curvan levemente hacia arriba, pero sin implicar apenas la zona orbicular.

Mientras algunos entienden que sería la sonrisa de alguien que miente, autores como Thibault cuestionan el uso del marcador «Duchenne» para evaluar una sonrisa verdadera, pues consideran que este rasgo no es universal, sino que se limita a ciertas culturas.

En mi opinión este gesto no habría de entenderse necesariamente como mentira. Algunos tipos de educación podrían favorecer una *sonrisa de cortesía* como la que ofrecemos en situaciones de poca implicación como, por ejemplo, con personas que apenas conocemos. De hecho, en algunas sociedades se considera normativo sonreír a los desconocidos, mientras en otras no se entiende que deba realizarse si no hay un vínculo real. Por tanto, la educación podría propiciar este tipo de sonrisa de compromiso o cortesía.

- La sonrisa triste. Expresa pesar y tal vez aceptación, algo así como un «lo siento», «ya ves» o «es lo que hay». Los labios aparecen levemente curvados hacia abajo y en ocasiones hay cierta asimetría. Los ojos también se ven afectados, las cejas descienden y los ojos se suelen mostrar menos abiertos.

- La sonrisa sellada. En ella las comisuras se separan, pero manteniendo los labios juntos y relajados. Es un tipo de sonrisa controlada, frecuente en el entorno profesional y político.

- La sonrisa amortiguada o tensa. Es similar a la sellada pero con mucha más tensión en los labios, que aparecen apretados o replegados hacia dentro, transmitiendo represión del mensaje y las emociones.

- La sonrisa interrogante. Combina la curva de los labios junto con las cejas alzadas, y pareciera que lanza una pregunta, anticipando la emoción de la sorpresa.

- La sonrisa burlona. Es un tipo de sonrisa exagerada en la que las comisuras se elevan mucho y los ojos se entrecierran. Transmite a través de la desproporción algo como «no me lo creo, estamos de broma».

    ¿Por qué da miedo la sonrisa de Anonymous? La sonrisa en la careta de Anonymous no es una sonrisa afiliativa, amistosa, ni apaciguadora. Es una sonrisa burlona. Además, la máscara tiene la función de ocultar el rostro y el contraste con la sonrisa nos produce miedo.

- La sonrisa despectiva. Es una sonrisa en la que solo se eleva una de las comisuras, un gesto próximo al de la emoción de asco con la que se transmite desdén y superioridad. La expresión de asco aparecería controlada, al limitarse solo a un lado de la boca.

* La sonrisa cruel. Coincide con la de los malos de las películas; en ella las comisuras se separan y se levantan al tiempo que el labio superior se eleva mostrando los dientes. Los ojos también se cierran levemente y aparecen pliegues a su alrededor.

Observar qué tipos de sonrisa usamos más a menudo puede devolvernos información interesante.

LA SONRISA Y SUS MATICES CULTURALES

Los investigadores coinciden en que la sonrisa es un signo universal de contento, aunque las distintas formas de sonrisa son más o menos frecuentes y su interpretación difiere de una cultura a otra.

Como sabemos, cada comunidad define y refuerza lo que considera correcto e incorrecto socialmente. Entre otras cosas, cómo se sonríe de forma apropiada, con qué intensidad y con qué frecuencia. Por ejemplo, en Estados Unidos la gente sonríe mucho más que en Europa. Con la globalización de la cultura, posiblemente los norteamericanos están exportando su estilo de vida al resto del planeta, y con él, su amplia sonrisa.

Entre los japoneses, la sonrisa aparece en numerosas situaciones y cubre una gran cantidad de emociones: alegría, enfado, confusión, disculpas o incluso tristeza.

Como explica el Dr. David Matsumoto, de la consultora Humintell, en la cultura japonesa la madurez se asocia con el estoicismo y la seriedad y por tanto la sonrisa ha de ser moderada. Por otra parte, la leve sonrisa a menudo se usa para reemplazar o esconder otras emociones como la tristeza o el asco. En diversos experimentos se observó que las personas japonesas respondían con una sonrisa a la exposición a imágenes desagradables o tristes cuando había otras personas delante.

A la hora de comunicar una mala noticia, una persona japonesa puede sonreír, e incluso reír, en un intento por disipar la situación incómoda. Además, es raro ver grandes explosiones de risa, y es bastante común que se tapen la boca al reír.

En el entorno occidental está muy extendida la idea de sonreír más para hacer amigos, conectar con otras personas, ser más atractivos o seducir. Numerosos autores como el clásico Dale Carnegie ya habló de ello en su famoso libro *Cómo hacer amigos e influir en las personas.* Por supuesto, el ámbito familiar y la educación también generan diferencias. Los guiones de vida que identificó y explicó el psicólogo Steiner marcan a menudo lo que se espera de nosotros como individuos de una determinada sociedad.

Para Antonio Muñoz Carrión, profesor de Sociología de la Comunicación en la Facultad de Bellas Artes de la Universidad Complutense de Madrid y experto en comunicación no verbal, nunca en la historia de la civilización se ha sonreído tanto. «La sonrisa nos está siendo impuesta por las culturas occidentales desarrolladas, particularmente por las anglosajonas». («El misterio de la sonrisa», *El Mundo,* 25 de marzo de 2012). De todos los rasgos que hemos adoptado de la cultura estadounidense, considero que este no es el más nocivo, pues crea una expectativa de no conflicto que resulta constructiva para colaborar y, además, parece que tiene un efecto saludable para nosotros a través de las endorfinas.

Sin embargo, existen novedosas investigaciones relacionadas con la variación cultural, como el estudio publicado por Springer y realizado por Kuba Kris *et al.,* «Be Careful Where You Smile: Culture Shapes Judgments of Intelligence and Honesty of Smiling Individuals», que apareció en la revista *Journal of Nonverbal Behavior.*

En él se muestra cómo los guiones culturales influyen en las atribuciones que se hacen acerca del gesto de sonreír. Por ejemplo, algunos investigadores afirman que la percepción social de la inteligencia de las personas sonrientes varía de una cultura a otra, y que, concretamente, en algunas culturas la sonrisa puede conducir a atribuciones de niveles de inteligencia más bajos.

Según Centorrino y colaboradores, la sonrisa ha evolucionado como una señal universal de honestidad y funciona como
un pegamento social. Sin embargo, como indica el estudio
mencionado de Vauclair y Capaldi, en las culturas con mayores
índices de corrupción, la confianza hacia las personas sonrientes es menor. Esto puede deberse a que la sonrisa puede producirse fácilmente y puede falsificarse para beneficiar al que
la emite.

Según el estudio, la corrupción provocaría el escepticismo
sobre la honestidad de la sonrisa. En sociedades altamente co-
rruptas, los individuos están expuestos a comportamientos in-
justos o falsos frecuentemente y, por lo tanto, el escepticismo
acerca de las intenciones positivas de la sonrisa puede estar
bien fundamentado. En otras palabras, los investigadores probaron empíricamente que «la corrupción corrompe» el valor
del pegamento social de la sonrisa.

Pero no hace falta irse tan lejos para ver las diferencias.
Dentro de un mismo país como España, podemos encontrar
disparidad entre regiones, e incluso entre el campo y la ciudad
en cuanto a expresividad. De hecho, podemos encontrar diferencias y similitudes también entre familias. Al igual que ocurre con otros hábitos y comportamientos, el aprendizaje por
imitación funciona y en algunas familias se cultiva más este
gesto que en otras. Como ya hemos visto en los capítulos anteriores, nuestro comportamiento no verbal tiene mucho que ver
con la cultura y lo aprendido desde niños en nuestra socialización. Como diría el sociólogo Ervin Goffman, la sonrisa es parte de nuestra fachada. Cada sociedad concede prioridad a unos
valores u objetivos respecto a otros, y en la sonrisa emergen con
fuerza el aprendizaje social y los modelos que hemos tenido.

Si en una familia nos educan para sonreír y buscar el agrado de los demás, adoptaremos la sonrisa como gesto de educación habitual por defecto. Si crecemos con los valores de la
contención emocional y la firmeza, o hemos tenido modelos de
negociadores duros, esto puede condicionar en sentido inverso
nuestra expresividad.

En una cultura afiliativa como la mediterránea, muchas
personas crecimos en entornos en los que se entendía que la

cordialidad favorece las relaciones, sea con compañeros, amigos, vecinos, el conductor del autobús o el vendedor de la tienda de la esquina. La sonrisa se considera una actitud básica de educación, asociada a un comportamiento cooperador.

En este contexto, la sonrisa es una mano tendida al otro, un gesto antiagresivo de bienvenida y ánimo, por lo que evitarla o negarla habitualmente se percibe como egoísta o insolidario, al eliminar los beneficios para el otro.

Sin embargo, veremos que existen puntos de vista muy diferentes acerca de la sonrisa.

ENTORNOS PROFESIONALES DE NO SONRISA
¿HAY MOTIVOS PARA NO SONREÍR?

Las diferencias culturales no solo tienen que ver con los territorios, sino también con los entornos personales y profesionales. En determinados ámbitos como el jurídico o en situaciones de negociación empresarial la sonrisa tiene menos cabida. En otro contexto muy diferente como el de las pasarelas de moda, las modelos tampoco suelen sonreír. ¿Qué razones justifican la ausencia de sonrisa en estos entornos?

Considero relevante prestar atención a los valores asociados con estas profesiones.

Por ejemplo, el valor de la distancia y la neutralidad. Si la sonrisa es un gesto de bienvenida, cordialidad e igualación, el gesto serio y la ausencia de mirada indicaría lo contrario, es decir, distancia, no implicación, superioridad y alto estatus. Estos valores encajan con los entornos profesionales mencionados: por la exclusividad del mundo de las firmas de moda de lujo en un caso y por la necesaria distancia y objetividad de jueces o notarios, por otro.

Los expertos en moda afirman que existen antecedentes de seriedad en el rostro en etapas de la historia como la era victoriana en Inglaterra (mediados del siglo XIX). En ese momento se inicia la fotografía y se ponen de moda los retratos de la clase alta con semblante serio. Este gesto del llamado «desdén aristocrático» indicaría una nula necesidad de

159

afiliación o aprobación, que puede asociarse con seguridad o confianza.

Las virtudes de la templanza y la discreción también tendrían peso en el lenguaje no verbal. Para el influyente sociólogo Erving Goffman, la capacidad para mantenerse firmes y serios, sin entrar en pánico en situaciones de dificultad o estrés, es muy valorada en determinadas culturas y entornos.

El poema *If* del Premio Nobel de Literatura, Rudyard Kipling, que reproducimos en el capítulo 1 transmite con belleza el valor de la contención emocional, presente en diversas culturas.

Asimismo, la firmeza y la determinación serían valores positivos que la ausencia de sonrisa transmite y que tienen peso en diferentes entornos profesionales. Hay quien recomienda, ante una posible negociación, no mostrarse demasiado abiertos o interesados, para, de este modo, lograr una mayor apariencia de poder, o de no necesidad respecto a la otra parte.

Además, uno de los objetivos de la sonrisa afiliativa es la búsqueda de aprobación y, por eso, sonreír en exceso se interpreta en ocasiones como falta de seguridad. En este caso «el veneno estaría en la dosis». Cuando el gesto de la sonrisa es muy prolongado, o no se corresponde con la situación emocional, puede interpretarse que la persona necesita continuamente la aceptación de los demás, lo que resta valor al gesto.

No podemos olvidar los conceptos de empatía y sincronía emocional, que invitan a acercarse al estado emocional de la otra parte. Por ejemplo, es claro que para acompañar en una situación difícil o dar una mala noticia es preferible evitar la sonrisa. Del mismo modo, cuando desconocemos el estado emocional del otro, puede ser prudente modular la sonrisa.

CONCLUSIONES SOBRE LA SONRISA

Sonreír genera numerosos beneficios. Desencadena la producción de endorfinas y dopamina, que relajan los músculos, calman la respiración y nos hacen sentir mejor. Mejora nuestro estado físico e incluso nuestra salud. Nos coloca en una actitud comprensiva, amable, nos enfoca a sobreponernos a los pequeños problemas, mejora nuestra imagen y nuestras relaciones.

Sonreír suavemente a lo largo de una mañana de trabajo puede cansar, pero no tanto como un rato con el ceño fruncido. La sonrisa es el descanso del alma, oí decir hace años.

En cuanto a la sonrisa como síntoma de necesidad de aprobación, podemos evaluar en qué medida es así en nuestro caso. Si observamos que existe una habitual necesidad de agradar, o si vemos que nuestra sonrisa coincide con otros rasgos como pedir siempre disculpas, darse poco valor, sentirse inferior o ponerse siempre en último lugar, puede ser una pista interesante que nos avise sobre una excesiva necesidad de aprobación. En ese caso, será positivo buscar vías para trabajar nuestra autoestima.

Sonreír o no es una elección personal. Al caminar por la calle, cuando entras en una tienda o cuando llegas a casa, elegimos lo que queremos proyectar y las emociones que queremos contagiar o aportar.

Por último, de acuerdo con lo que hemos visto sobre los factores culturales de la sonrisa, vemos que no debemos precipitarnos en la interpretación del gesto o de su ausencia. Tener en cuenta el marco de otras personas nos llevará a modular nuestra interpretación y a entenderlas mejor.

LOS MICROGESTOS Y LA DETECCIÓN DE MENTIRAS

CUÁNDO NACE LA MENTIRA

Los seres humanos no hemos inventado la mentira, pues los animales también fingen u ocultan la verdad. Pablo Herreros, en su libro anteriormente citado, *Yo, mono*, describe cómo los primates ocultan debilidades que les puedan perjudicar, como una cojera o herida.

Por ejemplo, nos cuenta que los machos de macaco que tienen los dientes en mal estado abren menos la boca que los que tienen una dentadura sana, según los estudios del primatólogo Joseph Manson. De la misma manera, Frans de Waal observó que los machos de primate fingen no tener cojera ante otros machos dominantes para no mostrarse vulnerables.

Parece que no quieren mostrar debilidades que puedan ser aprovechadas por los rivales, posiblemente porque no es adaptativo, es decir, puede ser perjudicial para su supervivencia.

En los primates se observan estrategias como ocultar comida, distraer a otros y lanzar falsas alarmas acerca de la llegada de depredadores. En otros animales nos encontramos, asimismo, con numerosas estrategias basadas en la mentira. Desde perros que lanzan su orina alto para aparentar ser más grandes, camuflajes que permiten pasar desapercibidos, formas de falsos ojos en los peces que confunden acerca de la posición del individuo o colores en la piel de anfibios y mariposas que transmiten la falsa amenaza de ser venenosos.

Los humanos también mentimos en algunos momentos, falseando la verdad, modificándola u ocultando algún aspecto. A veces con el fin de no herir a los demás, para no perjudicar una relación, o directamente con el fin de salir beneficiados como ocurre, por ejemplo, en las exageraciones en el currículum o cuando se oculta información a la pareja.

La mentira forma parte de nuestras vidas, pero, como explica Pablo Herreros:

En la evolución de nuestra especie ha primado la sinceridad. De no ser así, hoy en día no estaríamos viviendo en sociedades tan numerosas basadas en la colaboración. La vida en colectivo se habría acabado hace mucho porque habitar en entornos donde predominan los mentirosos es inviable.

A los niños a partir de los cinco años ya les importa lo que otros piensan sobre ellos, ya que influye a la hora de obtener ayuda de otros. Igual que en los primates, para quienes es importante la reputación, pues la mala fama de egoístas o poco cooperadores puede llevarlos a ser aislados y apartados del grupo.

ESTRÉS, INCONGRUENCIA Y MENTIRA

En general, para el cerebro es más difícil mentir que decir la verdad. En la mentira, el esfuerzo del cerebro es mucho mayor debido a que ha de construir la historia falsa, inventar los detalles, ocultar otros que puedan no encajar, observar al interlocutor, recordar lo inventado, etc. Es, en definitiva, una situación mucho más estresante que ser veraces.

Como alguien dijo: «Para sustentar una mentira hay que inventar veinte más». El mentiroso no se puede relajar y esto puede percibirse a través del lenguaje corporal.

La sabiduría popular dice que «se pilla antes a un mentiroso que a un cojo»; veremos con qué herramientas contamos para ello.

En primer lugar, no podemos no comunicar, puesto que la inexpresividad genera desconfianza.

La persona que miente puede ser detectada por las señales de estrés, y más concretamente por las de incongruencia. Cuando existe discrepancia entre lo que la persona dice y lo que sus gestos transmiten se produce alarma y desconfianza.

Hablaríamos de incongruencia, por ejemplo, si alguien en una entrevista afirma que una experiencia fue muy buena y al mismo tiempo emite gestos de incomodidad, como llevarse las manos al cuello, colocarse la corbata, dedicarse a limpiar las motas de polvo en la mesa, parpadear en exceso, etc. No sería correcto interpretar directamente que se trata de una mentira, sino que serían señales para investigar sobre ese punto y poder entender la falta de coherencia.

SEÑALES VERBALES Y OTROS INDICIOS

El estrés que genera la mentira hace que la persona cometa errores tanto en el comportamiento no verbal como en el lenguaje.

Se consideran señales verbales típicas de la mentira: las respuestas evasivas, la ausencia de emociones en la comunicación o el lenguaje distanciador, con las que se intenta desviar la atención hacia otro tema.

Precisamente, los detectores de mentiras o polígrafos descubren las alteraciones fisiológicas que se producen cuando la persona miente. A través de unos sensores colocados en distintas partes del cuerpo, miden, por ejemplo, el aumento de velocidad del ritmo respiratorio, el rubor o el ritmo cardíaco.

LAS EMOCIONES EN LA DETECCIÓN DE LA MENTIRA

Para Ekman, de acuerdo con la teoría de la universalidad de los gestos faciales asociados a cada emoción, existen tres emociones principales que delatan la mentira:

- La culpa o vergüenza por mentir: como hemos dicho, la mentira genera incomodidad en la mayoría de las personas, aunque la cultura puede matizar cómo se experimenta y manifiesta. Las emociones de la culpa y la vergüenza se pueden expresar en gestos de ocultamiento como taparse la boca, o la tendencia a acercar la mano hacia ella, o por la ausencia de mirada.

    El brillante etólogo Desmond Morris realizó una investigación con dos grupos de enfermeras, como explican Pease y Pease en su libro de 2006, *Comunicación no verbal: el lenguaje del cuerpo*. A un grupo se le pidió que mintiera sobre el estado de salud de sus pacientes, en una situación simulada, y al otro que dijera la verdad. Las enfermeras que mintieron se llevaban más las manos a la cara que las que dijeron la verdad.

    Asimismo, evitar el contacto ocular sería señal de miedo o falta de sinceridad.

- El miedo a ser descubiertos: para Ekman esta emoción es perceptible a través de gestos y movimientos de incomodidad o inquietud, como tocarse el cuello o la nariz, tragar saliva, el excesivo parpadeo, etc.

    Se ha comprobado que al mentir las personas tragan más saliva y se tocan más la nariz. La explicación es que, ante el miedo, la sangre se retira de los capilares para ir a los grandes músculos, por si hubiera que huir, pudiendo provocar un ligero picor en lugares periféricos como la nariz. También es relevante la reducción de los gestos de las manos, que suelen aparecer inmóviles, así como la falta de coordinación entre palabras y emociones.

Parpadear demasiado sería otra señal de estrés, pero no parpadear o fijar la mirada demasiado tiempo serían señales que indicarían incomodidad y un control voluntario no natural. Otro síntoma certero del deseo de salir o escapar, que podemos relacionar con miedo o incomodidad, es el «efecto fuga», es decir, cuando la persona orienta su cuerpo y en especial sus pies hacia la puerta.

- La alegría de lograr engañar con la mentira: parece que es habitual en quienes mienten que aparezcan sutiles microgestos de sonrisa, que no se corresponden con la situación, con los que la persona se autodelata.

En general, como dijimos, los gestos incongruentes con lo expresado verbalmente producen desconfianza y se consideran un indicio de una posible mentira u ocultación. También aparecen gestos incongruentes incompletos, que indicarían que se está reprimiendo una emoción.

LOS MICROGESTOS Y LA MENTIRA

Como hemos visto, de acuerdo con la teoría de Ekman y sus colaboradores, apreciar los microgestos del rostro permite detectar el engaño. Los microgestos son gestos realizados en décimas de segundo, casi imperceptibles para el ojo humano si no estamos muy atentos y entrenados para observarlos. Por este motivo, habitualmente se estudian con ayuda de grabaciones.

Algunos microgestos que aportan información relevante serían, por ejemplo, fruncir los labios presionándolos entre sí, señal de contención o de callarse algo; desviar la mirada; fruncir o elevar las cejas; o la microexpresión de asco o desprecio.

Esta última es una expresión de rechazo social en la que la comisura del labio se tensa solamente en un lado y se eleva una ceja. Puede ser un microgesto breve solo apreciable en fotos o vídeo, o durar más tiempo. Al gesto rápido de elevar una ceja se le llama en inglés *eyebrow flash*. En los gestos habituales de saludo, de sorpresa o de miedo las cejas se mantienen elevadas durante más tiempo.

También se entiende que el gesto de encogerse de hombros, de forma rápida o solo con un hombro, emitido inconscientemente, aporta información que posiblemente el emisor ha querido controlar o evitar. El gesto completo es más duradero e incluye hombros elevados, palmas hacia arriba y boca cerrada.

Habitualmente, las investigaciones realizadas a cámara lenta permiten detectar estos microgestos que delatan a quienes mienten. Destacan los micromovimientos musculares mencionados, además de la dilatación y contracción de las pupilas, la sudoración, el enrojecimiento de las mejillas, el aumento del parpadeo y otras señales.

Los buenos actores y los mentirosos profesionales consiguen hacer creíbles sus mentiras, pues a través de mucha práctica llegan a controlar la gesticulación.

MITOS SOBRE LA MENTIRA

Existen opiniones distintas sobre la detección de la mentira. Para los autores de la teoría ecológica o funcionalista, el análisis para determinar si alguien miente no debería basarse en la coherencia de los gestos con las supuestas emociones básicas, pues no se ha probado que estas sean universales, sino en la funcionalidad de los gestos, como la aparición de gestos evitativos y de huida.

La comentada posición de los pies orientados a la fuga aportaría, por ejemplo, una información útil y bastante fiable.

Para estos autores no existe ningún gesto que garantice que se está mintiendo y destacan que para evaluar y entender los gestos es crucial tener en cuenta el contexto.

Vamos a exponer y desmontar algunos mitos que hemos recopilado en relación con la mentira, de acuerdo con las opiniones de investigadores como David Matsumoto, Mark Frank y otros.

1. Una persona puede llevarse las manos a la cara, pero esto no significa que este mintiendo, sino que podría estar únicamente reteniendo información, o sentirse incómoda o avergonzada por distintos motivos. Por ello, es esencial observar los factores culturales y de contexto que pueden estar influyendo, en lugar de interpretar el gesto de forma aislada y precipitada.

2. La sonrisa «no Duchenne», sin pliegues alrededor de los ojos, no es necesariamente falsa. En ocasiones puede deberse a causas culturales, como sentir la obligación de saludar y sonreír, o coyunturales, como cuando alguien sonríe de forma apresurada a un conocido sin mucha implicación. En estos casos propondría no calificarla como falsa, sino más bien como sonrisa de cortesía.

3. El microgesto de desprecio, con una comisura y una ceja elevadas, se ha interpretado a menudo como sonrisa de mentira y superioridad ante el engaño conseguido. En ocasiones podría tratarse de una sonrisa de superioridad, pero debida a otras circunstancias; así, se ve por ejemplo en personas que dicen la verdad en un interrogatorio. De nuevo, hemos de conocer bien el contexto y rasgos de la persona.

4. La ausencia de contacto ocular como rasgo de la mentira. Según el psicólogo social y experto en microexpresiones, el Dr. Mark Frank, la mayoría de los estudios sobre la relación entre el engaño y la mirada concluyen que el contacto visual no cambia significativamente en función de mentir o decir la verdad.

   Sin embargo, un estudio científico realizado en setenta y cinco países detectó que en todas las culturas existe la falsa creencia de que los mentirosos no miran a los ojos. Parece que esta creencia se remonta a los textos sagrados de la cultura hindú, hace aproximadamente 3.000 años.

   El Dr. Frank menciona que esta creencia puede estar asociada con el comportamiento de los niños cuando mienten, quienes evitan el contacto visual, posiblemente debido a la emoción de la culpa. Sin embargo, a medida que crecemos, aprendemos socialmente que para mentir con éxito es necesario mantener el contacto visual y logramos hacerlo.

5. Error de Otelo. Toma nombre de la tragedia de Shakespeare. Consiste en confundir el miedo que cualquiera puede experimentar en un interrogatorio (debido al estrés por la situación no habitual o el temor a no ser creídos) con el temor por mentir o ser pillados mintiendo.

Por ello, para analizar la relevancia de un gesto, debe calibrarse la comunicación no verbal de la persona en circunstancias normales, cuando no está estresada ni muy afectada por emociones. Esta observación sirve como referencia base para comparar.

Paul Ekman también ha escrito en los últimos años acerca de los mitos y errores asociados a la mentira, y ha hablado de la importancia del contexto en la detección de microexpresiones. Menciona los fallos en la detección de la mentira por no tener en cuenta las diferencias individuales y destaca el anteriormente mencionado «error de Otelo», motivado por ignorar que las emociones como el miedo no concretan su causa específica.

En definitiva, los expertos coinciden en que las interpretaciones simplistas y apresuradas acerca de la mentira no son prudentes. Han de valorarse cuidadosamente los indicios para entender la situación, teniendo en cuenta los factores culturales y personales en el contexto de la conversación.

El análisis integrado de los elementos no verbales y verbales permite detectar señales de incongruencia o de descontento. Esas señales pueden dar pie a investigar y preguntar para entender mejor la situación de comunicación.

Otros mitos sobre el lenguaje no verbal, no específicos de la mentira, serían la interpretación unívoca de los brazos cruzados como señal defensiva, cuando también puede ser una postura cómoda o señal de tener frío, etc., o el hecho de jugar con tu pelo como signo inequívoco de flirteo.

4

El vestido

EL LENGUAJE DEL COLOR

LOS COLORES EN LA NATURALEZA

La psicóloga y profesora de teoría de la comunicación, Eva Heller, en su libro, *Psicología del color, cómo actúan los colores sobre los sentimientos y la razón*, afirma que estos tienen que ver con experiencias universales profundamente enraizadas desde la infancia en nuestro lenguaje y pensamiento.

Algunos significados de los colores están profundamente arraigados en nuestro cerebro, como el rojo en representación del fuego, asociado con la calidez y la fuerza, o el verde con la naturaleza. No es extraño que tras millones de años de condicionamiento se hayan producido asociaciones entre ciertos elementos de la naturaleza como el agua, el cielo, el fuego, la tierra o la vegetación, sus tonalidades y ciertas emociones.

Parece que estamos diseñados biológicamente para prestar atención a los tonos brillantes porque los animales, plantas y setas de estos tonos a menudo son venenosos. Hoy en día en nuestras sociedades coincide que el rojo se ha elegido para comunicar peligro en señales y semáforos, como ocurre en la naturaleza.

También nos atrae la fruta roja porque su tonalidad indica madurez y dulzura. Es un color vibrante que no pasa desapercibido. El rojo evoca el fuego, la sangre, la lucha y la pasión.

Además, parece que fue la primera coloración utilizada para teñir telas e hilos en el periodo Paleolítico, inicialmente en vestimentas para rituales, pues era fácil de conseguir en la naturaleza con ayuda de ciertas hierbas y minerales como la hematita.

El rojo era asimismo utilizado por los artistas paleolíticos para realizar sus obras, junto con el pigmento negro. Las pinturas rupestres de las cuevas de Altamira, en Cantabria (España), datadas entre el 15000 y el 16500 a. C., fueron pintadas con ocre rojo, pigmento mineral natural de tono rojizo debido a la presencia de hematita u óxido de hierro.

El rojo aparece en piezas de cerámica negra y roja en la antigua China datadas entre el 5000 y el 3000 a. C. En la actualidad, el color rojo sigue siendo un color muy utilizado para vestir en fiestas y ocasiones especiales, y es frecuente también en complementos llamativos como zapatos o pintura de labios.

En la naturaleza, el amarillo representa el día laborioso y enriquecedor. Es el color del sol, los frutos, los campos de cereales, las semillas, la vitalidad y la alegría.

El azul se asocia a la serenidad del cielo y de la noche. Es un color frío que transmite calma y seguridad. Se relaciona con espacios abiertos, libertad, paz, armonía, imaginación, expansión e inspiración.

El verde representa la vida natural exuberante. Ya sea en sus tonos más sobrios como el caqui, hoja seca o verde caza, tonos cercanos a los de camuflaje y la vida militar, o en los tonos más vibrantes y selváticos, como el verde hierba, que aporta más frescura, o los alternativos y más sofisticados tonos menta o musgo, muy utilizados en decoración.

Los grises y marrones son tonos discretos que tienden a desaparecer en el paisaje, confundidos con lo común. El color tierra es un tono humilde. La ausencia de brillo de estos tonos los muestra distantes, impenetrables.

El naranja es el tono del otoño, de la cosecha. También es el color vibrante de las flores y las frutas maduras, que se asocia con alegría y creatividad.

LOS COLORES EN LAS DISTINTAS CULTURAS A LO LARGO DE LA HISTORIA

Numerosos ejemplos nos muestran que el significado que atribuimos los seres humanos a los colores se remonta a asociaciones más recientes y específicas de la cultura de un territorio, pues cada cultura otorga a los colores unos significados específicos.

En Occidente, un corazón rojo es el símbolo indiscutible del amor, mientras que en China el color rojo significa suerte, alegría y fertilidad. Por ejemplo, en el Año Nuevo chino es tradición enviar un mensaje de buenos deseos dentro de un sobre rojo.

En la India, el rojo se relaciona con el sol del amanecer y con el matrimonio, como cambio de etapa, así como con riqueza, pureza, belleza y sensualidad. Las novias suelen vestir de rojo, sus palmas se decoran con henna roja y el bindi o punto decorativo de su frente (que representa la mirada interior, hacia Dios) debe ser rojo desde que se casan para indicar el estado civil. En Rusia, por ejemplo, el rojo es un color que se asociaba tradicionalmente con la belleza. En ruso, numerosas palabras positivas como belleza (*krásnaya*), fertilidad y salud derivan de la raíz *kras*, que significa «rojo». Es también el color con el que visten las novias en los pueblos. Se considera que la espectacular Plaza Roja, con su icónica y colorista catedral de San Basilio, debe originalmente su nombre a su belleza, más que al color rojo o a motivos políticos.

Desde la revolución de los bolcheviques, a principios del siglo xx, se le atribuyó un nuevo significado al asociarse al comunismo, en oposición al color blanco del ejercito leal a los zares. El color rojo adquirió un nuevo significado al vincularse a la sangre derramada por la clase obrera en su lucha contra el yugo del capitalismo.

A través de estos ejemplos vemos cómo las connotaciones de los colores evolucionan con la cultura, al verse fuertemente influidas por los acontecimientos culturales, políticos y económicos, y pueden incluso construirse de forma más o menos intencional por parte de un determinado colectivo con poder e influencia.

El verde en Irlanda y Estados Unidos es el color de la suerte y la prosperidad. Su origen se remonta a las tradiciones asociadas con san Patricio, monje católico del siglo v que se considera exportó el cristianismo a Irlanda.

Curiosamente, en las primeras pinturas que se conservan de él, aparece vestido de azul, pero desde el siglo xx es representado con ropajes verdes tras elegir su orden religiosa este color.

Posiblemente el cambio se produjera para hacer coincidir el color con el de la isla Esmeralda, nombre que se da a Irlanda por el manto vegetal que la cubre, o por la relación con los tréboles que, según cuenta la leyenda, utilizó san Patricio para explicar el misterio de la Santísima Trinidad (Padre, Hijo y Espíritu Santo, tres que son uno). Desde 1780 se considera oficialmente el santo patrón de Irlanda.

El hecho es que los desfiles donde reina el color verde en honor a san Patricio se han convertido en un gran acontecimiento turístico en numerosas ciudades del mundo. La tradición comenzó con los emigrantes irlandeses en Estados Unidos. Parece que los desfiles se promovieron para transmitir solidaridad y evitar el rechazo a la población emigrante irlandesa que llegaba a Estados Unidos a raíz de la hambruna de la patata de 1840. En Chicago, desde 1962, incluso se tiñe el río de verde para celebrar la fiesta por todo lo alto.

En la cultura islámica, el verde es el color del profeta Mahoma, quien se dice que vestía manto y turbante verdes. Asimismo, el profeta hace numerosas referencias al color verde en el Corán relacionadas con riquezas y con el paraíso. En un pasaje describe el paraíso como un lugar donde la gente «viste trajes verdes de fina seda». También es el color de la bandera del califato fatimí, el último de los cuatro califatos árabes aún en pie. En las cruzadas, los soldados islámicos vestían de verde para identificarse, al contrario que los cruzados, que rehuían este tono en su indumentaria para evitar el fuego amigo.

En el Imperio otomano, el turbante verde estaba reservado a los descendientes de Mahoma. Hoy en día, el color verde sigue presente en la cultura islámica en numerosas cúpulas o en encuadernaciones del Corán.

Por otra parte, en numerosos países se asocia el verde con los movimientos de protección del medioambiente. Ser verde implica ecología. Numerosos países se vinculan con el verde y la naturaleza, como Costa Rica, Nueva Zelanda, etc.

También como curiosidad, sabemos que los estadounidenses asocian el verde con el dinero, ya que ese es el color de los billetes de un dólar, connotación que, lógicamente, no se comparte a nivel mundial.

Vemos que la atribución de significados a un color en cada cultura no es sencilla, sino que se configura gracias a la suma de múltiples motivos, acontecimientos y personajes entremezclados a lo largo de la historia.

En Grecia y Turquía, el azul tiene connotaciones de buena suerte y lucha contra el mal —mediante el uso de amuletos de ojo azul protector, presentes en todas partes—. Por el contrario, el azul es el color del luto en Corea y se asocia con la tristeza en Estados Unidos, lo que da nombre a la música *blues*.

El amarillo en Alemania se asocia con la envidia, mientras que en Egipto es el color de la felicidad y la buena suerte. En Japón, significa valentía y coraje.

El morado es un color utilizado alrededor del mundo como color de la realeza, la nobleza y la espiritualidad. En la antigüedad era un color difícil de obtener y eso le otorgaba distinción. El término «púrpura» procede de los caracoles marinos llamados así, de los que se extraía un líquido amarillento muy valorado que al oxidarse proporcionaba el tinte morado. En la Roma imperial solo el emperador tenía acceso a vestir túnicas de este color. En Brasil y Tailandia es color del luto. Y en nuestros días se asocia al feminismo.

Sobre el color naranja, es interesante saber que hasta el año 1500 no existía en la lengua inglesa una palabra que designara este color. Solo cuando se trajeron naranjos de Asia a Europa nació el nombre a partir de la fruta. Por otra parte, en Oriente el naranja simboliza amor, felicidad, humildad y salud. Es el color de las túnicas de los monjes en el budismo. Y el color azafrán, muy próximo, es un color sagrado para los hinduistas.

El color negro merece una atención especial. Representa la oscuridad, la ausencia de luz. Es un color elegante y reservado. El diseñador en la pasarela, con su imagen monocromática y neutra, se funde con el escenario y concede todo el protagonismo a la colección que presenta.

En diversas culturas el negro significa mala suerte, como la presencia de un gato negro. También se asocia con luto y muerte, y en Occidente es el color tradicional para los funerales. Además, es un color básico para vestir y para eventos de noche, como el *little black dress* (vestido negro corto), o de gala, como el esmoquin.

En las prendas de vestir, la imagen que confiere el negro es extrema: puede ser muy elegante o descuidado, en función del tipo de tejido y la forma. En prendas poco cuidadas o envejecidas, puede comunicar dejadez o desaliño. En el caso contrario, transmite elegancia, distinción, estilo y reserva.

El blanco es el color tradicional de los vestidos de novia en Occidente, asociado a la luz, la pureza y la limpieza. En la Edad Media, obtener un tejido blanco era costoso, pues el tono natural del lino o la lana era tostado o pardo. Las prendas blancas resultaban por ello muy apreciadas y valiosas, solo al alcance de las clases más pudientes.

Por el contrario, en China, Corea y otros países de Asia, el blanco es el color del luto, la muerte y la mala suerte. En Japón o en la India, el color blanco se considera un color de mala suerte e infelicidad.

En la actualidad es un color básico, especialmente para prendas como camisas y blusas, tanto en la ropa formal como informal. Los trajes de vestir y de etiqueta occidentales incluyen a menudo una camisa blanca bajo el chaleco y la chaqueta o chaqué.

Los dorados y plateados representan lujo y opulencia y se asocian con la fiesta y la noche. Los toques metalizados en las prendas (lentejuelas, tejidos metálicos) combinados con otros colores generan contrastes y captan la atención. Aportan un toque sofisticado, que recuerda la noche estrellada o iluminada.

Además de llamar la atención, los tejidos de aspecto brillante mantienen las distancias. Se ha comprobado que en una fila o aglomeración la gente se acerca menos a los que llevan trajes de colores vivos metalizados.

Los colores flúor emergieron en los años ochenta al evocar los novedosos anuncios luminosos de neón que empezaban a ocupar las calles de las ciudades más modernas como Nueva York o Tokio. Hoy también se asocian a la estética *surfer* o a las prendas técnicas de los montañeros, esquiadores y otros deportistas, que se relacionan con la vida al aire libre, el sol, la naturaleza y la acción.

Por otra parte, hemos de tener en cuenta la tonalidad del pigmento, ya que los tonos más suaves o pastel pueden variar drásticamente su significado o connotación respecto de los tonos oscuros. Los colores vivos transmiten mayor energía y fuerza (rosa, fucsia, azul vivo, naranja brillante) frente a los tonos apagados o pastel, más discretos y tal vez por ello más elegantes.

Por último, hay que destacar que algunas tribus, como los candoshi en Perú, no tienen palabra para el concepto «color», pues parece que no lo necesitan. El antropólogo francés, Alexandre Surrallés, del Instituto Francés de Estudios Andinos, investigó cómo definen los colores en esta sociedad autóctona amazónica y explica que lo hacen por referencia a distintos elementos del entorno. Por ejemplo, el verde se asocia con la fruta inmadura, el rojo con la fruta madura y el amarillo con un pájaro local de tonalidades amarillas.

En relación con el vestido, históricamente, el uso de los colores en las prendas ha estado condicionado por las posibilidades que ofrecía el entorno para elaborar tintes a base de plantas o minerales. Durante miles de años en Europa, las tres principales plantas para teñir fueron el añil, la *Reseda luteola* (gualda) y la rubia roja. El añil o índigo, azul oscuro con tonalidades violetas, se extraía de los tallos y hojas frescas del añil, un arbusto de la familia de las leguminosas. El amarillo de las flores y las hojas de la *Reseda* y el rojo ladrillo, de las raíces carnosas de la rubia roja.

Asimismo, tenemos testimonios del uso de insectos autóctonos para teñir tejidos desde la Edad del Hierro en Europa. También los aztecas extraían el ácido carmínico de la cochinilla para producir tintes y pinturas. Desde el siglo XVI los españoles la exportaron a Europa, generando un fructífero comercio debido al valorado color carmín que se obtenía de ella.

Hay evidencias antiguas del uso del índigo alrededor del 4000 a. C. en Huaca Prieta (Perú), en la India desde el 2000 a. C., como tinte para tejidos y como pigmento, y en el antiguo Egipto en 1580 a. C. Estos vestigios dejan claro el interés universal del ser humano por llenar de color sus vestimentas.

EL VESTIDO COMO LENGUAJE

LA SUBJETIVIDAD Y EL ESPEJO

Los estudiosos de la evolución consideran que la conciencia de uno mismo, es decir, la capacidad de ser consciente de la propia existencia, fue un paso determinante en el desarrollo del ser humano. Ello permitió que se desplegaran habilidades cruciales, como la facultad de crear redes sociales complejas y la de cuidar de nosotros mismos de forma consciente.

Antonio Damasio explicó en su libro, *Y el cerebro creó al hombre*, la importancia de la aparición de la subjetividad en el ser humano:

> Sin conciencia, sin una mente dotada de subjetividad, no tendríamos modo de conocer que existimos, y mucho menos sabríamos quiénes somos y qué pensamos. Si la subjetividad no se hubiera originado, de manera muy modesta al principio, en criaturas vivas mucho más sencillas que los seres humanos, la memoria y el razonamiento probablemente no se habrían desarrollado de la manera prodigiosa en que lo hicieron, ni se habría allanado el camino evolutivo hacia el lenguaje y la versión compleja de la conciencia que hoy poseemos los humanos. Sin la subjetividad, la creatividad no habría florecido y no tendríamos canciones ni pintura ni literatura.

Ni vestido, podríamos añadir.

La capacidad de reconocerse en el espejo es algo poco frecuente en los seres vivos. La mayor parte de los animales creen ver a un extraño cuando ven su imagen y suelen reaccionar atacando a ese individuo. Todos los que hayan convivido con un cachorro de perro habrán disfrutado observando sus primeras reacciones de alegría y sorpresa por encontrarse en el espejo a un compañero de juegos.

El psicólogo Gordon Gallup desarrolló en 1970 una prueba para comprobar la presencia o ausencia de conciencia en los primates por medio de una marca de pintura en la frente.

Estando dormidos se les pintaba con un tinte sin olor, y al despertar se les mostraban espejos. A través de sus reacciones se comprobó que entendían que la pintura estaba en su cuerpo, pues los chimpancés se rascaban la pintura y la olían, además de aprovechar para inspeccionar distintas partes de su cuerpo no visibles habitualmente como la boca, los genitales o la cara.

Como explica Pablo Herreros en *Yo, mono*, se ha comprobado que todos los grandes simios pasan «el test del espejo» reconociéndose en él, así como otros mamíferos como delfines y elefantes. Es interesante saber que esta capacidad se desarrolla hacia los dos años de vida, lo que nos dice que es necesaria una evolución previa de las estructuras neuronales.

Pero lo más importante sería que bajo esta reacción subyace la capacidad de distinguir entre yo y el otro, lo que permite un mayor nivel de interacción y empatía entre los individuos y abre posibilidades de conectar con el estado emocional de otros.

Existen críticas al test del espejo por estar diseñado desde las cualidades humanas. Argumentan que, por ejemplo, el perro no posee tan buena vista como los primates, pero que sí sería capaz de reconocer su propio olor, pues tiene más desarrollado el olfato, con cuarenta veces más neuronas dedicadas a ello que el ser humano, por lo que tal vez en el futuro próximo habrá que añadir más animales a la lista de animales con conciencia de sí mismos.

Lo cierto es que sin subjetividad no seríamos humanos y que sin ella, por supuesto, no habrían aparecido la creatividad ni el vestido. —

UNA SEGUNDA PIEL

El lenguaje del vestido es un lenguaje específicamente humano. Las prendas de vestir ofrecen diversas funciones: desde la protección a la comunicación. La piel o el plumaje de los animales también les sirve como protección y forma parte de ciertas estrategias instintivas de comunicación, pero para el ser humano se convierte en un medio de expresión consciente.

El cuerpo, el arreglo personal, el peinado y la indumentaria revelan infinidad de informaciones, más o menos conscientes, aun cuando la persona guarde silencio.

El vestido puede expresar apertura o cierre, confianza o distancia, llamada o defensa, polos opuestos de la expresión vital no verbal de los animales, además de infinitos matices a través del color, las formas, el tejido, las texturas, o las múltiples connotaciones culturales e históricas.

La indumentaria, cargada de valor simbólico, asume la función de signo, expresión voluntaria e inconsciente de la persona.

El vestido es como una segunda piel que se convierte casi en nuestra primera piel. Una carta de presentación que puede hacernos identificarnos o alejarnos, incluso a cierta distancia.

PARA QUÉ NOS VESTIMOS

Parece ser que la falta de caracterización a través de los instintos, típica del ser humano, es la que le lleva a crear con su actividad su propio mundo. El humano crea esa segunda naturaleza que es la cultura, que carga de significados. Los ritos, costumbres y celebraciones unen a los miembros de una comunidad y refuerzan sus valores.

El vestido es una expresión de la cultura, con múltiples implicaciones psicológicas y sociales. Como afirmó el historiador holandés Gerardus van der Leeuw, «La filosofía del vestido es la filosofía del ser humano. Tras el vestido se oculta toda la antropología».

Destacamos las finalidades principales que encontramos tras el hecho del vestido:

- Finalidad mágica: algunos estudios afirman que la finalidad mágica fue el origen primero del vestido. Atender a necesidades como la protección contra las enfermedades, la climatología y la suerte en la caza es anterior a todo lo demás.

- Abrigo: en algunas latitudes o épocas, protegerse de las inclemencias ambientales requeriría algo así como una vuelta al pelaje perdido. El vestido debió tener en ciertos momentos la finalidad de adaptarnos a los diversos climas del planeta.
- Protección: las ropas reducen los daños físicos. La cota de malla, los chalecos antibalas, las botas altas para caminar entre la maleza, el casco protector, los refuerzos, las coderas y las rodilleras son solo algunos ejemplos de este tipo de prendas.
- Especialización: nuestros ancestros encontrarían que determinada ropa o calzado era adecuada para cazar, esconderse o trepar a los árboles. Hoy, diversas clases de vestido posibilitan determinados movimientos, como la ropa y el calzado de baile, las prendas de deporte, de baño o de descanso.
- Estética: el vestido y la ornamentación tienen un origen estético y lúdico en todos los pueblos, es decir, a través de ellos se persigue la belleza y el placer sensorial. Apreciar la belleza es un rasgo diferenciador del ser humano.
- Diferenciación y expresión de la individualidad: esta función está ligada a la conciencia del yo. La ornamentación del cuerpo en el hombre primitivo intentaría afirmar la propia individualidad y respondería a la exigencia de comunicar sus características y cualidades. A través del vestido y los adornos, nos manifestamos y distinguimos de los demás de una forma socialmente aceptada.
- Higiene: la suciedad del exterior, el polvo, los virus y las materias contaminantes no entran en contacto con nuestro cuerpo gracias a la ropa de trabajo y prendas protectoras como monos, batas, delantales, máscaras, guantes o calzado.
- Pudor: muy distintas culturas coinciden en cubrir el cuerpo con ropas, de forma que nos protegen de la exhibición y la excitación sexual. Sin embargo, los antropólogos coinciden en admitir que el desnudo practicado por

algunos pueblos o tribus no conlleva una mayor excitación sexual. El factor pudor se considera más una consecuencia que la causa del vestido.

- Comunicación: el ser humano es un ser social, de manera que cuando elegimos una manera de vestir le estamos manifestando a los demás nuestros gustos, con qué nos identificamos, qué elegimos, etc. El vestir se ha transformado en un medio de expresar, ocultar o simular nuestra identidad, pues puede revelar el estatus social, el poder adquisitivo, el gusto, las influencias familiares o de otro tipo (musicales, artísticas, etc.), una mentalidad más tradicional o vanguardista, la profesión, el estilo de vida, las aficiones, los deportes, el ocio, el grupo al que se pertenece, los estados de ánimo y la circunstancia social para la que nos vestimos.

La adopción de un determinado estilo (más clásico, bohemio, *hippy, punk*, etc.) puede estar motivada por elecciones ideológicas o simplemente por preferencias estéticas, asociadas a referentes más o menos conscientes. Hay quien se siente cómodo evocando, por ejemplo, un estilo de vida (surfero, *skater*, hípster), un determinado estilo de música (*hip-hop, punk, heavy*), una afición (deporte, caza, pesca, cómic, *cosplay*).

LA APERTURA Y CIERRE EN EL VESTIDO

Es significativa la afición del ser humano a cubrirse el cuello a lo largo de la historia del vestido: el cuello duro, el cuello alto o cuello cisne, el cuello mao, las solapas alzadas, la corbata alrededor del cuello y el nudo delante son protecciones diversas de esta zona tan vulnerable de nuestra anatomía. Cubrirla significa distancia respecto a los demás, cierre, respeto de sí, y tal vez respeto por los demás.

Por otro lado, el lazo suelto, el botón desabrochado, el cuello camisero y el cuello de pico denotan más apertura, confianza e informalidad.

La elección de colores nos confiere la posibilidad de ocultarnos o llamar la atención. En el mundo animal, los tonos oscuros o tierra son más propios del dorso y zonas protectoras, útiles para camuflarse. Los tonos claros son más frecuentes en el pecho, cuello, rostro y zonas internas. Las chaquetas oscuras se abren o cierran para mostrar u ocultar la luminosidad de una camisa clara. El traje clásico y el chaqué parecen diseñados a imagen y semejanza del elegante pingüino.

Las prendas cruzadas suponen más distancia y protección. Abrocharse la chaqueta para saludar a alguien puede ser tanto un escudo como una señal de respeto. Las pecheras almidonadas, las filas de botones, las presillas, los cinturones y refuerzos de piel, los bolsillos con cierre y otros adornos e incrustaciones defienden y alejan. Qué decir de los pinchos acerados sobre el cuero negro.

Las sudaderas de algodón, heredadas de la cultura estadounidense, transmiten una cómoda informalidad. Aunque en un momento pueden pasar a anunciar distancia y un aire furtivo cuando la capucha cubre la cabeza y las manos desaparecen en los bolsillos.

Los uniformes militares y eclesiásticos, con profusión de cierres y botonaduras, son un ejemplo de cómo el poder y lo segregado se aleja y se endurece. En general, casi cualquier uniforme reúne las características apuntadas para el respeto de uno mismo y de los demás. El camarero con frecuencia viste más etiqueta que los comensales.

Los vestidos escotados, sin botones, con cinturón de lazo, holgados y sueltos, de una pieza, sin costuras visibles, más aún si son de tonos claros, expresan cercanía y confianza. En épocas estrictas, por suerte ya lejanas, hubo incluso pijamas y camisones militarizados.

Los pantalones vaqueros, con sus dobles costuras ostensibles, refuerzos con remaches metálicos, cinturones y presillas, evocan un mundo de trabajo duro, al aire libre, donde se valora la resistencia.

Los monos holgados, las camisas por fuera, las túnicas amplias de una pieza, sin cintura y sin mangas reducen las defensas. Las aperturas rasgadas, las cremalleras fáciles y los lazos amplios insinúan suavidad y ligereza.

LAS FORMAS EN EL VESTIDO

El atuendo contribuye a estructurar la figura y a darle forma. Algunas prendas proporcionan formas y líneas rectas a la figura, mientras que otras las redondean y suavizan.

Las americanas, chaquetas con hombros rectos, las hombreras, las faldas lápiz, los pantalones con raya y tejidos más rígidos aportan una estructura que ordena y define la figura. Diríamos que la línea recta comunica mayor orden.

En el otro extremo, las curvas son formas más cálidas y fluidas. Los jerséis, blusas suaves, faldas sueltas o con volumen, los volantes o las prendas holgadas transmiten mayor laxitud, informalidad, comodidad y relajación.

Decantarnos por prendas más o menos estructuradas dependerá del rol que desempeñemos y de cómo queramos ser percibidos.

La experta en imagen personal, Paz Herrera, ofrece pistas sobre este tema: «Las formas de triángulo aportan mayor dinamismo. Podemos conseguirlo, por ejemplo, con un cuello de pico, con la línea que producen las solapas de las chaquetas o con ropa entallada».

Si queremos dar una imagen formal, tal vez queramos utilizar una chaqueta para estructurar las formas. También podemos tener en cuenta que los colores claros aportan visualmente más volumen.

Será elección nuestra destacar las formas del cuerpo o no. El vestido, con su función de ocultar y a la vez desvelar, tiene una gran capacidad para poner de manifiesto la propia individualidad.

A lo largo de la historia de la humanidad, en numerosas ocasiones el vestido ha contribuido a destacar el dimorfismo sexual, esto es, las diferencias físicas entre el hombre y la mujer. En el caso de la mujer, tradicionalmente se han destacado zonas como el escote, la espalda o las piernas, y se han evidenciado las curvas, adelgazando la cintura y marcando las caderas.

En el caso de los hombres, se ha tendido a subrayar atributos masculinos como los bíceps, la espalda o los pectorales, con prendas más entalladas. La tendencia era ensanchar los hombros y el tórax y alargar las extremidades.

La cultura de cada época y territorio ha impuesto sus parámetros a la hora de mostrar el cuerpo o no, otorgando en algunos casos al vestido una función reguladora del atractivo sexual, para despertarlo o atenuarlo. Un claro rechazo de los signos de reconocimiento sexual se encuentra en los uniformes y ropajes monocordes que evitan las formas del cuerpo.

Durante ciertas épocas de la historia, ha existido la idea patriarcal de que la mujer no debía mostrar su atractivo físico, pues se consideraba un contravalor para su papel de madre y esposa. Afortunadamente hoy nuestra sociedad nos permite elegir cómo deseamos vestir.

La capacidad de elegir, la libertad para expresar nuestra individualidad a través de nuestra imagen y el confiar en el propio atractivo se entienden en nuestros días como fuentes saludables de autoestima. Sin embargo, continuamos teniendo retos, como las presiones de la moda o la publicidad, que proponen e imponen cánones de belleza limitantes y poco saludables. Toca ser críticos para no volver a caer en estereotipos y cánones de belleza que nos hagan perder la libertad conquistada.

Por otra parte, es habitual que los adolescentes expresen su deseo de diferenciación respecto a los adultos, su no identificación, a través del atuendo. Un ejemplo serían las sudaderas con capucha, gorras, vaqueros rotos o caídos, prendas muy grandes o mensajes provocadores. Es curioso que la sociedad de hoy copie y traslade a menudo estos gustos adolescentes a otros perfiles de edad no tan jóvenes, que también se sienten cómodos vestidos de este modo. Para numerosos autores, esta tendencia tendría que ver con la infantilización de la sociedad: la obsesión por detener el tiempo como consigna universal de nuestra sociedad contemporánea.

EL TACTO EN EL VESTIDO

Los tejidos, su particular textura y sus cualidades nos transmiten, incluso a cierta distancia, unas sensaciones táctiles a través de la vista. Cuando elegimos ponernos unas determinadas prendas, estas revelan mensajes por medio de todos los sentidos. A través de las texturas, los que las ven, en cierto modo sienten frío o calor, se raspan o sienten una caricia, perciben simplicidad o sofisticación.

A los más kinestésicos o sensitivos, las sensaciones táctiles nos pueden llevar a otros mundos. Un tejido puede resultarnos salvaje o civilizado, mullido o rígido, despegado o acogedor, frágil o resistente.

También las arrugas en los tejidos comunican. «La arruga es bella», afirmaba el prestigioso diseñador gallego Adolfo Domínguez, señalando que forman parte de la belleza natural de la ropa. El diseñador se decantó siempre por la elegancia de las prendas amplias y holgadas y apostó por tejidos naturales como el lino.

En cuanto a la arruga en la ropa, no todo el mundo estará de acuerdo en su belleza. Dependiendo de la prenda y el grado de «arrugado», la arruga puede pasar de evocar esa belleza relajada a transmitir descuido o falta de aseo.

Las fibras naturales como el lino, la lana o las que imitan el tejido tradicional evocan la elaboración manual. Los tejidos con más espesor, como un jersey de lana gruesa y compacta, transmiten protección y calidez. Los más finos, como la seda, confieren fluidez y ligereza. Los más rígidos, como los de chaquetas y americanas, distancia, alejamiento. En las pasarelas vemos tejidos futuristas que generan volúmenes originales y evocan innovación y mundos distintos, casi de otros planetas.

Hoy los diseñadores además investigan con fibras que destacan la aspereza o suavidad, la dureza o blandura del contacto. En combinación con los colores, también se buscan las sensaciones térmicas.

Otros materiales, como el algodón orgánico, lanzan un mensaje de cuidado al planeta. Ciertas marcas son sinónimo de valores como el reciclaje, por ejemplo, los tejidos y fibras de la marca española Ecoalf, hechos a partir de deshechos plásticos recogidos del mar, unidos a los *claims* de la marca y los mensajes en las prendas (*Because there is no planet B*), suponen una apuesta por la sostenibilidad en la moda.

Los tejidos tradicionales como la lana, la seda o el cuero presentan connotaciones relacionadas con los usos que han tenido a lo largo de la historia, además de por su tacto, más frío o cálido. Un jersey de ochos o una camisa de cuadros de franela nos evocan la vida natural del leñador en el bosque, como hemos visto en películas y series. Los kimonos, sean de seda, terciopelo u otros tejidos fluidos, aportan algo de orientalidad a quien los porta.

Un jersey de lana de cachemir celeste, beige o rosa palo se asocia inmediatamente con la ternura de un bebé e incluso con el suave olor de la colonia infantil. Las prendas arrastran toda una historia de connotaciones procedentes de nuestra cultura y de nuestras experiencias particulares.

OTRAS CONNOTACIONES
DE LOS TEJIDOS Y PRENDAS

También los distintos estampados, los tejidos, las texturas y los colores componen efectos cargados de significados, como la ropa de camuflaje, que arrastra consigo un pasado militar, de campo de entrenamiento, de supervivencia, fortaleza o incluso de heroicidad. Cuando este estampado se fusiona, por ejemplo, con nuevos tejidos y colores vibrantes como el rosa, el naranja o el amarillo, se consigue una mezcla original.

Estas connotaciones son algo personal que depende de nuestras propias experiencias: tus ídolos, tus artistas favoritos, las películas que has visto, tu contacto con el arte, los lugares que has visitado y la naturaleza van dejando una huella en tus gustos y referencias. A menudo, los ídolos, cantantes, actores y actrices, deportistas, *influencers*, etc., generan a través de su ejemplo modas y tendencias, que a su vez ellos toman en ocasiones de la calle.

Los grupos y figuras de *rock* internacionales más exitosos, como los Beatles, Madonna, Bob Dylan, David Bowie, los Rolling Stones o Queen, han tenido una importante influencia en la moda a lo largo de distintas décadas en cuanto a los tipos de prendas, la forma de llevarlas, el peinado o el maquillaje. También los ídolos locales, ya sean Mocedades, Hombres G o Pereza, marcan tendencias en los jóvenes de cada época.

Seamos o no conscientes de ello, las modas y las influencias tienen peso en nuestras elecciones. Nos impulsan, por ejemplo, a la hora de elegir tatuarnos o no, llevar prendas más holgadas o ceñidas o ponernos un *piercing*.

El objetivo es poder elegir de acuerdo con nuestros gustos, valores y estilo de vida. Como explica la experta en imagen y marca personal, Paz Herrera, lo ideal es «encontrar lo genuino, diferente y especial que hay en nosotros, y desarrollar la confianza y la seguridad que necesitamos para brillar en nuestra vida personal y profesional».

LOS TATUAJES, EL MAQUILLAJE, EL PEINADO Y OTROS ORNAMENTOS CORPORALES

LOS TATUAJES

La práctica del tatuaje es tan antigua como la historia de la humanidad y ha estado presente en sociedades tan diversas como las regiones de Polinesia, China, el antiguo Egipto, o culturas de América del Sur, como los otomíes.

En su origen, los tatuajes constituían el símbolo de la posición social dentro de la tribu y variaban en cantidad y características según el papel y las actividades desarrolladas en el grupo.

En 2006 se halló en Perú la momia conocida como la Dama de Cao, en el complejo arqueológico El Brujo, con una antigüedad aproximada de 1.500 años. En los brazos y manos de esta gobernante y sacerdotisa se hallaban tatuados numerosos animales como cocodrilos, monos, jaguares, serpientes, arañas, mariposas y abejas.

En las islas de la Polinesia, en el triángulo de 30.000 km entre Hawái, Nueva Zelanda y la isla de Pascua existe una amplia tradición tatuadora. El tatuaje se practica desde hace miles de años como forma de ornamentación corporal de los miembros de la tribu y confiere respeto y posición jerárquica a quienes lo portan, hasta llegar en ocasiones a cubrir de pigmento todo el cuerpo.

Los maoríes utilizan el tatuaje como indumentaria para la batalla, con la finalidad de asustar a sus enemigos.

El término posiblemente proviene del samoano *tátau*, que significa «marcar» o «golpear dos *v*eces», y parece ser una onomatopeya referente al golpeteo suave de las antiguas herramientas para introducir los pigmentos.

En algunas regiones el tatuaje podía cumplir la función de diferenciar y aislar a alguien considerado socialmente peligroso, como en el caso de Grecia y Roma, donde se utilizaba para marcar a los criminales.

En Japón también existe una gran tradición tatuadora desde el siglo x a. C., llegando en el siglo v incluso hasta el emperador. Sin embargo, se reservaban determinados tatuajes para marcar a los delincuentes —líneas gruesas en los brazos, del codo a la muñeca— con el objetivo de señalarlos para siempre por desobedecer la ley.

En la cultura occidental ha existido durante siglos un rechazo hacia los tatuajes. En la Biblia hay una mención a la prohibición de este tipo de prácticas, concretamente en el Levítico, junto con otras leyes que Dios transmitió a los hebreos a través de Moisés cuando iban por el desierto rumbo a la tierra prometida. Parece que los sacerdotes de cultos paganos de los pueblos del desierto incluían en sus ritos funerarios el hacerse cortes en los brazos, crear marcas en la piel y hacer ofrendas a los muertos con su sangre.

Las leyes de Jehová rechazaban estas prácticas paganas con la siguiente advertencia: «Y no haréis rasguños en vuestro cuerpo por un muerto, ni imprimiréis en vosotros señal alguna. Yo soy Jehová». A través de la religión católica, la no aceptación de los tatuajes siguió presente en la cultura occidental durante siglos.

Sin embargo, en el siglo XVIII el tatuaje llegó a Estados Unidos a través de los marineros, procedente de Asia, y se fue extendiendo por el país, en especial en el siglo XIX, durante la guerra de Secesión americana, donde proliferaron los tatuadores.

Esta práctica es repudiada en los entornos occidentales más tradicionales, también quizás por haber sido durante largo tiempo un adorno solo presente entre las clases sociales más bajas y marginadas. No obstante, durante los últimos treinta años, los tatuajes han experimentado un gran auge y están muy presentes en nuestra sociedad, en especial entre las generaciones más jóvenes.

Una vez más, el ejemplo de figuras relevantes como deportistas (por ejemplo, el mediático futbolista David Beckham y muchos otros después), actores o estrellas de la música influye para que este adorno corporal se convierta en objeto de deseo y se extienda velozmente.

Los tatuajes dan información sobre las raíces sociales, los gustos y las aspiraciones de la persona, y en ocasiones sobre la pertenencia a un grupo. Símbolos celtas, caracteres orientales, signos vegetales y flores, o imágenes realistas de personajes, objetos, animales o ídolos de distinto tipo. Asimismo, hay quienes deciden celebrar con tatuajes los hitos importantes de su vida y rememorar así esos nacimientos, amores o logros a través de imágenes, palabras o fechas. Van reflejando su vida en ese lienzo delicado de la piel, a través de una obra propia con la que se identifican.

Roberto Saviano recogió en 2019 sus investigaciones sobre las prácticas y ritos culturales de los clanes mafiosos calabreses y explicó la función de los tatuajes en este contexto. Saviano afirma que «los símbolos y códigos sirven para crear un sentido de pertenencia y para transmitir una identidad». En el contexto de las sociedades secretas siempre hubo símbolos y gestos con significados ocultos que indicaban las lealtades del individuo.

También en las maras o pandillas centroamericanas es habitual marcar el territorio y la piel de los integrantes con símbolos que en ocasiones solo son legibles para los afines al grupo. El valor de los símbolos radica en su interpretabilidad, no al alcance de cualquiera, sino solo de los pertenecientes a esa misma esfera. En este caso los tatuajes se utilizan para registrar lealtades y contar historias de vida, como cuánto tiempo ha estado alguien en la cárcel, cuántos amigos ha perdido o cuántas personas ha matado (esto último se suele simbolizar con lágrimas cayendo de un rostro).

En el contexto de las maras, por ejemplo, uno de los tatuajes más comunes son las dos manos juntas en actitud de rezar. Aunque podría parecer una actitud religiosa, no suele serlo. Según los expertos su significado vendría a ser más bien: «perdona, madre, por mi vida loca».

La dificultad de los tatuajes de ser borrados o eliminados sigue sin resolverse, lo que los convierte en una decisión personal arriesgada o, cuanto menos, comprometida. Esto aporta precisamente una de las claves del valor y el atractivo de los tatuajes para sus portadores, que es el compromiso que implican.

A un joven en edad de buscar empleo e iniciándose en la vida adulta tal vez le diría que se lo piense dos veces, pues es posible que sus gustos cambien, mientras que el tatuaje no tiene hoy por hoy vuelta atrás. Quizás habría que destacar que los futbolistas y otras estrellas se tatúan cuando ya tienen su vida encauzada, económicamente hablando. Le diría que vale la pena pararse a pensar antes de tatuarse el cuello, los brazos y las manos, pues puede afectar a su imagen profesional y limitarle de forma significativa en ciertos ámbitos.

EL MAQUILLAJE

En las sociedades tribales el papel del maquillaje era mostrar el origen y situación social del individuo. Podía tener además un carácter religioso, como defensa de las fuerzas del mal. En algunas tribus o grupos se utilizaba en los rituales de integración a la vida adulta, para señalar el cambio de una etapa a otra o como característica del grupo. También se han utilizado maquillajes en ritos funerarios o como adorno de guerra, para transmitir fiereza, igual que mencionamos en el caso de los tatuajes.

Por otra parte, la cosmética ha sido empleada durante siglos en las distintas culturas para modificar el aspecto del rostro, haciéndolo parecer más saludable o joven, y por tanto más atractivo, y como lenguaje de seducción, preferentemente por las mujeres.

Este origen se remonta a épocas en que la esposa era elegida por el hombre y debía llamar su atención mediante una imagen muy cuidada, acorde con las pautas culturales de la comunidad.

Los cosméticos ofrecen la promesa de disimular o reducir las señales del paso de los años. En la sociedad occidental ser atractivos coincide en gran parte con mantener los rasgos juveniles: piel joven, cuerpo tonificado y vitalidad. Como vimos, la fortaleza y la juventud también favorecen el liderazgo entre los animales.

Las modas en la cosmética van cambiando cada temporada, pero hay principios comunes que se mantienen, que hablan de claves universales de comunicación.

El rojo se emplea para los labios y mejillas, zonas que toman estas tonalidades en los encuentros sexuales. Al estimularse los labios con los besos, suelen tomar un tono más subido que es el que se evoca con el pintalabios.

Los sumerios, considerados la primera civilización del mundo, inventaron este adorno. Y en el antiguo Egipto, las mujeres coloreaban sus labios y mejillas con el ocre rojo. El pintalabios está plagado de asociaciones culturales de distinto signo. Como vimos, el color rojo se asocia al calor, la pasión y la fuerza. Por otra parte, en los tiempos medievales, los labios rojos se consideraron una inmoralidad provocadora, propia de mujeres de baja reputación.

Se cuenta que, más adelante, la reina Isabel I de Inglaterra, al pintar sus labios de rojo, elevó la categoría de este adorno, otorgándole mayor prestigio.

En la edad de oro de Hollywood, el pintalabios rojo alcanza un gran auge y se convierte en un signo icónico de femineidad. Durante los años de la Segunda Guerra Mundial el estilo *pin-up* de mujer con los labios rojos y los ojos bien perfilados triunfó a través de los posters de figuras como Veronica Lake o Marilyn Monroe, que alegraban las taquillas de los soldados. Quizás por esta razón el conservadurismo cedió a este cambio en la imagen de la mujer.

En la actualidad el pintalabios rojo es todavía una fuente de poder femenino para muchas mujeres, puesto que representa femineidad, fuerza y atrevimiento. Es un accesorio básico, al alcance de todo el mundo y con un gran impacto sobre la imagen personal. Asimismo, es conocido el hecho de que las ventas de lápiz de labios se incrementan en épocas de crisis económica, por ser una forma de embellecerse por muy poco dinero.

Así como otros maquillajes tratan de cubrir o camuflar, vestir los labios de rojo significa llamar la atención hacia la boca y, tal vez, hacia las palabras. El pintalabios destaca y afirma.

Además de los labios, otro punto del rostro ha sido destacado por el maquillaje a lo largo de los siglos: los ojos. No es de extrañar, siendo este un rasgo esencial de la comunicación no verbal del rostro. Los ojos acaparan una gran variedad de recursos para resaltar su expresión: la máscara de pestañas, el *eyeliner*, o línea del párpado, o las sombras de distintas tonalidades que acentúan la profundidad de la mirada.

En cuanto al color de base del rostro, tradicionalmente, en las regiones de piel caucásica y asiática, el tono elegido como señal de elegancia era el blanco o claro, pues denotaba que la persona no había estado expuesta al sol y por tanto era de clase alta. En Oriente, hoy en día las mujeres continúan aspirando a mantener su rostro pálido y para ello se protegen del sol a toda costa, sea con sombrillas, sombreros o cremas protectoras.

En Occidente, por el contrario, este concepto sobre la piel ha cambiado en el último siglo. Aunque nos protejamos de los rayos UV, en nuestra sociedad se considera favorecedor y saludable un tono bronceado. Hoy se busca un maquillaje que proporcione un aspecto saludable, homogéneo, más o menos dorado y sonrosado en las mejillas.

Las modas van y vienen y recientemente han traído viejas costumbres a escena: los tatuajes, los falsos lunares pintados, los pendientes y adornos nasales, los extensores en el lóbulo de la oreja, etc. Incluso la costumbre tribal de algunos pueblos de modificación del cuerpo insertando objetos bajo la piel, con procedimientos dolorosos, resulta atractiva para algunos colectivos.

Habría que estudiar en profundidad qué necesidades hay detrás de estas decisiones estéticas en cada caso. Posiblemente motivos de diferenciación, identificación y búsqueda de pertenencia a un grupo. Pero, sin duda, la mayoría de las personas consideramos ventajosa una modificación del aspecto a través de la ropa o el peinado, fácilmente reversible e indolora.

EL PEINADO

El cabello humano ha sido desde siempre un elemento decorativo, empleado a menudo como señal diferenciadora entre géneros. Probablemente ya los hombres y mujeres prehistóricos buscarían modos para arreglarlo y conseguir que su longitud no fuera molesta para sus quehaceres habituales.

A lo largo de la historia el pelo ha servido para manifestar la edad o la categoría de las personas, en ocasiones con ayuda de ceras, aceites o pelucas. Como explica Desmond Morris en *El hombre al desnudo*, el uso de pelo artificial tiene más de 5.000 años de antigüedad. Ya los egipcios se afeitaban la cabeza y usaban para sus ceremonias pelucas y postizos de fibra vegetal o de pelo natural. Y los romanos también utilizaban pelucas para ocultar la calvicie.

La Iglesia cristiana primitiva consideraba la peluca una tradición pagana y reprobó su uso. Como describe Morris, en Europa y la sociedad occidental, esta no volvió a utilizarse hasta que, de nuevo, en la época de Isabel I de Inglaterra, la reina comenzó a utilizarla por tener poco pelo, poniéndose de moda en la corte como señal de categoría social. También en Francia fue acogido este accesorio y se extendió entre las clases altas. Es sabido que Luis XIV, el Rey Sol, usaba peluca desde los treinta y dos años, cuando se quedó calvo. Este ornamento fue elaborándose cada vez más durante el siglo XVIII, añadiéndole bucles, recogidos y todo tipo de adornos.

Se suele decir que la guillotina de la Revolución francesa hizo caer las cabezas de muchos usuarios de las pelucas y a las pelucas en sí, que desaparecieron precisamente en esta época, no solo en Francia, sino también en Estados Unidos, pues se asociaban al lujo y la frivolidad de la etapa absolutista.

Desde entonces, el uso de la peluca no ha vuelto de forma generalizada y se limita a la función de ocultar la ausencia de pelo. Sí son más habituales los postizos y las extensiones como recursos para embellecer la melena.

Distintas épocas han traído sus modas respecto al pelo: el pelo corto de las chicas en los felices años veinte en Occidente o las melenas largas de los *hippies* como signo de libertad, rebeldía y conexión con la naturaleza.

En la antigua China, los principios de Confucio indicaban que el cabello debía mantenerse largo, por considerarse un regalo de los padres, y cortarlo se percibía como una ofensa. Las doncellas jóvenes lo solían llevar trenzado, y una vez casadas se lo recogían en forma de moño y no lo exhibían en público. También era costumbre que las viudas se lo cortasen o incluso se rapasen la cabeza. A lo largo de la historia, en distintas etapas, prevalecieron distintos tipos de moños: altos, bajos, en forma de bucles y con distintos ornamentos y decoraciones.

Los estilos de peinado para hombres en China sufrieron pocos cambios a lo largo de la historia. Desde la antigüedad los varones chinos mantuvieron su pelo largo, según el concepto de Confucio, como signo de piedad y virilidad, y cortarlo se percibía como una costumbre bárbara y antisocial. Los hombres solían enrollarlo y recogerlo en la parte superior de la cabeza.

Únicamente en la época de la dinastía Qing, el imperio creó un mandato que obligaba a los hombres a rasurar la parte delantera de sus cabezas como los manchúes, para evidenciar su dominio en China. Este mandato se impuso violentamente y los hombres que no lo cumplían eran ejecutados por traición. Tras la revolución comunista de 1949 los hombres comenzaron a llevar el pelo corto, de acuerdo con los estándares occidentales.

En las distintas regiones de África, el cabello tiene un gran significado social y estético. Peinarlo y arreglarlo suele requerir mucho tiempo, dedicación y cuidado. Como costumbre general, se considera que el cabello debe estar limpio y arreglado. Desde trenzas, trenzados pegados a la cabeza formando caminos o porciones hasta peinados elevados como pequeños moños o rodetes a los lados de la cabeza, con distintos volúmenes y formas, incluso cónicas. También ha sido frecuente adornarlo con cuentas y conchas.

Desgraciadamente, en el siglo xv muchos africanos fueron transportados al Nuevo Mundo en barcos de esclavos. El cabello comunicaba la edad, el estado civil, la identidad étnica, la religión, la riqueza, el rango o la región de procedencia. Las mujeres viudas, por ejemplo, dejaban de cuidarlo durante el duelo para no verse atractivas. En determinadas culturas las jóvenes se afeitaban parcialmente el cabello como símbolo externo de no estar en edad de cortejo. O ciertas comunidades se reconocían por su peinado característico, por ejemplo, la cabeza rapada y un único mechón en la parte superior. Asimismo, era habitual que los líderes utilizasen elaborados peinados, tocados o sombreros como símbolo de su estatus.

Para muchos africanos el cabello posee un significado espiritual y se considera una forma de comunicarse con la divinidad. Según Mohamed Mbodj, profesor de Historia en la Universidad de Columbia y procedente de Dakar, Senegal, «el cabello es el punto más elevado de tu cuerpo, lo que significa que es el más cercano a lo divino». De hecho, en muchas culturas africanas se considera que un mechón puede usarse para hacer magia o infligir daño a alguien.

Por otra parte, durante años, incluso tras liberarse de la esclavitud, los ciudadanos afroamericanos han tratado de alisar su cabello para asemejarlo a los usos y costumbres de la población blanca dominante. En este sentido, hay numerosos testimonios de complicados tratamientos con planchas y productos en salones de belleza y también de tratamientos caseros especializados, como el conocido remedio de la emprendedora Madam C. J. Walker, famoso en la actualidad a través de su miniserie en Netflix.

Hacia 1950, junto a la lucha por los derechos civiles en Estados Unidos, nació el movimiento que defiende el *black power* o «poder negro», que rechaza la adaptación a la norma occidental en la imagen y el peinado del cabello. Estos activistas reivindican la vuelta al estilo natural afro, al pelo rizado y al espíritu de los peinados tradicionales de los pueblos de África para recuperar sus raíces y su identidad.

Hoy en día, a lo largo del planeta encontramos muy diversos cortes de pelo y peinados con distintas connotaciones e influencia de diferentes culturas, más clásicos o modernos, más naturales o sofisticados. Desde los rapados y degradados hasta las mechas, las crestas y los tintes de colores. La facilidad actual de colorear el pelo de forma segura amplía aún más nuestras posibilidades de elección. Lo cierto es que el peinado es una vía de expresión que contribuye en gran medida a la construcción de la imagen personal.

Las distintas estéticas tienen influencia en nosotros a través de la música, los videoclips, las series, las películas, los cantantes, los artistas y otros *influencers* en sus redes sociales.

Ciertas formas menos usuales de cortarlo, colorearlo o raparlo pueden transmitir una cierta oposición frente a lo convencional. Un estilo cuidado y natural también comunica, en este caso tal vez naturalidad y salud. Por otra parte, llevar el pelo sin cuidar puede identificarse como un síntoma de dejadez, abandono personal o relajación total.

Los distintos recogidos del cabello en las mujeres pueden resultar muy elegantes por dar una imagen cuidada, elaborada y ordenada, e incluso en algunos casos evocar los recogidos tradicionales de las clases altas, los eventos religiosos y otras celebraciones.

Por otro lado, las actividades deportivas y determinadas profesiones requieren a menudo llevar el pelo sujeto de modo que no moleste. Por todo ello, y por su comodidad, hoy proliferan los peinados recogidos, con coletas, pinzas o moños, más o menos informales.

Como sugiere la experta Paz Herrera, el pelo permite modular o destacar las formas del rostro. Por ejemplo, un rostro muy anguloso, unos pómulos muy marcados o una barbilla puntiaguda se podrían suavizar con un pelo más claro u ondulado. Para la experta, el pelo liso, por las líneas rectas que genera, da una imagen más seria, mientras que el rizado transmite mayor relajación o informalidad. Ambos rasgos pueden ser convenientes en determinadas circunstancias.

Actualmente el estilo de nuestro peinado es una elección en nuestra comunicación que habla de nuestros gustos y está llena de matices.

LA BARBA

Como en otros aspectos, la moda en cuanto a la barba y el bigote de los hombres va evolucionando en las distintas culturas a lo largo del mundo.

En las sociedades primitivas, la mayoría de los hombres tenían barba. La ausencia de pelo correspondía a mujeres y niños. La imagen afeitada en los hombres se aproxima a una estética más cuidada, suave y menos ruda.

Mi padre decía que era razonable pensar que una barba abundante oculta algo, puesto que oculta parte del rostro. Para él, a los que la llevan copiosa, salvaje, les conviene saberlo y, tal vez, demostrar lo contrario por medio de la mirada y la sonrisa. «Admitamos que dejarse barba no incomunica. Pero al menos resulta curioso el empeño diario de los demás en afeitarse», afirmaba este estudioso de la comunicación no verbal.

Las barbas cuidadas ofrecen un punto de equilibrio, pues el rostro se muestra notoriamente masculino, y a la par cuidado, lo cual parece que resulta atractivo para una gran mayoría de acuerdo con la tendencia actual.

Al bigote se le atribuye, en general, una finalidad estética. Otras significaciones dependen de su diseño: el bigotito lineal o de mosca nos connota rostros autoritarios de otros siglos o de cómicos famosos; los grandes mostachos con las puntas rizadas nos transportan a la grandilocuencia de otras épocas o a personajes geniales, estridentes y poco convencionales como Dalí.

LOS PERFUMES

Como vimos, las feromonas son potentes sustancias químicas que juegan un papel crucial en la comunicación de los animales. Tienen la función de facilitar la localización de la pareja para la reproducción, así como marcar el territorio y disuadir a otros de acercarse.

Existen numerosos ejemplos. Por ejemplo, los osos tienen un gran sentido del olfato que puede alcanzar millas. Marcan el territorio con sus garras en el tronco y frotando su espalda contra el tronco para dejar un buen rastro de su olor. También sabemos que los perros ven el mundo a través del olfato. Para que una perra acepte adoptar a unos cachorros de tigre en un zoo, los frotan con su propia placenta y el potente olor permite que los críe como suyos.

Para el ser humano, los olores son asimismo un poderoso estímulo. Sin embargo, o precisamente por eso, a través de las prácticas higiénicas, el ser humano moderno ha suprimido los olores corporales naturales como negativos y se ha sumergido en una campana de olor vegetal. Elegimos oler a flores, a frutas, a plantas y a especias como la vainilla o la canela.

Perfumarse implica cuidado personal y es, por tanto, un mensaje en sí mismo. Además, aporta los matices del aroma elegido, en cada caso más sutil, fresco o dulce.

El perfume aporta una gran gama de gratificaciones personales. Potencia el yo como productor de mensajes y ofrece la oportunidad de despertar reacciones sensoriales en el entorno.

En cualquier caso, las asociaciones entre olores y emociones son muy potentes. Un determinado olor nos puede llevar a nuestra infancia o recordarnos a alguien querido u odiado. Tengamos cuidado con invadir en exceso con nuestros perfumes, pues la percepción de los que resulta agradable o desagradable es muy subjetiva.

LOS COMPLEMENTOS O LA EXTENSIÓN DEL YO

La percepción visual de la persona se prolonga más allá del cuerpo a través de la indumentaria y los complementos. Estos modifican la percepción general con el tamaño, la forma o el movimiento que proporcionen.

Un ejemplo es la potenciación de la altura a través de los complementos. Muchos símbolos de poder se colocan en la cabeza: la corona, la mitra, las tiaras, los adornos de plumas, etc., con el fin de potenciar la altura y la impresión de seguridad y suscitar sentimientos de respeto.

Los sombreros refuerzan la misma impresión, junto con los peinados altos, largos o voluminosos. En las épocas en que el varón usaba sombrero, quitárselo reducía la estatura y por este motivo era considerado un gesto de sumisión y respeto.

Los pantalones, togas y bufandas también dan sensación de mayor longitud, algo menos que las faldas largas, las túnicas y la cola. La caída del tejido y la amplitud de las formas influyen en el efecto más majestuoso de la prenda. Los pantalones con pernera ancha y fluida proporcionan movimiento, al igual que los abrigos largos.

Los zapatos son un complemento clave del atuendo. Los tacones estilizan la figura, aunque no se recomiendan los de más de 7 cm para la mayoría de los trabajos, salvo que la actividad lo requiera. Rudyard Kipling explicaba en *Kim* —cuyo personaje principal vivía en la India— que fijarse en los zapatos ayudaba a conocer a las personas.

Para Desmond Morris, en *el Hombre al desnudo,* habría una intencionalidad social en unos zapatos estrechos y elegantes, pues muestra que su poseedor o poseedora no van a emplearlo en una fábrica, en el ejercicio de profesiones como la albañilería o en actividades laborales que requieran pasar muchas horas de pie.

Las zapatillas de deporte, en el otro extremo, aportan un *look* moderno y muy cómodo, cada vez más frecuente. Hoy existen versiones sofisticadas, con tejidos muy cuidados, con cuña o plataforma, que se utilizan para vestir de forma cómoda sin perder los centímetros de más que aporta el tacón.

Otros signos tradicionales de extensión del yo a lo largo de la historia han sido el cetro y el bastón. Al portar estos objetos, pareciera que adquirimos la dureza o flexibilidad del objeto y crecemos en alcance y seguridad.

Otros elementos que transforman la silueta son las hombreras, que los designios de la moda hacen omnipresentes o destierran al olvido durante décadas. Asimismo, vemos ir y venir cada año otros elementos como las mangas abullonadas, las mangas de farol y otros recursos que aportan distintos volúmenes, más o menos originales, con connotaciones antiguas y también otras más recientes como su uso por parte de determinados personajes o referentes de la cultura.

EL ENCUENTRO CON UNO MISMO. TÚ ELIGES

La transformación del cuerpo con el arreglo y el vestido aparte de tener una función social es fuente de placer personal. El placer estético de apreciar la creación de uno mismo, y el placer de crear. Además, a través del vestido y el arreglo se obtiene un cierto atractivo físico que conduce a sentirse bien, e incluso, en ocasiones, a la satisfacción de sentirse admirado.

Parece lícito disfrutar del hecho de arreglarnos si lo deseamos, por lo que implica en cuanto a quererse y cuidarse, tanto en el día a día como en ocasiones especiales.

Reflexionar sobre la evolución de este lenguaje del vestido nos puede ayudar a elegir las formas, los colores, los tejidos y las texturas que mejor van con nosotros.

Hay quien elige diferenciarse a través del vestido, llamar la atención, y quien prefiere más bien igualarse, adaptarse al entorno o incluso camuflarse. Para las personas más inseguras e inestables el vestido puede convertirse en protección o coraza.

En el extremo de la simplificación y practicidad, algunos personajes famosos adoptan un uniforme voluntario y llenan su armario de prendas iguales: Steve Jobs, Mark Zuckerberg, Obama o Einstein. Una tendencia que, en ciertos casos, puede ser útil e inteligente.

Una buena idea es crear un fondo de armario básico, con prendas combinables. Los expertos hablan del «armario cápsula» para referirse a prendas imprescindibles de nuestro armario que, combinadas entre sí, nos ofrecen muchas soluciones diversas.

El atuendo aporta mensajes sobre el rol social, el tipo de profesión, las actividades que desempeñamos y nuestros gustos. En su justa medida, nuestra imagen puede ser un medio para la atracción, el encuentro y la comunicación. Pero, en una sociedad donde la imagen tiene un peso tan alto, evitemos que sea el único o principal valor.

Si percibimos que la preocupación por el vestir es excesiva, podría ser un indicio de una elevada necesidad de aprobación, falta de autoestima o de confianza. Parece recomendable intentar mantener un equilibrio ante el auge del peso de la imagen en las redes sociales.

Nuestra profesión y dónde desempeñamos el trabajo guiará muchas decisiones: prendas más sencillas o sofisticadas, más transgresoras o discretas, formales o informales, llamativas o adaptadas al entorno.

Existen numerosos libros y blogs con recomendaciones para vestir en diversas circunstancias. En los entornos profesionales más tradicionales o formales se recomienda, por ejemplo, evitar las prendas transparentes, los mensajes ofensivos, las prendas que muestran demasiado el cuerpo, como camisetas de tirantes o pantalones cortos, indicadas más bien para el tiempo libre. Veremos hasta dónde llega el proceso de avance hacia un estilo más informal en el trabajo, impulsado por la cultura más permisiva en este ámbito característica de Estados Unidos.

Podemos preguntarnos qué dice nuestra forma de vestir y si expresamos lo que queremos. Nuestro aspecto exterior comunica numerosos matices: interés o despreocupación, orden o desorden, pulcritud o relajación, modernidad o clasicismo, incluso alegría o pesar. Lo cierto es que, de nuevo, nuestras elecciones tienen un impacto en los demás y en nosotros mismos.

LA BELLEZA Y LOS ESTEREOTIPOS

LA BELLEZA

La predilección por la belleza y la estética es algo arraigado y característico del ser humano. Somos creadores y consumidores de belleza; los seres más capaces de disfrutar de ella de forma consciente. Son dones de nuestra corteza cerebral evolucionada, de nuestra capacidad de pensar de forma abstracta y de nuestra capacidad creativa.

Como afirma Elsa Punset en su libro *Inocencia radical*, ya desde el punto de vista evolutivo, la belleza es un indicio de salud, y eso la hace altamente atractiva para el cerebro humano.

En este sentido, hoy sabemos que los bebés sonríen ante los rostros más simétricos y sus pupilas se dilatan ante ellos para captar mejor lo que ven. Un estudio de la Universidad de Exeter, en Inglaterra, descubrió que los recién nacidos fijan la vista durante más tiempo en los rostros de facciones más proporcionadas. Parece que estamos preparados para sentirnos naturalmente atraídos por estos rasgos «bellos» desde que llegamos al mundo.

También tenemos una preferencia biológica por la altura, lo cual explica por qué los líderes de países y organizaciones suelen ser más altos que la media. Sin duda es un hecho injusto, pero se ha comprobado el impacto de este fenómeno llamado «el dividendo de la belleza» y, por este motivo, la publicidad no duda en elegir rostros bellos y simétricos para anunciar sus productos.

Aunque se haya descubierto que el ser humano reacciona de manera innata ante ciertos rasgos físicos, a medida que la persona se desarrolla y madura, los juicios estéticos y éticos evolucionan hasta no depender de lo material, sino casi exclusivamente de construcciones culturales.

Por ello, como veremos, el concepto de belleza es escurridizo, plural y cambiante. Las distintas culturas tienen su idea de belleza, que va evolucionando con el paso del tiempo.

En cada época ha habido unos ideales de belleza. Podemos apreciar un ejemplo del ideal femenino a través del espléndido cuadro *Las tres gracias* de Rubens, pintado alrededor del año 1636, con sus tres figuras de formas redondeadas, piel rosada y brazos y piernas rollizas, del que podemos disfrutar en el Museo del Prado. Es interesante apreciar la evolución de los gustos al comparar la obra con la del pintor renacentista Rafael Sanzio, pintada en 1504. Siendo exactamente la misma temática de las tres hijas de Zeus, en el caso de Rafael las formas son mucho más ligeras y castas, siguiendo el prototipo de belleza de la escuela clásica italiana.

En la antigua China, el concepto de belleza clásica estaba muy definido, aunque también existen variaciones a lo largo de las distintas dinastías reinantes. En general, piel delicada y pálida, ojos y orejas pequeñas, cejas finas, dedos largos, boca pequeña y redonda y cintura estrecha.

Un ejemplo de estos ideales, presente en la literatura china, lo conforman «las cuatro grandes bellezas de la antigua China», cuatro mujeres chinas cuyas historias son contadas en numerosos poemas, novelas, ensayos y obras de teatro. Los cuatro personajes son recordados por su belleza y capacidad de sacrificio a lo largo de los siglos: XI Shi (siglo VII a. C.), Wang Zhaojun, Diao Chan y Yang Guifei.

Cada una tiene su historia, pero las cuatro coinciden en captar la atención de un gran emperador o gobernador de su tiempo por su belleza y, en ocasiones, por su ingenio. Según los versos tradicionales, la belleza de cada una de ellas hacía «que los peces se olvidaran de nadar», «que los gansos cayeran al suelo», «que se eclipsara la luna» y «se avergonzaran las flores». Según sus respectivas historias, sus actos y decisiones, en algunos casos heroicos, tuvieron un gran impacto en la China de su tiempo, aunque tres de las cuatro terminaron en tragedia.

El ser humano ha reflexionado desde hace siglos sobre el concepto de la belleza. En el mundo clásico griego ya se acotaron determinadas características que definían lo que se considera bello. Platón recogió estos conceptos como orden, medida, proporción, equilibrio y luminosidad.

Hoy sabemos que el sentido de la belleza se adquiere a través de experiencias individuales, grupales y sociales y, por tanto, la identificación de alguien como atractivo o bello depende de esas experiencias estéticas, que pueden ser muy diversas.

LA MODA. IDEALES CAMBIANTES

Las costumbres y las modas en cada época y territorio construyen en gran medida lo que consideramos bello. Para la RAE la moda es el «uso, modo o costumbre que está en boga durante algún tiempo, o en determinado país», y también «el gusto colectivo y cambiante en lo relativo a prendas de vestir y complementos».

Como afirma Nicola Squicciarino en su libro *El vestido habla*, la moda expresa el espíritu del tiempo y es uno de los indicios más inmediatos de los cambios sociales, políticos, económicos y culturales.

De acuerdo con Squicciarino, a lo largo de la historia del vestido las diferencias en los trajes de ambos sexos fueron mínimas en distintos pueblos como los griegos, los persas y los asirios, los judíos o los germanos.

Un ejemplo de la relación entre la moda y los cambios sociales la aporta este autor italiano al citar a Halbwachs en relación con los trajes masculinos en el Renacimiento europeo, ajustados y de vivos colores, que resaltaban la fuerza y el desarrollo muscular de forma proporcional a la energía y vitalidad de la época. Por oposición, describe la moda del siglo XVIII, periodo de artificio y refinamiento, donde reinaba la frivolidad y se preferían las pelucas, los polvos blanqueantes en la cara y los vestidos armados que ocultaban las formas humanas naturales.

Precisamente el movimiento de la Ilustración, con su exigencia de libertad, igualdad y fraternidad, y de racionalidad en el discurso, inspiró profundos cambios culturales y sociales, como la Revolución francesa. Y justamente al inicio del siglo XIX, después de la Revolución francesa, nace el traje de la burguesía, que consiste en pantalones, americana, camisa y corbata.

El traje se consolida en Europa a partir de la Revolución burguesa de 1848 y se vincula al racionalismo. Su forma y su color invariable, gris o negro, pretenden manifestar confianza, responsabilidad y garantía, a la vez que se distingue de la ropa habitual del obrero y del campesino de la época.

En Europa, a lo largo del siglo XX identificamos tendencias muy opuestas. En 1910, con los últimos vestigios de la *belle époque*, el estilo de la aristocracia todavía tenía gran peso: cintura mínima, corsé, sombreros, postizos, etc.

En tiempos de la Primera Guerra Mundial, la diseñadora francesa Cocó Chanel revoluciona la moda femenina europea al romper con numerosos estereotipos, eliminando del armario el corsé y los rígidos vestidos de la época e introduciendo el *look* andrógino. Corte de pelo a lo *garçon*, prendas tradicionalmente masculinas como pantalones, chalecos, jerséis de lana, boinas, gabardina, y también faldas hasta justo por debajo de las rodillas, o el *petit robe noir,* vestido negro corto que pone de moda.

Este estilo era adecuado para muchas mujeres que, tras la guerra, se vieron obligadas a ocupar puestos de trabajo tradicionalmente desempeñados por hombres. Además, el cine propaga en los años veinte ese estilo moderno para las mujeres. Al mismo tiempo se producen avances sociales, como el sufragio femenino de 1918 en Reino Unido y Alemania, y el de Estados Unidos en 1920.

En los años treinta llega con fuerza a Europa la influencia de Hollywood, que ofrece escapismo y diversión tras la Gran Depresión estadounidense. Mujeres de imagen seductora como Greta Garbo, Marlene Dietrich y Katherine Hepburn se convierten en las referentes del momento. El crac del 29 lleva a la moda a adaptarse a tejidos más baratos y sin artificios, lo que define la sobriedad de la época. Los vestidos se alargan, se entallan las cinturas y se acentúan las curvas.

Como hemos visto en estos ejemplos, las circunstancias sociales influyen en las grandes tendencias de la moda, e incluso sin ser conscientes de ello, nuestras prendas hablan de nuestro tiempo y de los valores que priman.

LOS ESTEREOTIPOS DE GÉNERO Y LA BELLEZA FEMENINA

Los estereotipos de género son las características psicológicas, morales y de conducta que se atribuyen al sujeto en función de su sexo. Estos estereotipos del hombre y la mujer forman parte de la cultura aprendida.

A lo largo de la historia, en la mayor parte de las culturas, la indumentaria y los complementos para embellecer la imagen de la mujer se han diversificado más que los del hombre. Por ejemplo, con la Revolución francesa, las diferencias de vestimenta entre los sexos aumentaron enormemente en Europa. El hombre adoptó la sobriedad y austeridad en el vestir, mientras que la mujer de clase alta, por el contrario, continuó adornándose de forma extrema y excéntrica.

La antropóloga estadounidense Margaret Mead introdujo, en 1935, la novedosa idea para su tiempo de que, por ser la especie humana sumamente maleable, los papeles y las conductas sexuales varían según los contextos socioculturales. En su libro *Sex and Temperament in Three Primitive Societies*, explica que muchos de los supuestos aceptados tradicionalmente acerca de lo que es masculino o femenino proceden de la cultura.

Mead fue pionera en el uso del concepto de «género», utilizado después ampliamente en los estudios feministas.

Unos años después, en 1949, la filósofa y escritora francesa, Simone de Beauvoir, denunció la represión que ejercían sobre la mujer los cánones sociales de su época. En ese año publicó una de sus obras cumbre, referencia para el movimiento feminista, el ensayo filosófico *El segundo sexo*, donde denuncia la desigualdad entre hombres y mujeres. Para Beauvoir, al ser excluida de los procesos de producción, recluida en el hogar y destinada a las funciones reproductivas, la mujer pierde la oportunidad de ser libre.

También es crítica respecto a la moda y las exigencias estéticas a las que se ve sometido el género femenino, sobre lo cual afirma:

> La misma sociedad pide a la mujer que se haga objeto erótico. Es esclava de una moda cuya finalidad no es la de revelarla como individuo autónomo, sino la de quitarle su libertad para ofrecerla como una presa a los deseos del macho: no se pretende apoyar sus proyectos, sino por el contrario, obstaculizarlos.

LOS ESTEREOTIPOS DE GÉNERO, SU INTERIORIZACIÓN Y EVOLUCIÓN

La identidad de género se interioriza desde la niñez a través de la imitación de modelos, la educación, la comunicación, la identificación de grupo y la integración de los símbolos de la cultura como parte del aprendizaje social.

Las expectativas y mandatos sobre el género se convierten en parte de la identidad de la persona al determinar los roles de hombres y mujeres.

Los cambios sociales van modificando las normas, las costumbres y la jerarquía de valores en distintos ámbitos, así como en lo que respecta a los estereotipos de género.

Durante mucho tiempo el cuidado de los hijos ha influido en que la mujer no ocupase un espacio social igual que el hombre, sino que quedase relegada al ámbito del hogar. Afortunadamente, desde la incorporación de la mujer al mundo laboral y a los puestos de responsabilidad, va teniendo mayor peso el arquetipo de mujer con protagonismo en la vida pública, lo que significa un gran cambio.

En relación con la belleza, durante siglos la mujer se ha visto a menudo sometida a una mayor exigencia, que aún hoy perdura. Aunque, como parte de la evolución de la sociedad occidental, actualmente la belleza y la moda son cada vez menos temas exclusivamente femeninos.

El estereotipo masculino de cuerpo fuerte y atlético que prevalece como ideal de salud y éxito también dista de lo natural, provocando en ocasiones obsesión y frustración por no adaptarse a los cánones. El «yugo de la belleza» y las exigencias del culto al cuerpo cada vez afectan más a ambos sexos.

Por otra parte, para el movimiento feminista, es una falacia pensar que hoy vivimos en una sociedad con equidad de género. La filósofa Ana de Miguel afirma que las estrategias de dominación del sistema patriarcal siguen oprimiendo a la mujer, pues el modelo reinante de feminidad todavía se basa en valores asociados al espacio doméstico y privado, a los roles de esposa y madre dentro del seno familiar.

Considero que cada día se conquistan más logros en cuanto al protagonismo de la mujer en el ámbito público, pese a que siguen existiendo retos. De acuerdo con los valores actuales de máximo respeto a la diversidad, parece lógico que vayan desapareciendo los estereotipos de género como modelo único, de forma que cada persona sea libre a la hora de elegir su vida y su comportamiento.

Desde luego, en algunos territorios, la situación de injusticia y desigualdad es mucho mayor, pues la presión social no permite a la mujer ni siquiera alzar su voz ni elegir su aspecto. Hoy seguimos viendo situaciones en las que se impone a la mujer que oculte su cuerpo y su rostro, como ocurre con el velo islámico o el puritanismo en el atuendo de los judíos ortodoxos. Por ejemplo, en países como Irán, existe una gran segregación de los sexos en la vida pública y las mujeres no pueden elegir cómo vestir. Si bien pueden conducir, montar negocios o ir a la universidad, la mujer tiene en la sociedad un rol muy secundario y ha de contar con la aprobación del padre, el hermano o el esposo en todas sus decisiones, incluidos viajes o trámites administrativos.

Resulta interesante saber que Irán fue uno de los primeros países de Oriente Medio en permitir que la mujer fuera a la universidad. Sin embargo, con los cambios políticos ocurridos durante Revolución islámica de 1979, el país pasó de una monarquía autoritaria prooccidental con grandes desigualdades sociales a constituirse como la República Islámica de Irán, un sistema de teocracia autoritaria, antioccidental, bajo la tutela de juristas islámicos chiitas. Hoy en día, la ley sigue sin considerar equiparable el valor de la vida de la mujer frente a la del hombre.

En ese contexto de diferencia de derechos, el atuendo es un rasgo más que manifiesta la sumisión de la mujer en esta sociedad. El velo es obligatorio en la calle y el maquillaje tampoco está bien visto, aunque actualmente la mayoría de las mujeres de las ciudades desafían la norma portando un pañuelo que deja ver parte de su cabello y maquillan sus ojos, mientras que en las zonas rurales o barrios populares se mantiene la norma y es habitual el chador, la túnica negra que cubre de pies a cabeza.

Parece complejo cambiar de forma rápida estos rasgos arraigados de la cultura. No obstante, también vemos que en ocasiones no son tanto una cuestión de siglos como de décadas, consecuencia de políticas e ideologías concretas. En este sentido, la educación y la influencia de la sociedad civil pueden tener un gran peso para promover cambios hacia una mayor libertad.

En cuanto a nuestro entorno, donde hemos conquistado tantas libertades, considero que tenemos responsabilidad en cuanto a los modelos que queremos seguir transmitiendo a las nuevas generaciones. Podemos plantearnos el reto ilusionante de seguir impulsando un mayor peso de la mujer en la sociedad, así como una mayor igualdad y libertad para que los niños y las niñas elijan su papel en el mundo independientemente de su género.

INDUMENTARIA Y VALORES

En el mundo encontramos grandes contrastes culturales, así como diversas conductas cuestionables, desde el consumismo (con su nefasto impacto en el planeta) o el culto al cuerpo de Occidente hasta la enorme privación de libertad y la falta de igualdad que aún existe en otros lugares.

Nos encontramos numerosos desafíos por delante para conseguir los derechos de todos los seres humanos, aunque sin duda los progresos logrados son muy valiosos. Desde que en 1948 viera la luz la Declaración Universal de los Derechos Humanos, elaborada por representantes de todas las regiones del mundo, tenemos un marco común con el que es posible avanzar en el camino hacia una sociedad más justa.

El largo proceso de abolición de la esclavitud, iniciado en el siglo XVIII con la Declaración de los Derechos del Hombre y del Ciudadano de 1789 en Francia, y de la abolición progresiva en los diferentes países, hasta la Convención sobre la Esclavitud de la Sociedad de Naciones (antecedente de la ONU) que termina oficialmente con ella en 1927, nos indican que los cambios no son sencillos.

De acuerdo con el lema de las Naciones Unidas «Paz, dignidad e igualdad en un planeta sano», creo que hemos de apostar por una sociedad en la que primen valores como la paz, la igualdad de derechos, el respeto a la libertad individual, y la protección del planeta.

Los valores de una sociedad se traducen en comportamientos, normas y costumbres, así como en hábitos de consumo.

Sabemos que la industria de la ropa es una de las más contaminantes del planeta y, aunque queda mucho por recorrer, hoy ya somos testigos del auge de las tendencias hacia una producción y un consumo más sostenibles, como el minimalismo o el *fashion sharing*, basados en la economía colaborativa y en aplicaciones que permiten compartir prendas.

Con nuestras decisiones podemos influir para modificar las costumbres, normas y valores de nuestra sociedad. Seamos cada uno ese cambio que queremos ver en el mundo.

5

La voz

ANIMALES FONADORES

El ser humano pertenece al grupo de animales fonadores que señalan su territorio con los sonidos que emiten. Pero solo nuestra especie tiene la capacidad de emitir palabras.

En la naturaleza se mantienen los diálogos más básicos (recibido-no recibido) con la ayuda de las feromonas, suficientes para atraerse y reunirse en el caso de seres como amebas o paramecios.

Con la vida en grupo surgen nuevos sonidos y llamadas. Las aves o las ranas, por ejemplo, emiten distintos cantos que funcionan como llamadas sexuales, llamadas de alarma o de marcaje territorial.

Aun así, el repertorio de señales vocales de los vertebrados más evolucionados no supera de media los treinta y cinco gritos distintos. El mono ardilla ostenta el récord con cincuenta y dos señales, pero aún se encuentra muy alejado del lenguaje humano, pues parece que no es capaz de aprender o crear otros nuevos con facilidad. En el futuro, la investigación en este campo tal vez resuelva algunos interrogantes.

En nuestra especie, como vimos en los primeros capítulos, nuestra orientación prosocial, la autoconciencia, la capacidad simbólica, la evolución del cerebro y la fisiología permitieron dar paso a nuestra más valiosa y sorprendente creación: el lenguaje.

Como fonadores, además de la palabra, los humanos emitimos gruñidos, chasqueamos de diversas formas la lengua, carraspeamos, siseamos, susurramos, murmuramos, rezongamos, resoplamos, negamos o asentimos con sonidos guturales-nasales. Decimos «emmm» mientras buscamos la palabra, «humm» o «ññññññ» cuando disentimos o dudamos, repetimos las últimas sílabas del interlocutor para corroborar y, además, suspiramos, bostezamos, jadeamos, silbamos, tarareamos, cantamos, reímos y lloramos.

Dijimos, al hablar de los gestos apaciguadores o de descarga, que nuestra cultura recomienda suprimir los que pudieran molestar, pero sería un error eliminarlos todos. Bostezar cuando escuchamos a alguien puede tener mal efecto, pero emitir unos sonidos para asentir, negar o buscar una palabra resulta comunicativo y natural. Lo mismo que utilizar onomatopeyas al contar una historia, o tararear una melodía como preludio a contar una buena noticia.

Muchos estudios sobre el origen del lenguaje apoyan la teoría del origen onomatopéyico y metafórico de las palabras. Por ejemplo, cuando saboreamos algo que nos gusta, el sonido que sale de nuestros labios es el de una /m/ más o menos larga. Es un sonido que relacionamos con el placer, una consonante nasolabial sonora, con vibración de cuerdas vocales, realizada con los labios. Los mismos cuya piel es sumamente sensible y con los que se producen los besos.

Precisamente se ha estudiado la presencia del sonido /m/ en palabras como «mamá» en distintos idiomas a lo largo del mundo: *mum* (inglés), *Mutter* (alemán), *moder* (sueco), *ama* (vasco), *mu* (chino), *umame* (zulú), *mat´* (ruso). Por otro lado, si pisamos un charco de barro sucio, el sonido que saldrá de nuestra boca será más bien una /k/ o una /g/, que son consonantes sordas, donde no hay vibración de las cuerdas vocales. Pensemos en palabras como caca, asco o porquería.

Los sonidos tienen de por sí un poder de comunicación intrínseco, que el ser humano enriquece a través de significados acordados que nos permiten alcanzar los niveles de complejidad de nuestro lenguaje. Sin duda alguna, las palabras tienen un gran poder, pero esa es otra historia que debe ser contada en otro lugar.

VOZ Y EMOCIÓN

Además de en nuestras palabras, nuestro estado emocional se transmite en gran medida a través de las inflexiones de la voz. A través de ella comunicamos tranquilidad, seguridad, así como alarma, nervios o miedo. La voz está llena de matices que transmiten nuestra intención y estado de ánimo. Cuando la emoción nos invade, puede salir quejumbrosa y temblorosa. Cuando el ánimo es firme, el aire sale limpio, fuerte y decidido de la garganta.

En la emisión de la voz está implicado todo nuestro aparato fonador, nuestro paladar, la lengua, los dientes, las cuerdas vocales o la cavidad bucal al completo. Sería justo decir que en realidad casi todo el cuerpo está implicado, pues, además de la garganta, los hombros y el cuello también participan en la emisión del sonido. Grotowski, el pedagogo teatral, habla del resonador total cuando el artista utiliza todo el cuerpo para emitir el sonido, o sea, cuando es capaz de utilizar el resonador de la cabeza junto al pectoral.

Sin llegar a este nivel de control, los hablantes de a pie podemos tener en cuenta que la tensión de los hombros y el tronco influye en el sonido y por tanto es positivo, además de calentar la voz, relajar estos músculos antes de hablar en público o tener una conversación difícil.

Sin duda, la voz es un bello punto de encuentro entre nuestro cuerpo y nuestro pensamiento. Y también puede entrenarse. Con mi equipo de magníficas compañeras actrices, M.ª Eugenia García y Eva Latonda, desde hace años impartimos talleres en grupo y sesiones individuales donde entrenar y desarrollar los recursos de la voz y el cuerpo para comunicar con autenticidad.

SISTEMAS DE PERCEPCIÓN PREFERENTES

Desde hace algunas décadas sabemos que cada individuo tiene unas preferencias en cuanto a sus canales de percepción. Los padres de la PNL, Grinder y Bandler, hablaron de los diferentes sistemas de percepción y de cómo cada persona tiene una forma peculiar de recibir lo que ocurre a su alrededor. Para algunos predomina la información visual, otros atienden más a la información acústica (ruidos, sonidos y palabras) y otras personas son fundamentalmente kinestésicas, más sensibles a las sensaciones del cuerpo, como la temperatura o la suavidad de una superficie o material.

El sistema de percepción predilecto de cada persona influye en el modo en que emitimos y en los contenidos acerca de los cuales somos más receptivos.

Para los visuales, la imagen exterior, el atuendo y la decoración de un espacio serán fundamentales. Los auditivos serán muy sensibles a los sonidos, la música, el tono de voz y las palabras. Y para los kinestésicos son fundamentales las sensaciones de la piel, el contacto y la distancia, por lo que es frecuente que rocen a los demás y toquen las cosas.

LA VOZ REFLEJA NUESTRA PERSONALIDAD

Nuestra voz es única y personal, como una huella digital, a menudo característica y reconocible para los que nos conocen. Es capaz de provocar sensaciones físicas al ser emitida: desde el efecto de una caricia al de un golpe.

Se cuenta que el emperador de China tenía dos hijas y se propuso casar a Marco Polo con la mayor de ellas. Sin embargo, el viajero había visto a la segunda hermana, extremadamente bella y delicada. Su figura aparecía fugaz por los pasillos de palacio, entre tules y parasoles, o distante en su carroza de princesa. La que se le daba por esposa, en comparación, resultaba vulgar y poco atractiva.

Marco Polo se enamoró de la princesa huidiza. Buscaba ocasión de entrar en contacto, de verla y tratarla, pese a que todos se empeñaban en aislarlo de ella. El emperador tuvo conocimiento de las preferencias de Marco Polo y ordenó el compromiso y la boda inmediata.

Por fin estaban el veneciano y la princesa bella frente a frente. Abrió esta sus labios, demostró con su voz que era ordinaria, tonta e indiscreta y de golpe cayó el hechizo de su belleza. Cómo consiguiera Marco Polo cambiar su suerte es otra de sus aventuras, pero la historia nos muestra que la voz forma parte inseparable de la personalidad.

Asimismo, la obra clásica *My Fair Lady*, que aborda el mito de Pigmalión, nos recuerda la influencia de la voz en la conformación de nuestra imagen personal. Un profesor de tonos, dicción y modales convierte a una sencilla florista en una princesa. No obstante, al margen de los resultados externos, el cambio también se produce interiormente y la chica no puede volver a gritar en el mercado del barrio londinense. Parece que los modos de la voz resuenan más adentro; tienen eco en la identidad. Así pues, cuidar nuestra voz es cuidar nuestra personalidad.

Reconocer y encontrar nuestra voz natural, a veces perdida por diversos factores, puede producir un cambio a mejor en nuestras vidas, como hemos comprobado en numerosas ocasiones con nuestros alumnos y alumnas.

LA VOZ Y SUS CARACTERÍSTICAS

En la voz podemos distinguir diversos rasgos: el tono y la entonación, el timbre, el volumen, la dicción, la velocidad, los silencios y, en conjunto, la expresión o modulación.

EL TONO Y LA ENTONACIÓN

Llamamos tono a «la mayor o menor elevación del sonido producida por la mayor o menor vibración de los cuerpos sonoros». Subimos especialmente la voz cuando nos alteramos, ya estemos contentos, enfadados o excitados. Por otra parte, el tono medio es distinto en cada idioma y en cada persona.

El tono de una oración enunciativa castellana es más grave, más bajo, que el de una frase italiana, inglesa o francesa. El castellano se encuentra más cerca del alemán.

Dentro de las hablas hispanas el tono más alto corresponde a la fonética andaluza. El gallego, el euskera, el catalán y el valenciano también son más altos que el castellano. En México, La Habana y Buenos Aires predomina el tono agudo, mientras que en Santo Domingo y en Colombia es más habitual la entonación grave.

El tono medio personal varía con la edad, el sexo y el biotipo del hablante. Los niños y las niñas tienen una voz atiplada. El tono de la voz y de la risa de las mujeres es habitualmente más alto. Las mujeres se diferencian en el canto como sopranos, *mezzosopranos* y contraltos. Los varones como tenores, barítonos y bajos.

Pero, además, el tono medio de la voz no se mantiene uniforme a través de toda la conversación. Cada frase contendrá una entonación predominante, acorde con el contenido y el lugar que ocupa en el conjunto. Comunicamos cortesía, duda, interés, sorpresa, negación, mandato, admiración o ruego en función de si se trata de un saludo, una pregunta, una explicación, un halago, un acuerdo, una orden, una petición o una despedida.

EL TIMBRE

Cada persona tiene un timbre de voz. El timbre puede definirse como la personalidad o calidad de la voz, un determinado registro vocal, más grave o agudo.

Depende del grosor de las cuerdas vocales, de cómo dejamos escapar el aire y de la rapidez con que vibran. Sería algo parecido al principio de diferenciación de instrumentos como el flautín o el trombón.

Es positivo trabajar con distintos timbres. Ejercicios como simular distintas voces al contar un cuento, cantar o practicar distintos tipos de discursos (un mitin, una conferencia o una entrevista televisiva) hacen que nuestra voz tenga más brillo, se mueva en un rango más amplio de sonidos que nos permita enfatizar, dar intensidad o intimidad a una palabra para producir una comunicación más viva.

LA INTENSIDAD O EL VOLUMEN

Un volumen de voz alto denota seguridad y dominio. Bajar la intensidad nos introduce en un ambiente confidencial o grave y los cambios pueden servir como recurso para recabar atención. Lo ideal será una discreta variedad de inflexiones de la voz de acuerdo con lo que decimos.

El volumen ha de modularse según las condiciones del espacio y la distancia respecto a la audiencia, de forma que la persona más lejana nos oiga con facilidad.

LA DICCIÓN

Hemos de pensar en facilitar la recepción del mensaje por quien nos escucha. Para hablar con claridad, lo principal es no tapar la boca y permitir que el sonido salga al exterior. Tengamos flexibles los labios y los músculos maxilares, así como la lengua, para articular los sonidos de forma clara.

Existe la creencia de que los movimientos exagerados de labios y mandíbulas nos ayudan a pronunciar mejor, cuando es la lengua la que pronuncia bien o mal. Si queremos conseguir una dicción clara, hemos de ejercitarla y fortalecerla. Por ejemplo, hablar en voz alta con un lápiz entre los dientes obligará a la lengua a un ejercicio tonificador, al igual que los ejercicios de movimiento en distintas direcciones.

En entrevistas o situaciones en que queramos trasladar seguridad, necesitamos una expresión seria y creíble, que suele identificarse con una dicción precisa. Para ello, es positivo pronunciar bien todas las consonantes de cada palabra.

Las consonantes se producen cuando la columna de aire encuentra algún obstáculo.

Las vocales se pronuncian por el contrario sin obstrucción de la lengua, los labios o los dientes. En español solo son cinco, claras y precisas, con el mismo sonido en cualquier palabra en la que se encuentren. Las consonantes necesitan de ellas para formar sílabas.

Mi compañera y experta en voz, Maru García, motiva a cuidar la dicción explicando que «las palabras que pronunciamos han de ser como una partitura». Nuestra voz es nuestro instrumento y no podemos saltarnos, comernos u omitir ni una nota, porque entonces ya no será la *Novena sinfonía* de Beethoven.

La falta de pronunciación puede dar como resultado una voz blanda, inaudible y perezosa. Por otra parte, una pronunciación exagerada o demasiado precisa podría sonar pedante, dura y autosuficiente. Precisión, fuerza, agilidad y naturalidad son las cualidades idóneas de una buena pronunciación. Encontremos nuestro particular equilibrio y estilo personal.

LA VELOCIDAD

Cuando hablamos apresuradamente, se ligan las palabras y se omiten sílabas, confundiendo al que escucha. Si tenemos prisa es mejor vestirnos despacio.

Te recomiendo hablar de forma pausada y con claridad, pues un habla precisa subraya la importancia de lo que decimos. Vigila no caer en un exceso de lentitud que transmita que no estamos seguros de lo que decimos.

Una velocidad moderada en la conversación ahorra repeticiones y falta de comprensión. En cualquier caso, puede ser interesante adaptar la velocidad a la del interlocutor. Ya sabemos que podemos encontrarnos ante distintos estilos y preferencias.

LOS SILENCIOS

En el desarrollo de una conversación, los silencios tienen un papel fundamental. Por una parte, como receptores, nos ofrecen una buena oportunidad de escuchar y asimilar la información. Por otra parte, como emisores, damos ritmo al discurso con su ayuda. Podemos utilizarlos para destacar la importancia de las palabras principales, aislándolas y dándoles énfasis.

También existe un silencio negativo e incluso agresivo cuando escuchamos, que debemos evitar en toda conversación presencial, así como al teléfono. Esta conducta, sutil o más obvia, que consiste en abandonar al interlocutor al silencio, resulta fría y poco motivadora. En lenguaje telefónico se llama el túnel oscuro. Si queremos cuidar a la otra parte, tratemos de emplear al menos cada cierto tiempo el asentimiento y señales verbales como mmm, ajá, sí, claro, etc., para mostrar activamente que estamos pendientes de la conversación.

LA EXPRESIÓN

La voz revela si se está pensando o se repite algo de memoria, por rutina. Cuando estamos aburridos o cansados, la voz suena monótona. Podemos entrenar la expresividad con la lectura de textos con diferentes cualidades en la voz: tristeza, dejadez, amargura, ligereza o enfado. Enfatizar ciertas palabras aporta expresividad y hace que el mensaje impacte más.

En la conversación, lo natural es emplear tonos distintos dependiendo del tipo de contenido: cálido para dar la bienvenida, seguro para preguntar y detectar necesidades, sugerente para argumentar, tranquilo para abordar objeciones...

Las combinaciones de la entonación predominante, las inflexiones, los matices debidos al ritmo rápido o lento, las pausas, las variaciones de intensidad, etc., componen una sinfonía variada y personal. Modular la voz hace el contenido más interesante y comprensible.

LA ACTITUD EN LA VOZ

Como resultado de las variables anteriores y de cómo gestionamos nuestras emociones, la voz puede resultar más o menos segura y afirmativa. Un tono de voz afirmativo ni se esconde, ni agrede: no cae en la inhibición ni en la agresividad y se caracteriza por el equilibrio, la calidez y la calma.

Un comportamiento vocal inhibido se percibe en una intensidad débil, la entonación neutra o poco expresiva, la producción verbal lenta, entrecortada y dubitativa. En general, la persona habla poco, pues el miedo paraliza y quita energía.

Un comportamiento verbal agresivo se caracteriza por intensidad fuerte de la voz, fluidez verbal y entonación exagerada. La persona enfadada tiene habitualmente un nivel de energía alto, invade y pisa al otro con sus frases en lugar de escuchar.

El tono asertivo es el preferible si queremos construir y trabajar en equipo, aunque, como veremos en el capítulo de la negociación, puede venirnos bien en alguna ocasión desplegar otra actitud, de acuerdo con las circunstancias.

UNOS CONSEJOS FINALES SOBRE LA VOZ

No olvides que la voz es uno de los factores que antes captamos de los demás. Una voz segura o insegura, positiva o impositiva, motivadora o desanimada hace llegar un mensaje rápido sobre cómo estamos y qué esperar de nosotros.

Los ejercicios de entrenamiento nos permiten ser más conscientes de nuestra voz, modularla y cuidarla. De manera paralela, también resulta útil practicar la relajación, la búsqueda del punto neutro, la respiración abdominal, el calentamiento vocal, atender a la proyección y la potencia de la voz y realizar ejercicios de vocalización.

Conocer las dinámicas y entrenar la voz es el camino más eficaz para conseguir resultados.

6

La comunicación no verbal
en escenarios concretos

LAS TIPOLOGÍAS DE PERSONAS

Resulta inspiradora la frase del matemático y lingüista Alfred Korzybski: «El mapa no es el territorio». Nos invita a ser conscientes de que nuestro mapa de la realidad no es el único posible.

Entender a la persona que tenemos delante es básico en las relaciones, ya sea para afrontar con éxito una entrevista, llegar a acuerdos en una reunión, negociar con nuestro jefe/a o iniciar una relación de pareja.

Te propongo superar el bienintencionado aforismo que posiblemente has escuchado muchas veces: «Trata a los demás como te gustaría que te trataran a ti». Podemos avanzar un paso más si pensamos cómo le gustaría a esa persona que tenemos enfrente ser tratada.

Para ello, nos ayudan las tipologías y clasificaciones. Aunque no hay dos personas iguales y cualquier catalogación del ser humano implica simplificar, identificar ciertos rasgos de personalidad puede facilitarnos la interacción con los demás.

Las clasificaciones nos aportan un código con las claves para leer lo que motiva y frena a las distintas personas, de modo que podemos ajustar nuestra comunicación con ellas.

Existen numerosas tipologías de estilos de personalidad como las que proporcionan test tales como el MBTI, Gallup, el test de Estilos Sociales, el método DISC, el Eneagrama, el test de los Cuadrantes Cerebrales de Hermann, los roles de equipo de Belbin y otros muchos. Algunos de ellos tienen versiones *online* para poderlos realizar de forma gratuita.

Reflexionar sobre nuestra personalidad a través de estos modelos nos ayuda a entendernos a nosotros mismos y valorarnos. Reconocer las fortalezas de nuestro color o perfil invita a aprovecharlas y a creer más en nosotros mismos. También resulta muy interesante para entender a los demás y conectar con ellos a través de sus canales preferentes.

Después de conocer diversos modelos a lo largo de los años, he de decir que me encanta el que propone Álex Rovira, el cual consiste en seis perfiles de personalidad relacionados cada uno con una figura del Análisis Transaccional de Eric Berne: empático, relacionado con padre nutricio; perseverante, con padre crítico; metódico, con adulto; líder, con niño libre; creativo, con niño rebelde; y meditativo, con niño sumiso.

Resulta muy interesante conocer los mandatos por los que se rigen y sus canales de entrada preferentes. Yo he tenido la oportunidad de conocer a fondo este modelo participando en diversas formaciones con Álex Rovira y me resultó muy clarificador. Reconocer mi combinación de estilos preferentes me ayudó a valorarme y a activar mis cualidades.

En relación con la materia de este libro, los distintos estilos tienen un reflejo en el lenguaje, así como en el comportamiento no verbal.

Por ejemplo, los perfiles emocionales y más orientados a las personas (amarillos y verdes en el conocido modelo DISC) se comunican con un lenguaje más afectivo. En cuanto a los aspectos no verbales tienden a un mayor contacto físico, mayor expresividad en la voz y los gestos y mayor contacto ocular. La ausencia de emoción les resulta menos tolerable que a otros perfiles.

Los racionales, por su parte, tienen un lenguaje más lógico, meditado y preciso, menos emocional. Habitualmente su imagen es pulcra, elegante y contenida, al igual que sus gestos, más moderados.

Los perfiles más directos y rápidos (rojos y amarillos en el modelo DISC) utilizan un lenguaje orientado a la acción y los objetivos y tienen tendencia a presionar. Su lenguaje no verbal también suele ser directo y contundente. Los perfiles más lentos o indirectos (azules y verdes en el modelo DISC), por el contrario, tienen una comunicación más pausada o, en ocasiones, ausente.

Como explica Álex Rovira, la mayoría de las personas solemos tener uno o dos estilos preferentes, aunque hay quienes han desarrollado una gran versatilidad gracias a su profesión y sus necesidades al trabajar con grupos, como los profesores, *coaches*, comerciales, líderes de equipo, etc. Hablar los diferentes lenguajes permite conectar mejor con personas distintas a través de su canal natural de entrada.

Con algunas personas nos entenderemos mejor que con otras, pues tendremos canales más similares o compatibles. Acercarse al estado emocional de la otra persona utilizando su mismo tipo de lenguaje nos permitirá conectar con ella. Los argumentos más emocionales movilizarán a unos, mientras que la lógica convencerá a otros. Persuadiremos a unos si hablamos de valores y a otros a través del humor y el ingenio. Aprovechemos los canales de entrada con los que se siente cómoda cada persona.

El conocernos y conocer a nuestros interlocutores tiene infinitas aplicaciones para mejorar nuestra vida y nuestras relaciones. A continuación, abordaremos algunas situaciones vitales importantes como la seducción, la negociación, las entrevistas y las presentaciones, en las que la comunicación no verbal juega un papel principal.

LA COMUNICACIÓN NO VERBAL EN LA SEDUCCIÓN

LAS CONDUCTAS DE CORTEJO EN LOS ANIMALES

Es evidente que la atracción sexual forma parte de los instintos básicos, pues garantiza la supervivencia de la especie. También el amor tiene la función biológica de garantizar la supervivencia por la vía del apego, según explica Eduard Punset. El investigador bromea diciendo que parece que al cerebro no le interesa buscar la verdad, sino que sobrevivamos ante todo.

Los genes de los individuos con más éxito en el cortejo pasan a la siguiente generación y, por tanto, las características que funcionan para atraer a los compañeros sexuales se han visto favorecidas evolutivamente. En los animales, los ornamentos en las plumas y el pelaje, las conductas de cortejo, los cantos, las señales olorosas, etc., se explican para Darwin por la importancia de la selección sexual a lo largo de la evolución.

Los comportamientos de cortejo animal cuentan con numerosas similitudes en los seres humanos, como mostrar distintas habilidades, manifestar el buen estado de salud y la buena capacidad física, exagerar, ofrecer regalos, o llamar la atención a través de los distintos sentidos, con recursos como el color, olores y sonidos atractivos, bailes y movimientos. Por otra parte, ciertos animales como los ciervos o los leones compiten entre sí con peleas por el control de las hembras.

En los animales, el olor es la modalidad de comunicación y atracción más básica y primitiva. Este tipo de comunicación química fue la primera en el proceso de la evolución de la vida. Para algunos microbios, amebas y paramecios estos mensajes olorosos a distancia son el único medio para comunicación y reunirse.

Las feromonas (del griego *pherein*, «transportar», y *horman*, «excitar») son sustancias químicas en cantidad muy pequeña, capaces de transmitir un significado. Determinados olores son capaces de atraer a un compañero sexual a grandes distancias.

Por ejemplo, las antenas de determinadas mariposas macho son capaces de detectar a kilómetros el mensaje de las feromonas emitidas por la hembra. También las feromonas provocan que los óvulos depositados por las hembras de los arenques atraigan a los espermatozoides. Para las ostras, los erizos de mar y muchos otros seres, las feromonas juegan un papel esencial para sincronizar la emisión de los óvulos y espermatozoides. No nos debería extrañar que el olfato siga teniendo parte en la atracción entre seres humanos hoy.

EL CORTEJO EN EL SER HUMANO

Los seres humanos competimos para conseguir pareja sexual de modos distintos, aunque en gran medida nuestras estrategias recuerden a las de los animales. En las conductas de galanteo, mostramos nuestras cualidades, méritos y habilidades más notables con el fin de ser elegidos. Tratamos de mostrar un aspecto físico saludable, damos señales de inteligencia, simpatía, creatividad, ingenio, protección y cuidado del otro y otros valores significativos para nosotros. Además se utilizan como reclamo objetos materiales.

La comunicación no verbal tiene una gran importancia en el cortejo desde las primeras aproximaciones y la primera impresión. Cuando conocemos a alguien, lo habitual es que tratemos de averiguar qué tipo de persona es el otro y si vale la pena seguir conociéndolo o no.

Diferentes autores han explicado que existe una coreografía esencial del cortejo entre los seres humanos. El antropólogo David Givens y el biólogo Timothy Perper identificaron cinco fases o estadios en el flirteo en sus investigaciones con parejas en Estados Unidos: llamar la atención, el reconocimiento, la charla, el contacto físico y la sincronía total.

Helen E. Fisher, en su libro *Anatomía del amor*, expone el esquema universal del flirteo femenino definido por el etólogo alemán Eibesfeldt en la década de los setenta. La secuencia de galanteo de la mujer consistiría en sonreír suavemente a su admirador, levantando las cejas y abriendo bien los ojos para observarlo. Después bajaría los párpados, ladeando la cabeza y desviando la mirada. Con frecuencia también se cubriría el rostro con las manos, mientras se reiría nerviosamente. Para Eibesfeldt sería una secuencia innata.

Para este autor, en los varones destacaría como rasgo del cortejo el «pecho hacia delante», así como el balanceo, una herencia del comportamiento común en el reino animal de ocupar el espacio: hincharse, erizarse y erguirse para mostrarse poderosos. Hoy no dudamos del poderoso peso que juega la cultura para configurar esos comportamientos.

Otro aspecto que tradicionalmente se considera parte del cortejo es la comida. Las aves y otros animales a menudo comparten su comida con la hembra para cortejarla. En realidad, esta arcaica técnica de seducción consiste en ofrecer comida con la esperanza de obtener favores sexuales a cambio. Numerosos libros de etología y lenguaje no verbal lo relacionan con el ritual habitual de las citas en Occidente y «la invitación a cenar».

Cuando leí esta idea en *Anatomía del amor* me acordé del día en que con dieciocho años, el chico que me gustaba me invitó a cenar. Recuerdo aquel momento como algo divertido y romántico. Pensando en ello, veo claro que la supuesta promesa de favores sexuales a cambio de comida del reino animal se ve muy condicionada por el peso de la cultura y la educación, que también ejercen su poder, para bien o para mal.

LA BIOLOGÍA Y LA CULTURA EN LA ATRACCIÓN

Como explica Eduardo Punset en su libro *El viaje al amor*, para muchos científicos, el factor de diferenciación crucial y determinante entre los sexos es la disparidad entre las células germinales. El contraste entre los numerosísimos y pequeños espermatozoides y los escasos y grandes óvulos.

Para ellos, contar con células germinales distintas significa disfrutar de comportamientos sexuales diferentes. En este sentido, la biología condicionaría que el varón busque reproducirse con el mayor número posible de hembras, mientras que la hembra buscaría no tanto la cantidad como asegurar la pareja que proporcione las mejores condiciones posibles para su descendencia.

Para diversos autores son cruciales las creencias aprendidas sobre el amor. Lo que nos atrae dependería del «mapa del amor» de cada uno, condicionado por las experiencias individuales. Cada persona construye un mapa mental que determina lo que le atraerá sexualmente y lo que le hará enamorarse de una persona y no de otra.

Este mapa se formaría entre los cinco y los ocho años como resultado de la interacción con su familia, los amigos y otras experiencias. Por ejemplo, la persona podría habituarse en su infancia a un hogar ruidoso o calmado, a los modos de interacción y atención de su madre y su padre, al grado de contacto y caricias, a sus movimientos, a su sentido del humor, sus costumbres e incluso olores. La grabación de los recuerdos de lo que resulta atractivo o de lo que le inquieta irán formando un molde que operará en el futuro.

De acuerdo con este enfoque, los aspectos culturales y de la educación de la persona condicionarán en gran medida la atracción que sienta por unas u otras personas.

Pero el concepto de seducción es más amplio. Para Punset la seducción es un fenómeno que va más allá de la juventud y de la finalidad reproductora y, como fenómeno cultural, está presente durante toda la vida y está relacionado con la finalidad de agradar a los demás.

En este sentido, la psicóloga madrileña Silvia Sanz, en su libro *Sexamor*, afirma que, además de satisfacer una necesidad fisiológica primaria, «Seducir también es un desafío hacia nosotros mismos, que acentúa nuestra identidad. Buscamos la aprobación de los demás y la afirmación de la persona por la que deseamos sentirnos valorados». De alguna manera, nuestras experiencias de seducción más o menos exitosas nos van construyendo y contribuyendo a nuestro autoconcepto.

ASPECTOS NO VERBALES EN LA SEDUCCIÓN

La psicóloga Regina Hamburguer, en su libro *El ABC de la seducción*, propone ciertos consejos para ser un interlocutor atractivo como, por ejemplo, demostrar interés por la otra persona, buscar temas que interesen a ambos, escuchar con atención a la otra persona y hacer preguntas, avanzar con cautela en la conversación, hablar de uno mismo en la medida en que resulte natural, brindar al otro las unidades de caricia que correspondan, decir las cosas positivas del otro que percibamos sin exagerar, mostrarnos sinceros, buscar lo positivo del momento y reír juntos. En general, nos anima a una forma de trato que muestra interés por el otro, con naturalidad y sin exageración.

Los comportamientos se ven condicionados sin duda por el filtro de las culturas, con sus normas y tabúes. Los gestos, con su componente inconsciente, dan muchas pistas acerca de la atracción. Destacamos algunos rasgos no verbales habitualmente presentes en la seducción:

- La postura del cuerpo: la posición del cuerpo da una primera información, pues indica si nos abrimos al entorno que nos rodea o si tendemos a encerrarnos en nosotros mismos. Los brazos cruzados delante del pecho, las piernas cruzadas, los hombros hacia delante y la cabeza baja nos hablan, como ya vimos, de una persona en actitud de defensa o protección.

  La orientación del cuerpo, el rostro y las piernas además nos dice el lugar en el que ponemos la atención. En este contexto del galanteo también podemos aplicar lo que sabemos sobre hacia dónde apuntan los pies y sobre la «conducta de fuga», que avisa sobre el deseo de alejarse. Sentados con las piernas cruzadas mantenemos una postura estable, que significa permanencia. Asimismo, aporta información la dirección hacia la que apunta la pierna flotante y hacia quién se orienta la cara externa de la pierna, más defensiva, que se utiliza como barrera inconsciente.

- La mirada: la mirada es un elemento central de la comunicación y tiene un gran protagonismo en las técnicas de cortejo. Cuando los ojos conectan con los de otra persona indican apertura, atención e interés. En las culturas occidentales, donde el contacto visual entre los sexos está permitido, se ha estudiado que hombres y mujeres a menudo miran fijamente, con interés, a una pareja potencial durante dos o tres segundos, después bajan los párpados y apartan la vista.

  Cuando esta mirada, que podemos llamar contradictoria o tímida, se acompaña de sonrisa, transmite un mensaje de dulzura que indica «no soy peligroso o peligrosa». Algunos autores la identifican como mirada femenina, aunque hoy en día puede reconocerse en los hombres igualmente. Un ejemplo más de cómo hombres y mujeres vamos evolucionando en nuestro papel y con ello nuestros hábitos de comunicación.

Con la mirada podemos encontrarnos y evitarnos. El juego de coincidir o no es una aproximación sutil. Mirar a la otra parte y ver la reacción puede ser una prueba instantánea menos arriesgada que lanzarse a hablar, puesto que puede incluso pasar desapercibida a otras personas presentes. La sonrisa o las señales de interés que percibamos pueden animar o no a dar nuevos pasos.

Sabemos que durante el flirteo se incrementa el contacto visual. Los enamorados se miran a los ojos y su mirada se sostiene más tiempo que en otras situaciones.

La mirada tiene gran relación con la escucha y la atención, pues a través de ella percibimos el interés de la otra parte. Las señales como la falta de contacto visual, las miradas hacia la puerta, el techo, el reloj, etc., comunican lo contrario, aunque pueden deberse a distintas causas: aburrimiento, desinterés, distracción o prisa. Una idea en estos casos puede ser preguntar y escuchar la opinión del otro, así como explorar nuevos temas que puedan resultar interesantes a ambas partes.

- Tocarse el cabello: colocarlo o retirarlo de la cara se suele entender como un gesto de acicalamiento y seducción. El cabello se considera un adorno natural desde tiempos de los egipcios, y también es sinónimo de juventud y salud, con cualidades como la suavidad, el brillo y el movimiento.

Para Joe Navarro, el gesto de jugar con el cabello con la palma y la muñeca hacia el exterior sería una señal de seducción que indica seguridad. Por el contrario, los gestos con la palma hacia uno mismo se acercarían más a un gesto tranquilizador, apaciguador, que contribuye a calmarse psicológicamente; la tendencia a juguetear con el cabello que acompaña estados de inseguridad y tensión.

Hay otros gestos clásicos que se asocian con la seducción, como morderse el labio inferior como expresión de deseo y contención. Además, se suele considerar el «tacto de sustitución» como conducta de flirteo. Consistiría, por ejemplo, en pasar la mano por el borde de la copa o trazar figuras imaginarias en el mantel.

Inclinar la cabeza y mostrar el cuello son gestos seductores de vulnerabilidad y sumisión unidos a la escucha y que suelen ir acompañados de sonrisa. En el extremo opuesto, como signo de incomunicación, estaría la barbilla alta, un gesto que expresa distancia, altivez, enfado o desagrado, en especial cuando la expresión del rostro es tensa o seria.

EL VESTIDO EN LA SEDUCCIÓN

También el atuendo está implicado en los procesos de seducción, pues ayuda a atraer o a pasar desapercibidos. Las formas, los colores, las zonas del cuerpo que se muestran o se destacan, así como los símbolos y frases que portamos, pueden servir de reclamo para llamar la atención de la potencial pareja.

Podemos preguntarnos si es preferible adaptarse al entorno en el vestir o ser más auténticos. Será elección nuestra decidir, sabiendo que la isopraxis es un factor que ayuda a conectar. Adaptarnos al grupo, a las tendencias, a la moda o las costumbres puede interesarnos o no, dependiendo de nuestros objetivos.

Sí parece recomendable en muchos casos cierta adaptación a las circunstancias del entorno, lúdico o profesional, nocturno o diurno, formal o informal, clásico o innovador. Si buscamos integrarnos en un grupo, en general será mejor no ir anticuados ni inadaptados, aunque estos conceptos son relativos y dependen de la percepción, los gustos y los valores propios de cada persona.

Ser auténticos y originales parece que reducirá inicialmente las oportunidades de encajar, pero por otra parte puede tener su premio. Siendo fieles a nosotros mismos nos diferenciamos y transmitimos nuestros valores y crecen así las posibilidades de atraer a personas afines, que nos estimen y con las que podamos mostrarnos como somos.

Solo nosotros podemos decidir qué queremos transmitir. De la misma manera, es muy lícito y saludable probar, evolucionar y cambiar, de acuerdo con nuestros gustos y valores.

Volviendo a la seducción, no olvidemos que al final la clave es el encaje de las dos personas, sus objetivos, valores, gustos y prioridades. Probablemente, los empáticos se prendarán del afecto, la sonrisa, el contacto y las emociones y se esmerarán por agradar. A otros perfiles les atrae la acción, la aventura, el lujo, los objetos de marca y la belleza. A otros nos los ganamos con la diversión y la complicidad. O a través de la coherencia con sus valores. A los racionales, con el orden, la pulcritud y lo no estridente.

Todos somos una mezcla de rasgos. Lo divertido será ir descubriendo el cóctel único y particular de cada persona. Conocerlos nos ayudará a cuidar mejor a nuestros amigos y seres queridos. A tener detalles de los que ellos aprecian.

BELLEZA Y PERSONALIDAD EN LA SEDUCCIÓN

La belleza en sí misma, entendida como simetría y proporción, puede ser un factor de atracción, aunque sabemos que en cada época y cultura ha predominado un ideal de belleza diferente y que también existen diferencias en lo que cada persona considera atractivo.

Una persona especialmente bella puede ser atractiva, pero al mismo tiempo generar distancia y dudas sobre si estaremos a la altura. Debido al «efecto halo» podemos generalizar a otros ámbitos la percepción positiva, lo que puede llevar a creer que la persona es demasiado perfecta para nosotros. Vemos que el hecho de sentirse atraído por alguien depende además del propio autoconcepto.

Sin duda hay divergencias en lo que nos cautiva a unas y otras personas. Cualidades como el éxito, el poder, el dinero o la fama pueden ser atributos que hagan a alguien atractivo, en función de los valores. Algunos perfiles tienden a sentirse más atraídos por lo material.

Por supuesto, la personalidad influye igualmente en el interés que nos produce una persona. Parece que una de las características de los hombres que resulta más atractiva para las mujeres es el sentido del humor. No tanto el hecho de reírse él como el hacer reír.

Con seguridad conoceremos a personas con gran encanto a pesar de tener un aspecto exterior que no se ajusta a los cánones clásicos de belleza física, y tal vez tampoco poseedores de dinero, poder o fama. Puede deberse a su personalidad segura e íntegra. Personas con criterio propio, que no buscan agradar a toda costa, se respetan a sí mismas y a los demás, no demandan atención permanente y tampoco se sienten el ombligo del mundo.

Como veremos en el último capítulo, cuanto mejor nos conozcamos y nos aceptemos, con nuestras cualidades e imperfecciones, más naturales y auténticos resultaremos.

EL LENGUAJE NO VERBAL EN LA NEGOCIACIÓN, ENTREVISTAS Y PRESENTACIONES

En realidad, casi todos los momentos en la vida implican negociar. Negociar supone buscar una salida positiva a un conflicto entre dos partes, sea en las relaciones con los hijos, los compañeros, los proveedores, los jefes o la pareja. El lenguaje de los gestos puede ayudarnos a conseguirlo por varias razones.

Por una parte, conocer el lenguaje no verbal nos permite entender mejor lo que comunica, siente y necesita nuestro interlocutor, de modo que podremos acertar con nuestras propuestas y concesiones. Si detecto ante qué temas le brillan los ojos a alguien o con qué temas se aburre, podré aprovecharlo para motivar, preguntar, reorientar la conversación y llegar a acuerdos.

En momentos concretos de la negociación podemos percibir gestos como, por ejemplo, los brazos cruzados a la altura del pecho, que muestran cierta inmovilidad o cerrazón.

También el contacto visual suele darnos información para saber si podemos confiar en la persona o no, siempre teniendo en cuenta las diferencias culturales. En general, un contacto visual continuado pero no agobiante genera una buena sintonía entre las partes. Es útil observar si la persona nos mira abiertamente o si nos evita, por ejemplo, ante una pregunta que pueda implicar compromiso. La mirada es unos de los signos para detectar la comodidad e incomodidad.

Por otra parte, dominar nuestro propio lenguaje no verbal nos ayudará a proyectar una actitud adecuada y a evitar gestos que nos pudieran perjudicar.

Si queremos transmitir confianza e interés, una sonrisa moderada sincera, junto con una posición corporal inclinada hacia delante sobre la mesa de negociación, pueden contribuir a avanzar hacia el acuerdo.

Sabemos que lo no verbal precede a lo verbal, pues la fisiología es más veloz y se anticipa a la formulación de las ideas. Lo que nuestros interlocutores perciben por vía no verbal condiciona en gran medida la conversación.

Veamos con más detalle las actitudes en la negociación.

LOS ESTILOS DE NEGOCIACIÓN COOPERATIVO Y COMPETITIVO

A la hora de negociar podemos tender a un modelo de cooperación o de confrontación.

Los estilos cooperativos de negociación buscan alcanzar una situación positiva para ambas partes, lo que se denomina una estrategia *win-win* o ganar-ganar. La actitud cooperativa busca alinearse con el otro para producir entendimiento y mutuo beneficio.

Por el contrario, adoptamos un estilo competitivo cuando tratamos de ganar a toda costa, pues percibimos la situación como «de suma cero», donde si uno gana, el otro pierde y a la inversa. La actitud competitiva se centra en encontrar los puntos débiles del otro y aprovecharlos para obtener las mejores condiciones para nosotros.

En las relaciones competitivas no interesa mostrar los propios sentimientos o emociones, pues el objetivo es mostrar poder, es decir, transmitir que no necesitamos al otro, y de esta forma negociar con más fuerza.

En la negociación competitiva es habitual la inexpresividad, así como utilizar las llamadas técnicas de desestabilización y distracción del adversario, como mostrar signos de impaciencia, cambiar de tono bruscamente, levantarse cuando menos lo esperamos para luego acercarse a la ventana, etc.

En la naturaleza percibimos estas relaciones competitivas en el mecanismo universal de aparentar ser más grandes, como cuando las aves ahuecan las plumas para simular un mayor tamaño o cuando los simios erizan el pelo, de forma que parecen más voluminosos y fuertes, lo que les proporciona ventajas como evitar conflictos o dominar el territorio y la caza.

En el ser humano también nos encontramos actitudes de dominación, superioridad u ostentación de poder. Puede percibirse en detalles como hacer esperar al interlocutor, otorgarse jerarquía en los asientos, posturas como los brazos en jarras o en la nuca, o cuando se mantiene el cuerpo exageradamente inclinado sobre el escritorio.

A pesar de esto, somos seres prosociales con alta tendencia a cooperar, y las conductas no agresivas y cooperativas son, además, muy habituales en el mundo animal y humano.

En los primates, un líder no se puede mantener en el poder sin una red de apoyo, por lo que deben crear vínculos, resolver los conflictos, mantener las alianzas, dedicar tiempo a los demás miembros y compartir las recompensas.

La negociación cooperativa descansa sobre la voluntad de negociar en armonía con la otra parte, respetando los intereses mutuos y obteniendo un resultado satisfactorio para todos. Se centra más en cuidar la relación que en ganar a corto plazo.

Para ello, se busca crear un contexto de empatía, confianza y conexión, seguridad y reconocimiento mutuo. En términos de la PNL (programación neurolingüística), a esto se le llama establecer la relación, es decir, crear una corriente de empatía que reduzca las defensas. La PNL ofrece herramientas interesantes como la calibración y la sincronización, que se integran en la llamada técnica del espejo, consistente en aproximarse al lenguaje no verbal de la otra parte.

En primer lugar, sincronizar la postura. Si la persona está tensa o relajada, vertical o inclinada hacia delante, imitamos esa postura. También se reproducen sus gestos: cruzar las piernas, inclinar la cabeza, mover las manos con un determinado ritmo o forma, etc. En tercer lugar, se sincroniza la voz, ajustándose al otro en el ritmo, lento o rápido, el tono de voz grave o aguda y las pausas.

La sincronización o *rapport* es un fenómeno natural que desplegamos sin ser conscientes, pero podemos optimizarlo para comunicarnos mejor. Como herramienta de *feedback*, nos permite verificar la calidad de la relación durante nuestras conversaciones. Desincronizándonos en un momento concreto, podemos ver si nuestro interlocutor nos sigue. Si no lo hace, indica que el clima de confianza no es tan elevado.

La sincronización tiene el gran poder de hacernos empatizar con el otro. Nos lleva a conectar con su estado emocional y a aproximar posiciones. Como explica mi compañero en EOI, Guillermo Sánchez, experto en negociación: «Mimetizar o imitar con discreción los gestos y posturas de la otra parte pueden generar muy buena sintonía y empatía en la negociación, pero cuidado con sufrir síndrome de Estocolmo y hacer excesivas concesiones».

La colaboración requiere comunicación y transparencia, hablar de las necesidades de cada parte, explorar alternativas y ejercitar nuestra creatividad. Y todo ello requiere tiempo y voluntad de entenderse. Por este motivo, es el estilo ideal cuando los objetivos de ambas partes son importantes y necesitamos una solución armonizadora y consensuada, así como cuando nos importa la relación a medio-largo plazo.

En mi opinión, lo ideal es comenzar con una actitud cooperativa, que invita a lo mismo y reduce las amenazas. Aunque en algunos casos descubrimos que no es posible la cooperación, porque la otra parte no se adapta a este tipo de relación ganar-ganar.

LA ASERTIVIDAD EN LA NEGOCIACIÓN

Además del rasgo de cooperación-competición, otra variable que influye en el estilo de negociación es la asertividad.

La asertividad consiste en afirmarse con claridad y sin temor, y suele emerger cuando existe seguridad. El comportamiento no verbal de la conducta asertiva se caracteriza por la mirada franca y directa, una expresión facial relajada y expresiva, y una voz clara y firme. Además, suele haber congruencia entre los gestos y el contenido verbal.

El comportamiento inhibido o pasivo, en cambio, está relacionado con la sumisión, el miedo y el nerviosismo. Se caracteriza por la mirada huidiza, una expresión facial sombría, la posición del cuerpo replegada sobre sí misma, distancia del otro, así como movimientos nerviosos.

Puede acompañarse de gestos como la cabeza baja, llevarse las manos al rostro o al cabello, retorcerse las manos, rascarse la nuca, carraspear o parpadear en exceso. Es frecuente ver que los animales, en la confrontación con un individuo más poderoso, se contraen, encogiendo los hombros y bajando la cabeza. Por ejemplo, los lobos y los perros meten la cola entre las patas y huyen furtivamente o se agazapan en gesto de sumisión. No es muy distinta nuestra actitud algunas veces.

El comportamiento agresivo lo identificamos por una mirada demasiado fija en el interlocutor, una expresión facial y corporal tensa, movimientos rápidos y desordenados, un volumen de voz normalmente alto y, sobre todo, por una entonación brusca.

En definitiva, la recomendación sería, en líneas generales, leer estas señales sobre el estilo de negociación en nuestro interlocutor, entender su actitud y tomar nuestras decisiones. Conocer el terreno y al adversario, como decía Sun Tzu en *El arte de la guerra*, nos permite plantear la mejor estrategia. Y en ocasiones nos servirá para decidir que no nos interesa esa relación.

Lo no verbal nos sirve principalmente para ver el tipo de persona negociadora que tenemos delante. Si se muestra inexpresivo o abierto, si muestra sus cartas o no, si juega a crear inseguridad o es transparente acerca de sus intereses y planteamientos, si transmite serenidad y veracidad o lo contrario.

EVOLUCIONAR EN NUESTRO ESTILO DE NEGOCIACIÓN

También podemos reflexionar sobre nuestro propio estilo y rasgos predominantes. Conocer nuestra tendencia natural para aprovecharla, así como evaluar si nos interesa desarrollar alguna habilidad necesaria como la asertividad, la actitud de cooperación o incluso alguna técnica competitiva por si nos hace falta.

Además de contar con unas determinadas tendencias naturales, crecemos en un entorno, un país, una familia y unos modelos enmarcados en una determinada cultura que a menudo propone un estilo como ideal. En ocasiones podemos descubrir que, de acuerdo con las circunstancias, puede ser útil desplegar otro que no nos habían enseñado.

Por ejemplo, puede ser útil un estilo competitivo cuando hay prisa y hemos de ser resolutivos, o cuando se trata de una relación a corto plazo y no nos importa demasiado. O para protegernos de personas que se aprovechan del comportamiento cooperador.

Incluso el estilo complaciente (un estilo cooperativo, no asertivo), tan denostado, y que algunos hemos aprendido a superar porque nos perjudicaba, tiene sus ventajas en determinados momentos. Por ejemplo, cuando queremos preservar la armonía entre las partes u ofrecer un gesto de buena voluntad.

Vemos que la negociación requiere habilidades complementarias: flexibilidad, escucha, atención a la otra parte y, a la vez, firmeza y asertividad para plantear nuestras ideas. Cada uno hemos de reflexionar si queremos evolucionar respecto a nuestra tendencia habitual.

LA COMUNICACIÓN NO VERBAL EN LAS ENTREVISTAS

El objetivo habitual de una entrevista es el intercambio de información para conocer a la otra parte y tomar decisiones, sea de trabajo, de *networking* o para generar oportunidades de distinto tipo.

La preparación es esencial. Si se trata de una entrevista de selección, no podemos dejar de informarnos sobre la empresa y su sector, el perfil que están buscando, las competencias del puesto, así como sobre la cultura y el lenguaje que se utiliza en ese entorno de trabajo.

Las empresas suelen valorar muy positivamente competencias como la seguridad en uno mismo, la flexibilidad, el pensamiento analítico, el esfuerzo, la orientación a resultados y al cliente, el conocimiento organizativo, el trabajo en equipo y la identificación con la compañía. Pero en cada caso podremos identificar unas prioridades de acuerdo con la organización y el puesto que se desea cubrir.

En general, los candidatos hemos de saber vendernos a nosotros mismos: nuestra trayectoria, experiencia y logros. También es habitual preparar las respuestas a preguntas frecuentes como nuestros puntos fuertes y débiles, o qué podemos aportar a la organización.

A través de redes como LinkedIn podemos conocer algo más a la persona que nos va a entrevistar: su trayectoria profesional, su formación e incluso sus intereses, a través de sus grupos y las publicaciones que comparte.

Una vez que estamos cara a cara, es frecuente que la persona que entrevista mantenga un clima agradable, para que el entrevistado se sienta cómodo y de este modo aporte el máximo de información relevante. Asimismo, hay quienes adoptan un estilo más competitivo o confrontador. He oído justificar este comportamiento por el interés de descubrir cómo reaccionamos ante la presión y el estrés.

En realidad, no hay reglas fijas. Quien nos entrevista puede mostrarse simpático o antipático, puede plantear preguntas típicas o extrañas, puede ser joven o mayor, mostrarse inseguro o autoritario, parecer tranquilo o apresurado. En cualquier caso, no hemos de intentar entender en ese momento su estilo como entrevistador, sino fluir con él o ella dentro de lo posible y con naturalidad, igual que en otros contextos de comunicación.

Sobre el lenguaje no verbal propio, suele ser recomendable una actitud expresiva, activa, que transmita interés por el puesto. Te propongo aquí unas recomendaciones prácticas para recordar:

1. Sitúate en un estado interno positivo. Piensa que se trata de una conversación que interesa a las dos partes y donde ambas ganan.

2. Saluda con fuerza, amabilidad y simpatía. Camina con confianza al acercarte y sonríe, pues comunicarás que te alegras de estar ahí.

3. Mantén el contacto visual con naturalidad, para transmitir interés. Cuida de no distraerte, ni desviar la mirada hacia el suelo, ni al teléfono. Recuerda que mirar hacia el suelo puede interpretarse como preocupación o malestar.

4. En cuanto a la voz, pon atención al tono emocional para mostrar interés por el trabajo. Pon atención en el volumen y la dicción, de forma que tu interlocutor te oiga con facilidad. Evita un volumen de voz bajo que indicaría incomodidad o timidez.

5. Siéntate con la espalda vertical, no recostado ni ladeado, con el cuerpo y el rostro orientados hacia tu interlocutor.

6. Coloca las manos a la vista. Si estamos sentados, pueden reposar sobre las piernas o sobre la mesa, en función de la distancia. Mejor mostrar las manos que ocultarlas y preferiblemente mantener las palmas abiertas. Las manos suelen ser más estéticas cuando se encuentran relajadas y extendidas, no cerradas o tensas.

7. Evita mantener la postura de brazos cruzados, o las manos en los bolsillos, pues ambos gestos transmiten una actitud ausente o poco implicada.

8. Acompasa tus gestos y tu ritmo a los de tu entrevistador, como hemos visto al hablar de la sincronía.

9. Las piernas y los pies relajados transmiten apertura y comodidad. Evita los cruces repetidos o los movimientos insistentes de pies, que revelan impaciencia y nerviosismo.

10. Cuida la vestimenta y los objetos que llevas. Averigua el código de vestir de la empresa: si predomina el traje y la corbata o si se acepta un estilo más informal. Adecúate al tipo de puesto del que se trate y proyecta una imagen profesional.

11. En cuanto al lenguaje, aplica las pautas de una comunicación asertiva y positiva. Es recomendable aportar información positiva sobre nuestras experiencias

anteriores y el aprendizaje que han supuesto. También muéstrate constructivo y dispuesto a aprender.
12. Preparar la entrevista nos asegurará la fluidez verbal y la seguridad que necesitamos.

Si nos corresponde el rol de entrevistadores, podemos cuidar nuestro lenguaje no verbal de forma que nuestro interlocutor se sienta cómodo. La puntualidad, ir hacia la puerta a recibirlo, la configuración del espacio, la decoración y el orden, la iluminación, la tecnología, hasta el contar con un lugar para dejar el abrigo. Todos los elementos comunican e influyen en la impresión que recibirá el entrevistado sobre la organización.

Procuremos también que el tono de voz no sea monótono y que la velocidad y el volumen permitan oír las preguntas con claridad. Asimismo, serán importantes las demostraciones de escucha activa como mirar, asentir con la cabeza, inclinar la cabeza, así como tomar notas cuando sea necesario o las señales verbales y paraverbales como ajá, sí, claro, mmm, entiendo.

LA COMUNICACIÓN NO VERBAL EN LAS PRESENTACIONES

La mayoría de las indicaciones sobre la actitud en la entrevista son válidas en el caso de las presentaciones. De la misma manera, la persona que expone sus ideas en público ha de mostrarse atenta, centrada y con confianza. El hecho de estar de pie, más expuestos, y de dirigirnos a un grupo numeroso que normalmente no nos interrumpirá hasta el final lo convierte en un reto si no estamos acostumbrados. Se trata de una situación de comunicación asimétrica, menos habitual que la conversación.

El miedo a hablar en público es una de las fobias más frecuentes, por delante incluso de otras cosas muy temidas como la muerte, las arañas, las serpientes o las alturas. El Instituto Nacional de Salud Mental de EE. UU. afirma que la glosofobia, o miedo a hablar en público, afecta al 73 % de la población. Hace tiempo oí decir, en relación con este dato, que mucha gente preferiría en un funeral estar en el ataúd que ser el que ha de pronunciar el discurso. Sin duda, hay que trabajar para cambiar esto.

El silencio de la audiencia y su número provoca miedo al juicio negativo de los demás. Parece que hay raíces profundas en ello. Nuestros antepasados homínidos eran muy vulnerables al entorno y vivir en tribu era esencial para sobrevivir. Ser rechazado o aislado podía llevar fácilmente a la muerte y parece que ese miedo al rechazo del grupo arraigó y ha llegado hasta nuestros tiempos.

Antes de subir a un escenario para hacer una presentación es frecuente que la adrenalina se dispare y reaccionemos con gestos de descarga y autoarreglo. Es habitual acicalarse, retocarse el pelo, ajustarse los puños de la chaqueta o la camisa, estirarse la falda o camisa o colocarse la corbata o el reloj. Son gestos apaciguadores para reducir la ansiedad.

Hemos de saber que los dos primeros minutos suelen ser los más difíciles en un discurso, por el efecto de la adrenalina. Conviene preparar muy bien la introducción para empezar con buen pie y superar ese momento clave para la primera impresión.

Una posición natural y equilibrada para hablar ante un grupo sería situar los brazos a la altura de la cintura, los codos flexionados en ángulo recto y las manos extendidas en el frente, separadas, unidas por las yemas de los dedos o levemente entrelazadas. Desde ahí partirán para moverse delante del pecho. Han de llegar antes de que la frase termine, pues no resulta natural que el gesto se retrase.

Es cómodo sujetar algún objeto como un bolígrafo, pero ha de cuidarse el no manipularlo excesivamente. Hay quien sujeta discretamente un botón o el filo de la chaqueta, o quien une las manos en las yemas de los dedos o toca un anillo de la mano opuesta. Favorece a la postura el situar las manos de este modo, pues los hombros se elevan y colocan en una posición abierta, y la espalda queda erguida.

¿Y cuando estamos sentados? Si no tenemos mesa delante, es frecuente poner las manos sobre las rodillas o entrelazadas, con los codos en los reposabrazos si los hay. Si nos encontramos ante una mesa, sentados o de pie, normalmente las dejaremos sobre el tablero, relajadas, abiertas, en escorzo hacia el interlocutor, listas para mostrar las palmas.

En las grabaciones, los planos que incluyen las manos son más comunicativos, y por ello los informativos en televisión tienden cada vez más a mostrarnos a sus presentadores sin mesas o con sillas suficientemente altas para que estas sean visibles y producir una comunicación más transparente y cercana.

Cuentan que el político estadounidense Bill Clinton, al comienzo de su carrera, tenía el hábito de gesticular de forma excesiva y trabajó con sus asesores para reducir sus gestos y transmitir serenidad. La recomendación que siguió se ha dado a conocer como mantenerse en «la caja de Clinton». Significa gesticular dentro de un espacio limitado, del tamaño de una caja rectangular imaginaria que sostendríamos entre nuestras manos.

Otra referencia que puede resultar útil sobre cómo colocar las manos al hablar en público es situarlas al frente, como si sujetásemos una pelota de baloncesto entre ellas.

Cuando nos mostramos tranquilos transmitimos seguridad, respeto y confianza. La calma y la entereza, especialmente en circunstancias difíciles, se perciben como señales de fortaleza. Por el contrario, nos dan menos confianza quienes pierden el control de su comunicación no verbal, gritan o se mueven descontroladamente. Lo más equilibrado serían los gestos abiertos y comunicativos, con las manos delante, pero sin excesos.

El gesto de la cúpula, con las yemas unidas formando una bóveda, es un gesto de poder, muy simétrico y formal. En general, podemos decir que la simetría en la postura transmite orden. A menudo vemos este gesto a políticos y autoridades en momentos de gran formalidad. No conviene abusar de él si queremos mostrarnos informales y relajados.

En cuanto a la mirada, ha de dirigirse al grupo que nos escucha, tratando de repartirla en el auditorio. Si es numeroso, podemos buscar tres ejes de referencia a los que mirar en la sala: a izquierda, derecha y en el centro. Si estamos nerviosos, es útil buscar personas que nos resulten amigables y enfocarnos en ellas para empezar. A medida que nos sintamos más cómodo, podemos animarnos a contactar ocularmente con más personas de la audiencia.

Un error muy frecuente que hemos de evitar es la tendencia a orientar el cuerpo y la mirada hacia la pantalla. Si queremos señalar o hacer referencia a las diapositivas, podemos hacer una indicación con el brazo y dar un vistazo rápido, pero volviendo pronto con la mirada a nuestro público.

Variar el volumen, la velocidad y la entonación, así como dar énfasis a los conceptos clave es muy recomendable para mantener la atención. Tengamos en cuenta que la velocidad tiende a incrementarse debido a la adrenalina y hemos de esforzarnos para mantener un ritmo menos acelerado. Todo el trabajo previo que realicemos en cuanto a dicción y expresividad se verá recompensado.

En cuanto a la postura, para mostrar confianza, es recomendable mantenerse erguidos, pero no rígidos. Inclinarse ligeramente hacia delante nos muestra receptivos e implicados.

Cuando trabajo en eventos para emprendedores que han de presentar en un salón de actos o sala amplia, recomiendo no quedarse protegidos tras la mesa presidencial o tras el atril, salvo en situaciones muy formales. Normalmente llegamos más a la audiencia desmarcándonos ligeramente y aproximándonos al público sin tantas barreras.

En definitiva, se trata de encontrar nuestro equilibrio particular entre dos cualidades positivas y aparentemente opuestas como son la expresividad y la serenidad.

Es evidente que, para obtener resultados óptimos, es imprescindible una buena preparación, ensayar en voz alta, así como grabarnos y vernos para descubrir oportunidades de mejora.

LA COMUNICACIÓN NO VERBAL EN LAS PANTALLAS

Hoy nos vemos las caras más en pantallas que en persona. Nos reunimos, entrevistamos, presentamos, negociamos y hasta brindamos a través de ellas.

Aun así, las claves básicas que nos conectan como humanos siguen siendo las mismas: demostrar atención e interés, la mirada, los mensajes que muestran que estamos ahí para el otro, etc. Diría que en las relaciones virtuales necesitamos potenciar más la conexión para compensar el factor cansancio de las relaciones digitales. No olvidemos que es más fácil distraerse, puede haber tentación de desconectar la cámara o de hacer multitarea mientras asistimos a una reunión.

Construir confianza en el equipo o en la relación de forma virtual se ha convertido en un reto común en todas las organizaciones. Por eso, hemos creído imprescindible incluir algunas ideas sobre los condicionantes de las pantallas:

1. Coloca luz blanca o natural delante de ti. Ver a la persona en penumbra, poco iluminada o a contraluz puede generar una impresión poco favorable al dar la impresión de que se esconde o no quiere mostrarse.

2. Sitúa la cámara a la altura de tus ojos, de modo que tu interlocutor se sienta mirado. Aunque impere la tecnología, la mirada sigue siendo básica para conectar. Además, si la cámara queda demasiado alta o baja, la imagen es menos estética y pierde armonía.

3. Encuadra bien el plano, mejor algo alejado, al menos a un brazo de distancia de la cámara. Si quieres tener una imagen activa, por ejemplo, en un rol de formador, amplía el plano aproximadamente hasta tus codos, de forma que las manos se puedan ver en ocasiones, puesto que resulta más transparente. También puedes probar a impartir las sesiones de pie, adaptando la altura de la cámara. Esta postura tiene la ventaja de activarnos y acercarnos más a las sensaciones de una clase o conferencia presencial.

4. Cuida el sonido. Busca un lugar sin ruido de fondo y sin distracciones. Asimismo, es importante asegurar que no haya eco en la habitación. Podemos garantizar un mejor sonido con un pequeño micro de solapa o incluso con los que encontramos en los cascos más sencillos.

5. Proyecta una voz clara. Tu voz transmite emoción. Cuida el volumen, la entonación y la dicción clara. Perderse

sílabas o palabras y no entender resulta molesto y provoca desinterés. Recuerda además que en tu voz se perciben actitudes como la asertividad, la inhibición y la agresividad.

6. Busca un fondo neutro o profesional, acorde con tu especialidad. El entorno dice mucho de nosotros. Un entorno caótico habitualmente no nos beneficiará, pues hace más difícil concentrarnos. Si es posible, despeja el espacio detrás de ti y muestra elementos afines a tu marca personal que no distraigan demasiado. Otra opción que puedes probar es colocar un fondo digital, aunque, en mi opinión, los verdaderos producen más confianza.

7. Cuida tu imagen de acuerdo con lo que quieres proyectar. La ausencia de contacto hace que destaquen aún más los otros canales, como el visual. En general, una sonrisa sincera, un cabello recién lavado, una barba bien afeitada o cuidada y un cutis limpio saltan a la vista y traspasan cualquier pantalla. Además, ante la falta de contacto físico se valoran los gestos de afecto, como el aplauso, o los detalles expresivos, como el gesto de la mano en el corazón, o las palmas juntas en señal de agradecimiento.

8. Atención a los descuidos, las interrupciones y las puertas abiertas. En ocasiones vemos más de lo que nos gustaría ver. Mejor vístete de forma que no haya problema si tienes que levantarte. Si tienes hijos pequeños o mascotas, busca recursos para aislarte durante espacios de tiempo, sobre todo en ocasiones importantes para ti.

9. Conecta tu cámara cuando sea posible. El texto es una vía sumamente útil y rápida de comunicación, con la gran ventaja de no requerir sincronicidad. La voz añade valor y humaniza. Ver el rostro en la pantalla también es un paso más que se suele agradecer. Si habéis tenido que hacer una presentación en la que los participantes tenían las cámaras apagadas, sabéis lo que os digo. Incluso una foto de perfil se valora; en especial si sonríe. Mi recomendación sería no apagar la cámara si sois un grupo pequeño.

10. Despega tu vista de la pantalla, levántate y estírate al menos cada hora aproximadamente. Algo de ejercicio y movimiento hará que después rindas más. Recuerda que el cuidado físico lleva al bienestar mental.

En definitiva, cuida tu actitud y muéstrate atento/a. «La actitud es una pequeña cosa que marca una gran diferencia», como dijo Winston Churchill. La comunicación a través de pantallas nos priva de algunos elementos de comunicación muy gratos como el contacto. Solo una excelente comunicación verbal y no verbal conseguirá compensarlos.

7

Tú eliges

Después de este recorrido a través del origen y la evolución de los gestos, llegamos a un capítulo diferente. Tal vez el camino te haya reafirmado acerca de tu estilo personal de comunicación, te haya animado a observar más a tu alrededor o a ti mismo/a, o te haya motivado a mejorar en algún aspecto concreto.

Posibles objetivos como cuidar nuestra escucha, no dejar vagar la mirada distraídamente, adoptar una postura más vertical, vocalizar, cuidar nuestra entonación, sonreír más o tal vez sonreír menos, respirar mejor, etc.

En este capítulo emerge mi faceta de mentora y *coach* para proponerte un camino que te permita avanzar hacia donde tú decidas. ¡Es hora de pasar a la acción!

EL SER HUMANO PROYECTA, CREA Y TOMA DECISIONES

Aunque no siempre sea fácil superar los resortes emocionales o los hábitos culturales impresos en nuestra mente, no podemos olvidarnos de la poderosa capacidad del ser humano de dirigir su comportamiento y ejercitar su libertad.

¿Qué nos diferencia de otros seres vivos? El *Homo sapiens* apareció en nuestro planeta hace unos 50.000 años. Muy poco tiempo si pensamos a escala de la Tierra, pues la vida en el planeta surgió hace unos 4.000 millones de años. Como explica Ken

Robinson en *Encuentra tu elemento*, si nos imaginamos este tiempo como un año, los seres humanos modernos habríamos aparecido en la Tierra el día 31 de diciembre hacia medianoche.

Los humanos hemos convivido en armonía con la naturaleza durante la mayor parte del tiempo que llevamos en el planeta, siendo casi insignificantes para el entorno. Sin embargo, en los últimos 300 años, desde la Revolución industrial, hemos pasado a dominarlo.

¿Cuál es el motivo? Lo que nos ha traído hasta aquí son nuestras capacidades derivadas de la imaginación y la creatividad, que nos han permitido conseguir grandes logros en las artes y las ciencias.

Nuestra autoconciencia, junto con la creatividad y la voluntad, nos permite evaluar nuestras acciones y tomar decisiones. Precisamente en la parte frontal del neocórtex, la más reciente en la evolución del cerebro, es donde residen la voluntad, el control de la conducta, la capacidad de decidir y los valores.

Nuestro cerebro viene provisto con un extra respecto a otros seres vivos: la capacidad de decidir. Como afirmó Carl Gustav Jung: «No soy la consecuencia de mis acontecimientos, sino el resultado de mis decisiones».

LA CAPACIDAD DE CONSTRUIRSE, DE PROYECTAR

En los animales se produce el aprendizaje por observación de modelos, de forma automática, no intencional. En cambio, como explica J. A. Marina en su libro la *Teoría de la inteligencia creadora*, el ser humano dirige conscientemente su actividad de aprender.

Para numerosos filósofos como Heidegger, Sartre u Ortega y Gasset, el humano se caracteriza por ser «un ser que proyecta». Proyectar es una actividad anterior a planificar, pues comienza con definir el objetivo. El ser humano no solo responde a preguntas, sino que formula sus propias preguntas.

A la inteligencia y la creatividad se suma otro rasgo propio del ser humano: la curiosidad a lo largo de toda la vida. El pionero de la etología, Konrad Lorenz, explicó que la curiosidad y la actitud lúdica son típicas de la infancia de todos los animales superiores. Pero en los animales, estos rasgos desaparecen o se debilitan cuando alcanzan la madurez sexual, mientras que el ser humano los mantiene a lo largo de toda la vida.

EL CEREBRO SE CAMBIA A SÍ MISMO: LA NEUROPLASTICIDAD

Desde que el médico y científico español Ramón y Cajal, considerado padre de la neurociencia, descubriera las espinas dendríticas de las neuronas y obtuviera el Premio Nobel allá en 1906 por sus aportaciones sobre la estructura del sistema nervioso, la ciencia sobre el cerebro ha seguido avanzando de manera imparable.

En las últimas décadas nos ha confirmado algo tan crucial como el concepto de la neuroplasticidad del cerebro. El psiquiatra canadiense Norman Doidge, en su libro *El cerebro se cambia a sí mismo,* explica este concepto, que implica un cambio de paradigma para la neurociencia al comprobarse que el cerebro no es una estructura inmutable, sino que «es capaz de cambiar su estructura y función a través de la actividad y el pensamiento».

Muchos recordaremos cuando estudiamos el cerebro en las clases de Ciencias Naturales. Nos explicaban cómo nacíamos con un número determinado de neuronas y cómo cada día iban muriendo irremediablemente miles de ellas. Para mí, aquella historia de las miles de neuronas que morían era bastante terrible, porque además se afirmaba categóricamente que no nacía ninguna nueva. Hoy sabemos que las conexiones entre neuronas, e incluso su número, se modifican como resultado de nuestras experiencias vitales desde que nacemos hasta que morimos. Para Doidge se trata de «uno de los descubrimientos más extraordinarios de todo el siglo xx». Y para mí también, qué alivio.

El fantástico libro de Doidge nos presenta el cerebro de una forma nueva a través de casos clínicos reales. Uno de ellos de la mano del científico pionero en neuroplasticidad Paul Bach-y-Rita, que contradijo la idea del localizacionismo en el cerebro, es decir, la idea de que cada función estaba ubicada únicamente en una zona específica del cerebro (como el área de Broca para el habla o el área de Wernicke para la comprensión de palabras).

Demostró que cuando un área del cerebro está dañada, el cerebro es capaz de reorganizarse y recuperar la función que realizaba. Después se dedicó a inventar aparatos de sustitución sensorial para la rehabilitación de personas con daño cerebral, personas que habían sufrido traumatismo cerebral o que sufrían la enfermedad de Parkinson, obteniendo magníficos resultados.

Doidge también destaca el trabajo de uno de los investigadores actuales más importantes en neuroplasticidad, Michael Merzenich, centrado en ayudar a niños con trastornos de aprendizaje a mejorar su cognición y su percepción. Demostró que ejercitar el cerebro puede ser tan eficaz como los medicamentos para tratar enfermedades graves como la esquizofrenia.

Toda esta investigación nos reafirma: si alguien con daño cerebral puede reconstruir las conexiones de su cerebro con ejercicios, nuestra confianza acerca de la posibilidad de construir nuevos hábitos crece. Eso sí, si queremos mantenerlo joven, hemos de retarlo con actividades distintas durante toda la vida.

Ya lo adelantó nuestro genial premio nobel, Ramón y Cajal: «Todo hombre puede ser, si se lo propone, escultor de su propio cerebro».

TU TURNO DE ELEGIR

Como seres racionales poseemos cierto grado de control sobre nuestras creencias y deseos y podemos educar nuestra mente crítica para guiar nuestro comportamiento. Podemos elegir en cierto modo en qué queremos convertirnos.

Para ello, es básico empezar por conocernos a nosotros mismos. Para utilizar un mapa y dirigirnos a un destino, es fundamental situar dónde estamos. Localizar la útil flecha roja de «usted está aquí».

Esta idea no es precisamente nueva, sino que se remonta al siglo IV a. C. Se atribuye a Heráclito, Tales de Mileto y Sócrates, entre otros, la famosa y contundente frase del frontispicio del templo de Apolo en Delfos, «Conócete a ti mismo».

A. CONÓCETE

Conocerse es una tarea que no termina nunca, pues los seres humanos somos seres inacabados que seguimos evolucionando y cambiando a lo largo de toda nuestra vida. Irnos conociendo nos permite vivir una vida más consciente y hacer que merezca la pena, de acuerdo con nuestros objetivos. Y además, se dice que no se puede querer lo que no se conoce. Vale la pena dedicarle algo de tiempo.

Un camino para conocernos es reflexionar sobre nuestro propósito, nuestros valores y atributos y nuestros objetivos vitales.

Existen numerosos libros y manuales de ejercicios que nos pueden ayudar a conocernos mejor a nosotros mismos y a sacar a la luz nuestros atributos y valores. Si no lo has hecho aún, busca un momento tranquilo en el que puedas concentrarte, toma cuaderno y bolígrafo, tal vez algo de música y anota tus ideas. No está mal hacer un ejercicio de reflexión cada cierto tiempo. Resulta muy interesante encontrar nuestras notas pasados los años y poder comprobar la evolución.

Si quieres conocer más sobre tus fortalezas y puntos débiles te propongo los siguientes ejercicios:

- Ejercicio «Soy insufrible/soy sorprendente». El ejercicio consiste en hacer dos listas. Bajo el encabezado «soy una persona insufrible» escribiremos todos los defectos que nos vengan a la mente. Después, en otra hoja, bajo el encabezado «soy una persona sorprendente», escribimos todas las ideas que se nos ocurran. Tratemos de recoger hechos concretos, sin emitir juicios en la medida de lo posible. Después revisaremos las listas. ¿Hemos tendido a ser muy críticos o predominan los rasgos positivos? En cualquier caso, se trata de nuestra visión desde el ángulo del momento actual. El ejercicio permite explorar las múltiples facetas que todos tenemos y acercarnos a una visión más realista de nosotros mismos.

- El clásico ejercicio de la Ventana de Johari. Los psicólogos Joseph Luft y Harry Ingham desarrollaron en la década de los cincuenta un esquema que representa las relaciones con los demás a través de una ventana con cuatro cuadrantes. En una tabla de doble entrada se representan el área libre, conocida por mí y por los demás; el área ciega, no conocida por mí, conocida por los demás; el área privada, conocida por mí, no conocida por los demás; y el área desconocida, no conocida por mí ni por los demás.

  Podemos plantear, en primer lugar, una lista con nuestras cualidades y defectos desde nuestro punto de vista. Después, para obtener *feedback* de los demás, preguntaríamos a personas que nos conocen en distintos ámbitos (familia, amigos, compañeros de trabajo) qué cualidades destacarían de nosotros. El ideal es entregarles o enviarles por correo electrónico un formulario con múltiples opciones y que lo rellenen de forma anónima. Después podremos situar los resultados obtenidos en el cuadrante del área libre, y de esta manera reducir el correspondiente a la zona ciega o desconocida. Cuanto más grande sea el área libre (y más pequeñas las otras tres), más transparentes seremos.

- Ejercicio «Si fuera... un animal, una flor, un país, una comida, una bebida, un juego». Responde a la lista anotando los ejemplos con los que te identifiques, de forma cuanto más espontánea mejor. Después escribe los atributos o cualidades que asocias a tus elecciones y revisa si tienen algo que ver contigo. No te extrañe mucho si tu visión cambia con el día: yo a veces me siento como un té negro y otros días más como un zumo de frutas. Extrae qué significa esto para ti y saca tus aprendizajes.

  También existen diversos test *online* como la encuesta Character Strengths (en viacharacter.org), que te impulsan a centrarte en tus fortalezas y a ponerlas más en práctica cada día para mejorar tu bienestar.

Para descubrir tu motivación y propósito son útiles estas actividades de reflexión.

- Ejercicio plan de acción de Ken Robinson en «Encuentra tu elemento». Toma una hoja grande de papel y dibuja cuatro círculos que se superpongan en el centro formando una intersección común. En cada uno incluye tus aptitudes, pasiones, actitudes y oportunidades, indicando rasgos actuales de ti y también aquellos que te gustaría desarrollar. Reflexiona sobre ello y elige en cada círculo el rasgo más prioritario para ti. En la intersección de los cuatro escribe esas ideas prioritarias para después llevarlas a un plan de acción.
- Ejercicio *ikigai*. Es un concepto japonés que significa la razón de ser, la motivación vital o misión de la persona. Nuestro *ikigai* se encuentra en la intersección entre lo que nos encanta hacer, lo que se nos da bien hacer, lo que el mundo necesita y aquello por lo que el mercado puede pagar. Párate a pensar y a escribir sobre estos cuatro aspectos, pues acercarnos a nuestro propósito nos activa y nos proporciona felicidad.

Para descubrir o hacer aflorar tus valores puedes hacer:

- Ejercicio epitafio. Se trata de describir cómo crees que te recordarán, cuando mueras, las personas que te han conocido. Visualiza el lugar de tu funeral y las personas concretas que dicen unas palabras de despedida y recuerdo sobre ti. Escríbelo. A continuación, piensa cómo te gustaría ser recordado en ese momento de tu muerte: qué características querrías que se reconociesen o destacasen de ti, e incluso qué cosas consideras que te faltan por hacer para dejar el legado que quieres. Esta reflexión te dará una idea acerca de tus valores aspiracionales.
- Ejercicio valores. Elije cinco o seis imágenes que te gusten y haz una lista de palabras respondiendo qué te gusta de cada una de las imágenes (hay juegos de tarjetas diseñados para este fin, pero puede hacerse con otras fotografías o ilustraciones que elijas). De la lista escoge las

ocho palabras que más te llamen la atención. A partir de cada una de ellas haz una cadena de palabras asociadas, elige las que más te resuenen y crea con ellas tu relación de valores. Ahora prioriza los tres que quieres vivir más intensamente y planifica una acción concreta que vas a realizar para vivir cada uno de ellos.

Este tipo de reflexión nos ayuda a hacer explícitas nuestras características actuales y también los valores aspiracionales que nos motivan y hacia los que queremos caminar. Puede ser relevante en nuestras vidas si nos pone en marcha para honrar y poner en práctica nuestros valores cada día.

Por ejemplo, si lo elegimos así, podemos dirigirnos a practicar la amabilidad o la bondad a través de acciones concretas. O activar en nosotros la paciencia, el perdón, la generosidad, la valentía y el coraje. Recuerda que practicar nuestros valores nos hace más felices.

La marca personal y la coherencia

La coherencia entre lo que pensamos, sentimos, decimos y hacemos nos confiere fuerza y credibilidad. La autenticidad nos hace más memorables: sea lo que contamos en nuestras historias, con nuestras palabras y también a través de nuestro lenguaje no verbal. Es esencial la sinceridad con uno mismo y los demás.

Cuando alguno de estos elementos no está armonizado con los demás, el resultado es un doble mensaje que genera desconfianza.

Cuando nos sentimos mal con nosotros mismos, intentamos ocultar algo o forzar demasiado una determinada apariencia, los demás lo captan y la percepción es negativa. La ocultación y la negación no son un buen camino. La autenticidad implica aceptar nuestras debilidades como parte de nosotros. Recuerda que muchas veces un defecto o rareza de alguien termina por hacer a esa persona singular, memorable e incluso más querible.

Un ejemplo que me gusta para ilustrar el hecho de dar valor a nuestras cualidades, incluso las que podrían considerarse defectos, es el de la marca Colacao. En su comunicación, convierten algo que podía entenderse como un inconveniente, como la dificultad del producto para deshacerse en la leche, en un atributo principal de la marca. Se muestran orgullosos de «sus grumitos», pues son característicos de la experiencia para sus clientes y fans. Pues ya podemos aplicárnoslo.

Para ser auténticos, hemos de borrar los mensajes grabados de «no ser suficiente». Hemos de detectar esas grabaciones de ideas que a menudo están ahí, como «eres demasiado bajita», «demasiado gordita», «demasiado normal», «no suficientemente lista». Hemos de dejar de compararnos, saber que somos seres humanos únicos y honrarnos con nuestros pensamientos, sabiendo que sí somos suficiente, aquí y ahora, tal y como somos.

Saber reírse de uno mismo es una magnífica cualidad, pues aporta bienestar para nosotros mismos y para los que nos rodean. Reírnos de nosotros mismos requiere aceptarnos. Reconocer nuestros rasgos y experiencias menos frecuentes, aunque nos hayan hecho sentir en ocasiones «bichos raros», nos permite mostrarnos diferentes y auténticos. Cuantas menos inhibiciones tengamos, mejor fluirá nuestro estilo personal, así que toca salir de nuestro caparazón y permitir asomarse al niño o la niña auténtica que hay en nosotros.

Una frase atribuida al filósofo chino Lao-Tsé lo explica con claridad: «Si uno cree en sí mismo, no intenta convencer a los demás. Porque si uno está contento consigo mismo, no necesita la aprobación de los demás. Porque si uno se acepta a sí mismo, el mundo entero lo acepta también».

Más de una vez mis alumnos me han preguntado: «¿Y qué hacemos si somos tímidos?». Pues propondría engrandecer esa humildad, quedarnos con su valor positivo. Hoy en día se habla del poder de los introvertidos y cada vez somos más conscientes de que hay mucho valor en las personas introvertidas. El reto para cada uno de nosotros es hacer brillar nuestro talento, sea cual sea.

En la actualidad se habla a menudo del concepto de marca personal. Para el experto en *branding*, Andrés Pérez Ortega, desarrollar la marca personal consiste en «identificar y comunicar las características que nos hacen sobresalir, ser relevantes, diferentes y visibles en un entorno homogéneo, competitivo y cambiante».

Desde el punto de vista del *marketing*, en un entorno competitivo como el actual, diferenciarnos nos permite destacar y ser recordados. Esta idea de diferenciación coincide plenamente con el camino que recomendamos de ser auténticos y genuinos.

Si nuestra marca personal es el conjunto de atributos propios que son reconocidos y recordados por los demás, hemos de identificar esas características, para a continuación hacerlas más visibles.

En mi opinión, lo esencial es centrarnos en encontrar esa identidad con la que nos sentimos plenos y coherentes. El siguiente paso sería hacerla evidente para los demás.

Lo que parece claro es que el lenguaje no verbal forma parte de nuestra identidad, pues a menudo es el primer mensaje que reciben los demás de nosotros y contribuye al recuerdo de quiénes somos.

Desde el punto de vista de la marca personal, la comunicación no verbal es una pieza sumamente visible y como tal hemos de cuidarla.

Por otra parte, considero que sería interesante reflexionar sobre la altísima importancia que nuestra sociedad le concede a la imagen y cuestionarnos si queremos seguir dándole ese protagonismo entre todos. Un gran tema con entidad para ser abordado en otra ocasión.

B. TOMA EL TIMÓN, RESPONSABILÍZATE Y ACÉPTATE

Ideas para quererte, cuidarte y ganar seguridad

Sabemos que un buen nivel de autoestima es crucial para tener bienestar en nuestra vida. Si contamos con nuestra aceptación, no buscaremos ansiosamente la aprobación o el aplauso de los demás. Creer en nosotros mismos nos hará caminar con paso seguro y perseverar hacia nuestras metas. Por el contrario, una voz interna excesivamente dura o crítica, con mensajes como «no vales», «qué te has creído», «eres torpe» o «no puedes», nos restaría confianza para acercarnos a nuestros objetivos.

Diversos expertos en oratoria, como la estadounidense Lisa Nichols, afirman que «hablar poderosamente se relaciona con la autoestima».

Sabemos que cuerpo, mente y emoción están conectadas en el ser humano. Por ello, vamos a proponer algunos recursos que pueden mejorar nuestra autoconfianza y bienestar a través de mente, cuerpo y emociones.

LA MENTE: LAS CREENCIAS SOBRE NOSOTROS MISMOS

En la construcción de la autoestima son cruciales las creencias que hemos grabado sobre el mundo, sobre los demás y, muy especialmente, sobre nosotros mismos. Las creencias de cada persona proceden en gran medida de la cultura, del entorno social y sobre todo de la familia y las experiencias de la infancia. Como dice Elsa Punset en *El mundo en tus manos*, tu autoestima es otra huella fundamental (o cicatriz) que la relación con tus padres ha dejado en ti.

Si percibes una voz interna excesivamente crítica, enfócate en la buena noticia. Puedes trabajar para cambiarla. Para empezar, vale la pena cuidar cómo nos hablamos a nosotros mismos, pues el autodiálogo tiene un alto impacto en la interpretación que hacemos de la realidad y la forma de afrontarla. Hemos de cuidar las palabras que nos decimos y ser conscientes de su gran poder.

Henry Ford dijo: «Tanto si crees que puedes, como si crees que no puedes, tienes razón». Manifestaba así que la confianza en las propias posibilidades, seguida del correspondiente paso a la acción, es un factor clave para el éxito.

Las personas que creen y confían en sí mismas muestran tolerancia hacia sus debilidades, afecto hacia ellas mismas y hacia el mundo, por lo que suelen tener un gran encanto. Su actitud amable es la opuesta a la actitud desconfiada de quien siempre espera algo malo. Esto se manifiesta también de forma no verbal en la mirada, en la sonrisa y en la postura. Lo positivo es que ese encanto de las personas con confianza se puede desarrollar.

Varios libros te pueden ayudar en este reto de ganar seguridad en ti mismo/a. Te recomiendo, por ejemplo, *Yo no valgo menos*, de Olga Castanyer, o en el caso de mujeres específicamente, te puede gustar *No son perfectas. Son felices*.

Merece la pena revisar las creencias, porque puede haber mucho caducado en ellas. Ten en cuenta que a menudo proceden de nuestra educación y no necesariamente han de ser válidas y potenciadoras en nuestra vida de hoy.

Pon atención a tus exigencias o «debería» y revisa su validez. Recuerda que el perfeccionismo nos suele frenar a la hora de disfrutar el momento y ser felices. Para de pensar en tus fallos y honra quién eres. Ten presente los logros de los que te sientes orgulloso/a. Perdónate tus errores y comprométete a avanzar hacia donde tú deseas.

Si detectas que la autoestima es un punto crítico para ti, recuerda que puedes reforzarla a través del autoconocimiento, con trabajo personal y también con apoyo profesional.

El poder del pensamiento, el autodiálogo y el lenguaje positivo

Nuestra mente nos amarga a menudo con preocupaciones, anticipando amenazas y peligros, porque eso resultaba útil para sobrevivir en el entorno salvaje en el que evolucionó.

El cerebro está programado para ofrecer respuestas de lucha o huida cuando nos sentimos amenazados. Además, la amígdala, la parte del sistema límbico que decide si algo es una amenaza, reacciona mucho más velozmente a los estímulos negativos que a los positivos.

En su libro *El arte de amargarse la vida*, Paul Watzlawick ilustra a través de una breve historia la influencia de nuestros pensamientos, creencias y prejuicios en nuestro comportamiento:

> Un hombre quiere colgar un cuadro, pero le falta un martillo. El vecino tiene uno. Así pues, nuestro hombre decide pedir al vecino que se lo preste. Pero le asalta una duda: «¿Qué? ¿Y si no quiere prestarme el martillo? Ahora recuerdo que ayer me saludó algo distraído. Quizás tenía prisa. Pero quizás la prisa no era más que un pretexto, y el hombre abriga algo contra mí. ¿Qué puede ser? Yo no le he hecho nada; algo se le habrá metido en la cabeza. Si alguien me pidiese prestada alguna

herramienta, yo se la dejaría enseguida. ¿Por qué no ha de hacerlo él también? ¿Cómo puede negarse uno a hacer un favor tan sencillo al prójimo? Tipos como este le amargan a uno la vida. Y encima se creerá que dependo de él. Solo porque tiene un martillo. Esto ya es el colmo...». Así, nuestro hombre sale precipitado a casa del vecino, toca el timbre, se abre la puerta y, antes de que el vecino tenga tiempo de decir «buenos días», le grita furioso: «¡Guárdese usted su martillo, pedazo de avaro!».

El ejemplo narra cómo nuestros pensamientos pueden influir radicalmente en nuestro comportamiento y también en las reacciones de los demás.

En el pensamiento tenemos un útil punto de palanca para influir en nuestro estado emocional, en nuestro cerebro y, por lo tanto, en nuestro cuerpo.

Existen prácticas para entrenar el pensamiento positivo, como desarrollar el hábito de comenzar cada día con pensamientos de agradecimiento, escribir un breve diario cada noche con los pequeños logros y aprendizajes del día o proponernos el reto de escribir una carta de agradecimiento a aquellas personas que nos hayan ayudado más en nuestra vida.

Trata de mantener un diálogo interno potenciador

Ten cuidado con el lenguaje negativo, pues trae consigo sensación de escasez y nos frena. Reemplaza las lamentaciones o el autodiálogo negativo sobre decisiones o hechos pasados por frases potenciadoras como «¿qué puedo aprender de esto?», «¿qué puedo hacer para avanzar a partir de esta experiencia?». Nuestro cerebro está programado, pero podemos limpiarlo y ejercitarlo para cambiar. Recuerda que tu vida es el resultado de tus pensamientos.

El lenguaje positivo tiene un impacto en nosotros mismos, además de en los demás. Como sugerencias, en lugar de poner el énfasis en lo que no podemos hacer o en los errores, podemos hacerlo en nuestros objetivos. Tratemos de no culpabilizar a los demás a través de nuestro lenguaje. Enfoquémonos mejor en las posibles soluciones, en lo que podemos hacer y en plantear alternativas de futuro.

Las frases de afirmación también tienen un gran impacto en nosotros. Cuida lo que te dices.

LA EMOCIÓN. LA FUERZA DE LAS EMOCIONES Y CÓMO GESTIONARLAS

La palabra emoción procede del verbo latino *emovere, que* significa «mover desde, retirar o desalojar». La emoción nos mueve y nos saca de nuestro estado habitual.

Esa alteración del ánimo que es la emoción afecta a nuestra atención y nos predispone a actuar. La neurociencia ha mostrado la trascendencia de las emociones y su influencia en el pensamiento y en el comportamiento.

Como explica Paul Ekman en *El rostro de las emociones*, las emociones están por encima de los instintos considerados más básicos: alimentación, reproducción y supervivencia. Por asco alguien puede dejar de comer hasta morir, por miedo o por asco alguien puede evitar las relaciones sexuales y por tristeza o desesperación alguien puede llegar a quitarse la vida.

Las emociones pueden resultarnos positivas, como cuando nos sentimos orgullosos ante un éxito, o alegres, por una buena noticia. O pueden ser dolorosas, como cuando sentimos vergüenza, tristeza o enfado. Pero en todos los casos nos brindan información vital, incluso cuando son difíciles. No hay emociones positivas o negativas, sino bien o mal gestionadas.

En Occidente, un gran número de personas hemos crecido en un entorno que consideraba necesario «controlar las emociones». Una pauta bastante general era reprimir las emociones y no dejarlas salir. Por otro lado, en los hombres no estaba mal visto el enfado y era habitual que se expresara sin mucho cuidado. En cambio, la tristeza o el hecho de llorar estaban mal vistos en ellos, y justo lo contrario ocurría en el caso de la mujer.

Hoy sabemos que las emociones nos aportan información valiosa sobre nosotros mismos y contienen energía para actuar. No es positivo ignorar, bloquear o resistirse a ellas, sino escucharlas, entenderlas, aceptarlas y canalizarlas. Tomar de ellas información para actuar. La educación en materia de emociones nos puede ayudar a ser más felices.

Leer las emociones y el papel del cuerpo

Es bueno saber que nuestro cerebro tiene tendencia a enfocarse en los estímulos negativos porque está diseñado para sobrevivir y ha pasado toda la evolución defendiéndonos de peligros. Emociones como el miedo o el temor son alarmas que desconectan los circuitos racionales y nos hacen entrar en el bucle ataque/huida. Si queremos cambiar esa tendencia, hemos de entrenarnos para gestionarlas de una forma nueva.

Por ejemplo, **el enfado** tiene mala prensa, pero sin embargo puede ser de gran utilidad pues nos indica que se está traspasando un límite importante para nosotros.

Es famosa la cita de Aristóteles: «Cualquiera puede enfadarse, eso es fácil. Pero enfadarse con la persona adecuada, en el grado exacto, en el momento oportuno, con el propósito justo y del modo correcto, eso, ciertamente, no resulta tan sencillo».

Podemos preguntarnos qué nos dice nuestro enfado. Si lo leemos bien, el enfado nos permitirá identificar y expresar un principio o valor importante para nosotros. Y será el primer paso para poder negociar con los demás, pedir lo que creemos justo o tomar decisiones en relación con el tema que nos importa. A lo largo de la historia de la humanidad, el enfado ha servido para marcar límites, rebelarse y cambiar las cosas. A veces es muy lícito y necesario enfadarse.

Silenciar el enfado sin más no es la solución, sino más bien identificarlo, entenderlo y buscar una solución constructiva.

La tristeza es la emoción que nos conecta con una pérdida. Si se debe a algo menor, puede ser positivo cambiar pronto nuestro estado, pues no vale la pena que nos quite energía mucho tiempo. Pero también hemos de escuchar la emoción. En algunas pérdidas, es necesario conectar con la tristeza y el dolor, vivir el duelo, permitirse estar mal y darse tiempo. Tras una etapa de recogimiento será más viable asimilar la pérdida, aceptar la nueva situación y poder continuar adelante con nuestra vida.

El miedo nos avisa de un peligro. Parece que ha resultado una emoción útil, ya que los humanos formamos parte del 0,1 % de las especies de las que existe registro fósil y todavía viven. Pero hay que pararse a ver cómo es ese miedo que sentimos. En muchas ocasiones el miedo nos da información de que debemos prepararnos más, entrenarnos para dar un paso. A veces veremos que el miedo aparece justo cuando nos estamos superando. Podemos pensar que sentir algo de miedo incluso es buena señal, pues indica que estamos avanzando o saliendo de nuestra zona cómoda o conocida.

Es valioso ser capaces de leer lo que hay detrás de las emociones porque nos ayuda a conocernos. **La alegría**, por ejemplo, te da información sobre metas alcanzadas o hechos que percibes como beneficiosos.

Para la RAE, la emoción es una «alteración del ánimo, intensa y pasajera, agradable o penosa, que va acompañada de cierta conmoción somática». Puesto que las emociones provocan reacciones en nuestro cuerpo que se traducen en gestos, movimientos y sensaciones físicas, la atención al cuerpo y al lenguaje no verbal tiene un papel relevante en la educación emocional.

De hecho, para algunas escuelas, como en la comunicación no violenta de Marshall Rosenberg, un principio básico es «bajar de la mente al cuerpo». La secuencia de etapas de este modelo va desde la observación de hechos, los sentimientos, la exploración de los valores, las necesidades y los deseos hasta las estrategias o acciones concretas como las peticiones. Se anima en todo el proceso a estar presentes en el aquí y el ahora y a sentir las emociones y necesidades en el cuerpo.

Escuchar a nuestro cuerpo es un pilar básico para salir del modo automático y empezar a elegir cómo gestionamos nuestras emociones.

Veamos cuatro pasos útiles para gestionar las emociones:

1. Prestar atención a las sensaciones en el cuerpo. Reconocerlas.
2. Identificar la emoción y ponerle nombre. Esto ayuda a reducir la intensidad, pues facilitamos la vuelta al

funcionamiento normal del cerebro y la racionalidad, que se bloquea ante el «rapto emocional».

3. Ver qué posibilidades tenemos para cambiar la emoción o bajar la intensidad y ganar tiempo cuando sea demasiado fuerte. Pasear, hacer ejercicio, escuchar música, distraernos, etc.

4. Buscar la forma de afrontarlas y dar una respuesta constructiva. Tomar conciencia de nuestros objetivos también nos lleva a un camino de racionalidad tras escuchar a nuestro cuerpo.

EL CUERPO: CUÍDALO

La postura, la respiración y el cuidado de nuestro estado físico tienen un gran impacto en nuestro estado de ánimo. Además, podemos considerar que al cuidar nuestro cuerpo estamos enviándonos a nosotros mismos una señal clara de respeto y cariño. Importamos.

Desde el cuerpo podemos mejorar nuestra autoestima y bienestar interior. Como afirmó el autor y motivador estadounidense Tim Rohn «Cuida tu cuerpo. Es el único lugar que tienes para vivir». Y como dice mi amiga, la magnífica actriz y docente Eva Latonda: «El cuerpo es presente, es aquí y ahora; es lo que nos pone en el mundo».

Para empezar, pon atención a tu respiración. La respiración es una fuente de energía y salud, y lo mejor de todo es que se puede entrenar.

Los expertos explican que a medida que crecemos respiramos peor. La respiración natural de un bebé es profunda, con el diafragma, y por eso apreciamos fácilmente cómo se infla su tripa al inspirar. Los adultos realizamos a menudo una respiración mucho más superficial, empleando solo la mitad del volumen de los pulmones.

La respiración profunda permite que entre más oxígeno en nuestro organismo, y envía al cerebro mensajes que nos mantienen más relajados y reducen los niveles de estrés.

Para practicar una buena respiración es importante la postura. Prueba a sentarte con los hombros encogidos, el pecho cerrado, las manos en el teclado y la cabeza baja. Si intentas inspirar profundamente desde esa posición, notarás que la respiración no puede ser amplia. Por el contrario, si te sientas con la espalda vertical, los hombros y el pecho abiertos y relajados y la cabeza erguida, seguramente te resulte más fácil tomar una inspiración profunda.

Puedes probar a colocar la mano a la altura de tu ombligo y hacer diez inspiraciones, siendo consciente del movimiento de tu tripa al entrar y salir el aire.

También te propongo que pruebes, si no lo has hecho aún, algún ejercicio de *mindfulness* o atención plena. Te obligará a parar tu mente acelerada y observar. El prestigioso profesor de psicología de Harvard, Tal Ben-Shahar descubrió, a través de una investigación en la Universidad de Singapur, que quince minutos de meditación al día contribuyen a tomar mejores decisiones considerando la información disponible, pues «el *mindfulness* da tiempo al cuerpo estriado y a la corteza prefrontal para tomar las mejores decisiones *neuroeconómicas* o las más inteligentes para la salud y el bienestar a largo plazo».

Hoy en día tienes a tu alcance numerosos recursos gratuitos como, por ejemplo, los programas de veintiún días de meditación de Deepak Chopra, en YouTube, excelente introducción a la meditación guiada.

Otros caminos muy probados para velar por nuestro cuerpo son cuidar la alimentación, descansar lo suficiente, hacer ejercicio para oxigenarnos y mover el corazón, y, por qué no, vestirnos para creer en nosotros. Piensa que al vernos en el espejo hemos de convencernos a nosotros mismos. Creer en nosotros equivale a darnos internamente la aprobación y enviarnos un mensaje de ánimo que nos impulse hacia nuestros objetivos.

Ten en cuenta que nuestro cuerpo es una membrana sensitiva que capta nuestras sensaciones, de manera que podemos influir en lo que recibe nuestro cerebro a través de todos los sentidos.

- Visualiza imágenes positivas. Ten a la vista imágenes que te aporten alegría y foco en tus objetivos. Un dibujo hecho por tus hijos o sobrinos, una foto de una planta que crece en un entorno árido, un acto heroico que te emociona, un logro o un reto que te motiva.

- Lee textos que te inspiren. Una buena lectura por las mañanas nos llevará a arrancar mejor el día. Y antes de dormir nos llevará a descansar también con otro ánimo. Elije los libros, artículos o blogs que lees.
- Oye música o programas que te aporten buen humor. Evita intencionadamente las noticias o informaciones negativas o las conversaciones destructivas. Elije las canciones que quieres escuchar para animarte, activarte o relajarte.
- Disfruta de sensaciones agradables. Detente a disfrutar los pequeños placeres de la vida para ti. Abraza a tu pareja y a tus amigos, acaricia a tus hijos, a tu mascota o el jersey que llevas, inspira el aire puro, saborea tu plato favorito, degusta un buen café, disfruta del regalo del sol un día cualquiera, ríete, comparte o disfruta de la belleza en la naturaleza.
- Busca modelos de actitud positiva. Déjate contagiar por quienes remontan ante las adversidades, se sobreponen a los problemas, son capaces de reírse de sí mismos, irradian alegría, energía, proactividad, ilusión y aceptación de la vida.

Escucha a tu cuerpo

A través del lenguaje no verbal tenemos una vía de acceso para leer las emociones de los demás, así como las nuestras.

Como explica el prestigioso médico Mario Alonso Puig, la mayor parte de actos de la vida se rigen por el inconsciente. Y el inconsciente se manifiesta en el cuerpo. Es quien maneja el lenguaje no verbal.

Como hemos visto a lo largo del libro, la postura, los macrogestos del tronco, brazos y piernas, las actitudes defensivas, la posición de los pies, las flexiones del cuello y la posición de la cabeza nos dan señales muy potentes de acercamiento o de distancia, de agrado o desagrado. Y también los microgestos; la mirada, los movimientos de la pupila, los pliegues de la frente, los movimientos, la posición de las cejas y los distintos tipos de sonrisa nos aportan valiosa información.

Cuando ciertas posturas y gestos son habituales, nos hablan de hábitos instaurados que tienen una historia detrás y son relevantes para conocernos o conocer a los demás.

A través del lenguaje no verbal podemos detectar rasgos que eran ciegos para nosotros, como por ejemplo la falta de confianza en nosotros mismos a través de la postura o la agresividad en determinadas circunstancias en nuestra voz. La reflexión nos ayudará a elegir si esos hábitos o comportamientos son los más funcionales para nuestro rol y objetivos, si son acordes con nuestros valores aspiracionales, o si elegimos adoptar nuevos hábitos.

Las sensaciones internas son otra valiosa fuente de información cuando les prestamos atención. Percibir dónde aparecen el enfado, el miedo y la euforia —en el pecho, el cuello, el estómago, los puños— y ser conscientes del momento en que aparecen las emociones, pues detectarlas a tiempo es el primer paso para poder darles una salida constructiva.

También podemos observar ante qué hechos, pensamientos o estímulos aparecen las sensaciones asociadas a las emociones. Esa información nos puede ayudar a entendernos. Escuchar al cuerpo es mejorar nuestra comunicación con nosotros mismos.

Podemos aprender a reconocer la emoción en el cuerpo con el patrón de la respiración, nuestra postura corporal y nuestra expresión facial. Cuando me enfado, ¿dónde noto la presión?, ¿estoy tenso o no?, ¿qué músculos siento en tensión?, ¿cómo es mi respiración?

Cambia con tu cuerpo

Escucharnos puede ser el punto de partida que nos facilite cambiar una emoción que nos ha llegado. Por ejemplo, podemos elegir cambiar nuestro estado escuchando una canción que nos encanta, haciendo algo de actividad física, saliendo a pasear al aire libre, bailando, haciendo unas respiraciones, hablando con esa amiga que siempre nos hace reír, centrándonos en ayudar a alguien o formulando un mantra que tiene fuerza para nosotros. Hemos de explorar qué recursos nos funcionan a cada uno.

Probemos a incorporar el movimiento en nuestra vida: salir a correr, bailar todas las mañanas con energía nuestra *playlist* favorita, pedalear en una bicicleta, sea móvil o estática. Cambiar el cuerpo puede ayudar a cambiar nuestras emociones y nuestro estado de ánimo.

Hoy en día, podemos encontrar actividades como el yoga, el taichí o talleres de relajación que nos enseñan a activar las emociones, a modularlas, así como a desactivarlas y volver a la neutralidad emocional.

Los ejercicios de meditación y visualización, que trabajan respiración, relajación y visualización, son asimismo positivos. Piensa que con tu imaginación también nutres tu mente y tu alma y puedes generar experiencias nuevas para tu cerebro.

No olvides que el cuerpo tiene memoria. Las posturas y gestos que adopta nuestro cuerpo están ancladas a distintas emociones, igual que un olor nos recuerda a la infancia o una canción nos lleva a un estado emocional determinado. Este hecho, que ocurre de forma natural, podemos aprovecharlo a nuestro favor.

Existen ejercicios muy interesantes de PNL, como entrenar los disparadores para pasar a un buen estado interno o el anclaje de recursos que te permitan afrontar situaciones con más confianza, ya sea hablar en público, afrontar una entrevista o una conversación difícil.

C. SUPÉRATE Y COMUNICA

El cambio de hábitos. Refuerza o desaprende

El cambio es esencial en la vida, y más aún en estos tiempos que vivimos de cambio acelerado. Hoy se habla de un entorno VUCA (tiempo de volatilidad, incertidumbre, cambio y ambigüedad). En este contexto es imprescindible ser flexibles y desarrollar nuestra capacidad de aprender y desaprender.

Diversos autores, como el destacado psiquiatra suizo Carl Jung, han utilizado la metáfora del iceberg para representar al ser humano: una parte consciente visible y otra subconsciente sumergida bajo el agua.

Asimismo, es frecuente utilizar la visualización del iceberg para hablar de marca personal. La parte visible que emerge por encima del agua representaría la conducta (verbal y no verbal, en redes sociales, web, blog). Y sumergidas estarían las actitudes, aptitudes, habilidades, creencias, valores, identidad e ideas espirituales.

Los cambios en los niveles más profundos repercuten en lo que vemos, en la superficie. Si cambian las creencias, los valores y las habilidades, normalmente la conducta verbal y no verbal también evolucionará.

Por otra parte, a la inversa, sabemos que el gesto arrastra a la emoción y, por tanto, como demostraron Amy Cuddy y su equipo, los cambios en la postura del cuerpo influyen en nuestro estado fisiológico y anímico, e incluso en nuestro cerebro.

No hemos de ser esclavos de nuestros hábitos. La vida consiste en evolucionar y podemos tomar un papel activo en ello. Podemos elegir liberarnos de aquello que nos limita y encontrar así mayor armonía.

Pero no para todos resulta fácil cambiar y a menudo necesitamos ayuda. Numerosos autores han hablado de los pasos para cambiar un hábito. Resumo las ideas que me parecen esenciales:

1. **Poner intención:** en primer lugar, para cambiar hemos de ser conscientes de un punto de mejora que nos motive. Pasar de la incompetencia inconsciente a la incompetencia consciente. Y hemos de sentir esa inspiración profunda que nos motive a cambiar, que nos aporte la energía para el cambio.

   Puede tratarse de un hábito no verbal que no nos beneficia, como mirar demasiado al suelo, hablar demasiado rápido, hacerlo de forma dubitativa o tener una postura replegada o tímida. O podríamos pensar en otro tipo de conducta poco efectiva que queremos eliminar, como reaccionar con agresividad ante los demás cuando estamos estresados.

   Decidir cambiar es un paso imprescindible. No podemos hacer cambiar a alguien si la persona no lo decide así.

2. **Un plan:** para crear un nuevo surco neuronal y un nuevo hábito hay que tener un plan y ponerse a trabajar. Una fase de trabajo consciente en la que nos pueden ayudar dos recursos como son el detonante del hábito y la recompensa.

Es positivo identificar el detonante o disparador que inicia un hábito. Como las personas que asocian tomarse un café con fumar: el simple olor del café dispara automáticamente el buscar la cajetilla. Es interesante idear cuál puede ser el detonante para los nuevos hábitos que queremos desarrollar.

Por otra parte, las recompensas contribuyen a instaurar el hábito. Por ejemplo, la nicotina hace que los fumadores se sientan mejor tras el cigarro y la satisfacción física que generan las endorfinas tras hacer deporte ayuda a reforzar el hábito. En ambos casos la recompensa contribuye al enganche.

En lugar de utilizar solo la fuerza de voluntad, que a veces nos falla dependiendo del momento, es mejor identificar un detonante idóneo e incorporar recompensas que nos ayuden a formar esos hábitos nuevos que buscamos.

3. **A trabajar. El condicionamiento:** cuando aprendemos una nueva habilidad, como conducir, bailar o un deporte nuevo, hemos de practicar y repetir el gesto o conjunto de movimientos hasta que lo integramos y hacemos automático.

Ante otro tipo de hábitos, como adoptar una buena postura de hombros, proyectar la voz con claridad o evitar las muletillas, hemos de corregir la conducta conscientemente hasta que hayamos interiorizado el nuevo gesto.

Cuando aprendimos a conducir, para cambiar una marcha, había que estar atentos al recorrido de la palanca, los pedales de embrague y acelerador, el espejo retrovisor y el intermitente. Se complicaba aún más cuando nos decían que escuchásemos el sonido del motor para saber cuándo cambiar.

En cambio, después de un tiempo practicando, el hábito se hace automático y somos capaces de desplegar todos los movimientos de forma automática sin dedicarle demasiada atención. ¡Y ya sabemos que la neuroplasticidad juega a nuestro favor!

Aprender y desaprender

A través de la cultura y los modelos se transmiten mandatos acerca de cómo gestionar las emociones. La cultura y la
educación no formal nos proponen modelos sobre cómo hemos de enfrentarnos al miedo, el enfado, la tristeza o la alegría. Esos modelos han podido ser más o menos acertados.
Algunos de esos mensajes transmitidos en nuestro entorno
son poco funcionales o están obsoletos, desde «los hombres
no lloran» hasta los tabúes como «no se habla de ciertos temas», pasando por las creencias sobre nuestro rol por ser
mujeres u hombres.

Afortunadamente, cada vez tenemos más información y referentes positivos en cuanto a las emociones y cómo gestionarlas. Por ejemplo, el prestigioso médico y conferenciante Mario
Alonso Puig afirma que la culpa y la vergüenza se instauran a
través de la cultura para el control de las personas.

Cuando producimos un daño, reconocerlo es oportuno, saludable y justo, y es natural que nos produzca tristeza. Sin embargo, la culpa (por lo que has hecho) y la vergüenza (por lo
que eres) son mecanismos nocivos. El doctor Mario Alonso nos
recomienda aplicar la compasión también con nosotros mismos. En lugar de castigarnos o dañarnos, debemos aprender a
hablarnos con amabilidad y firmeza y enfocarnos constructiva-
mente hacia el futuro.

Vemos que cambiar nuestras creencias y pensamientos es
una excelente vía para cambiar lo que sentimos.

Aunque cuesta cambiar los patrones emocionales aprendidos, podremos modificarlos si somos conscientes de ellos.
Numerosos libros y talleres nos ayudan a entender las emociones
y a darles una salida saludable, constructiva y proporcionada.

Los esquemas emocionales aprendidos

A veces percibimos comportamientos emocionales automáticos
que se disparan sin que seamos conscientes. La mente inconsciente toma decisiones una fracción de segundo antes de lo
que hacemos conscientemente.

Diversos autores han estudiado el fenómeno de los esquemas emocionales y explican que en la infancia se desarrollan unos patrones emocionales automáticos según las experiencias vitales, en especial antes de los seis o siete años.

El psicólogo Jeffrey Young, director del Centro de Terapias Cognitivas de Nueva York, citado por Elsa Punset en su libro *Inocencia radical*, explica que un esquema es un mecanismo emocional que aprendimos en la infancia para defendernos de algo que era entonces peligroso e hiriente y que mantenemos siendo adultos, aunque ya no sea necesario. Son respuestas defensivas exageradas ante determinados acontecimientos.

Otros autores hablan de heridas emocionales de la infancia, que van desde el miedo al abandono, el rechazo, la humillación, la traición, la injusticia o la exigencia excesiva. Estas heridas generan respuestas defensivas exageradas ante determinados acontecimientos en la vida adulta.

Otros autores hablan de emociones desadaptativas, que serían respuestas a un malestar crónico por una situación que no se gestionó bien. Reconocemos que no son saludables porque dan respuesta a situaciones del pasado, en lugar de a lo que ocurre en el momento.

Si estas respuestas se repiten, afectan a la vida de la persona y generan dolor, será necesario detectar el esquema para, con ayuda de un buen profesional, poder desactivarlo o superarlo.

Para ello se ha de trabajar sobre mecanismos como la autoestima. Un libro que aborda esta temática es *Heridas emocionales*, del psicólogo y terapeuta familiar Bernardo Stamateas, con numerosos ejercicios y tareas para ayudar a sanar las heridas.

Comunica y conecta

Conocernos a fondo requiere tiempo, mientras que lo no verbal tiene un impacto inmediato. Nuestra expresión facial, la mirada, la sonrisa o su ausencia, el atuendo, nuestros movimientos y gestos están al alcance de la vista y de forma rápida contribuyen a construir la idea que los demás tendrán de nosotros. Oscar Wilde llegó a escribir que «solo un imbécil no juzga por las apariencias».

En los primeros homínidos, la fortaleza física, el aspecto, la altura o las armas que portaban eran señales cruciales para evaluar el grado de beligerancia y el peligro que suponían como rivales. Identificar esas señales era esencial para anticiparse a un posible ataque o una invasión del territorio. Hoy en día, seguimos atentos a los signos no verbales: la presencia, la expresión, la ropa, la postura, los gestos o los *gadgets* tecnológicos que portamos, pues nos permiten anticiparnos a conocer al otro. Evaluamos si será amigo o enemigo, si puede ser un peligro para nosotros o no.

Puesto que es imposible no comunicar, pregúntate qué quieres irradiar o qué quieres que recuerden de ti.

El lenguaje no verbal se combina junto con tu lenguaje, tus cualidades, tus capacidades y tus valores, y construyen tu mezcla única. Cuando lo verbal y lo no verbal están alineados, transmitimos una imagen más coherente y memorable.

Como hemos visto, la propuesta de este libro es trabajar en ambas direcciones: desde el interior y desde el exterior. Internamente, trabajar la autoestima, el diálogo interno y las emociones. Y externamente, enfocarte en el cuerpo, desde la postura de hombros a la respiración, la voz o las palabras.

Ambos caminos tienen un impacto en nuestra programación, y hoy sabemos que a través de la acción podemos crear nuevos surcos en el cerebro, nuevas conexiones y posibilidades. Podemos cambiar nuestro inconsciente a través del cuerpo, el pensamiento y la acción.

Piensa a quién te diriges

No olvides que para conectar con nuestros interlocutores es útil tener en cuenta los sistemas de percepción preferentes del otro (visual, auditivo, kinestésico). Si estamos ante un grupo naturalmente heterogéneo, diversifiquemos nuestros estilos y cuidemos todos los canales para favorecer la motivación óptima de todos.

Como vimos en el capítulo anterior sobre la negociación, es clave saber qué tipo de persona tenemos delante. Sintonizar implica conectar en el lenguaje, los intereses, en el plano no verbal y en la voz. Igual que nos surge de forma natural agacharnos para jugar con nuestro sobrino de cuatro años, sintonizar ayuda a un mejor entendimiento.

La sonrisa, la cercanía y el contacto serán muy bienvenidos especialmente por personas de perfil empático o emocional, que agradecerán mucho estos gestos antiagresivos. Un lenguaje no verbal sereno y ordenado será el preferido por los más racionales. Los perfiles más directos y orientados a la acción preferirán la rapidez. Recuerda todo lo que sabemos sobre el *rapport* y la sincronización para favorecer la conexión.

Piensa en tus objetivos y tus roles

Nuestro rol define los atributos ideales de nuestra comunicación. Por ejemplo, si nuestra misión como padres y madres es cuidar, guiar y ser ejemplo, cultivemos un lenguaje no verbal acorde, un lenguaje cercano y cálido, que construya y nutra, a la vez que educa y aporta límites.

En ese sentido, no puedo dejar de destacar la importancia de la escucha. Recordemos que para el prestigioso psicólogo humanista Carl Rogers" El niño que se siente escuchado, crece seguro de sí".

Es posible que el rol que desempeñamos personal y profesionalmente requiera que potenciemos algún aspecto de nuestro lenguaje no verbal. Por ejemplo, si hemos de dirigir un equipo, será ideal transmitir seguridad, pues la capacidad de absorber la inseguridad y devolver confianza al grupo es una de las principales funciones de un líder.

¿Y quién no necesita transmitir seguridad? Tanto para tratar con nuestros clientes como cuando nos dirigimos a un equipo, e incluso en el entorno familiar. Convencer, vender, motivar y cohesionar implican transmitir confianza.

Los rasgos no verbales que más peso tienen para transmitir confianza son la mirada, una postura estable, vertical y abierta, la serenidad y claridad en la voz, la armonía en los movimientos y la congruencia, entre otros. Como vimos, una postura cabizbaja o replegada transmite decaimiento, inseguridad o falta de energía y ánimo.

Presta atención a estos elementos que aumentan la capacidad de influencia sobre los demás.

Revisa la forma de mirar

Me encantaría que la lectura de este libro nos llevase a ser cautos con la interpretación de los gestos cuando recibimos un mensaje. Hay quien dice que las apariencias no engañan, pero en mi opinión sí lo pueden hacer si juzgamos apresuradamente. Engañan si no tenemos en cuenta el factor cultural, el factor del contexto o el histórico de la persona.

Por ello, te dejo unas reflexiones sobre cuidar nuestra mirada:

- **No juzguemos duramente.** Cuida tu mirada. Recuerda la bella frase del teólogo británico Ian MacLaren: «Sé compasivo, porque cada persona con la que te cruzas está librando una dura batalla». Cultivemos una mirada de empatía y compasión con el otro.
- **No interpretemos. No inventemos**. No juzguemos apresuradamente un gesto aislado. Mejor conocer al otro para entender la complejidad. El ser humano no es simple y muchos factores pueden influir en el comportamiento de la persona: emociones, creencias, hábitos, diferencias culturales, canales de percepción preferentes y circunstancias (frío, hambre, incomodidad, prisa). Pregunta y observa antes de dar por hecho. Cuanto más sabes, menos juzgas.
- **No nos tomemos las cosas personalmente.** Aunque a veces nos cueste verlo, las personas actúan de acuerdo con su mapa y su conducta no tiene que ver con nosotros. El experto en psicología positiva y motivación, Martin Seligman, destaca que la actitud ante las experiencias ingratas es fundamental para nuestra calidad de vida. Ver lo ingrato como algo pasajero y relacionado con circunstancias externas. Sus investigaciones concluyen que las personas con actitud optimista tienen una vida más plena, agradable y rica que las pesimistas.

- **Tengamos en cuenta el factor intercultural.** La comunicación intercultural es aquella donde intervienen personas con unos referentes culturales suficientemente diferentes como para que la eficacia comunicativa se vea perjudicada. Considero que el concepto no solo se aplica a diferentes países de origen, sino que podemos encontrarnos esas barreras con personas nacidas en nuestra misma ciudad, en forma de valores diferentes u orden de prioridad diferente. Estas barreras no son menores que las producidas por lo que tradicionalmente se ha llamado «comunicación intercultural».

- **Observemos los gestos para entender mejor a los demás, no para recriminar o atacar.** Si percibimos un gesto cuya interpretación nos molesta (una mirada despectiva, de desinterés, un gesto altivo, falta de atención, una sonrisa burlona) en alguien que nos importa lo suficiente, podemos preguntar, observar, relativizar, cuestionarnos si puede haber otros motivos para el gesto (preocupación, prisas, estrés) o dar tiempo y tratar de entender viendo otras situaciones.

  Por mi experiencia, no es recomendable utilizar los gestos percibidos para atacar al otro, pues la herramienta se vuelve en nuestra contra. He visto personas que utilizaban las observaciones acerca del lenguaje no verbal como parte de sus discusiones y sé que es un camino dañino. Usémoslo para entender mejor al otro, para preguntar, indagar o confirmar. En ocasiones, si se trata de una persona importante para nosotros, podemos expresar cómo nos hace sentir el comportamiento, pedir su punto de vista o solicitar un cambio que beneficie a ambas partes.

Cultivemos una mirada más empática

El ser humano viene predeterminado para ser empático, pero la socialización y la educación son claves para que se desarrolle. Ojalá este recorrido sobre el origen de los gestos nos haga ser más conscientes de cómo cada individuo con sus aportes y experiencias es un ser único, una mezcla única, con un punto de vista único. Marcado por lo biológico, enriquecido por la cultura y su capacidad de elección y voluntad.

Entendernos mejor a nosotros mismos posiblemente nos ayude a conectar con otras personas, distintas a nosotros y a la vez iguales en sus heridas, vivencias y aprendizajes. Tal vez permita reforzar nuestra empatía y compasión con nuestros congéneres y, por qué no, con todos los seres vivos.

La fuerza de nuestra especie está en nuestra capacidad de colaboración. Los seres humanos hemos desarrollado emociones prosociales, como la empatía. También creamos un sistema de comunicación gestual que nos permitió cooperar e interactuar, y posteriormente emergió la palabra, que nos permitió compartir proyectos mucho más complejos. Lo no verbal fue un primer gran paso para evolucionar hacia lo que somos.

Espero que este recorrido a través de los gestos nos haga querernos y respetarnos más y ser más conscientes de nuestro potencial.

Epílogo: un espacio para conectar

En el lenguaje no verbal encontramos una ventana que abre hacia fuera y también hacia dentro, para conocer a los demás y para conectar con nosotros mismos.

Hemos visto que esa mágica ventana nos permite mirar también hacia el pasado, hacia nuestros orígenes, y hacia el futuro, pues nos permite cambiar. Descubrimos que los gestos y las sensaciones corporales son un lugar en el que entrenar, transformar y programar incluso nuestro cerebro.

En gran medida, cuando elegimos cómo vivimos cada día, cómo nos comunicamos, cómo escuchamos y cómo respiramos nos estamos construyendo a nosotros mismos.

Una idea bonita que se desprende de nuestro paseo por la evolución es que somos lo que vamos siendo. Ojalá la reflexión que proporcionan estas páginas nos ayude a elegir más conscientemente nuestra comunicación, nos ayude a ser más felices y a producir en lo posible bienestar a nuestro alrededor.

Mil gracias por tu lectura.

Me encantará conocer tu opinión o tus comentarios acerca del libro en la web: **www.comunicacionnoverbal.net**

«Humanitos». Eduardo Galeano. Espejos

Darwin nos informó de que somos primos de los monos, no de los ángeles.

Después supimos que veníamos de la selva africana y que ninguna cigüeña nos había traído desde París.

Y no hace mucho nos enteramos de que nuestros genes son casi igualitos a los genes de los ratones.

Ya no sabemos si somos obras maestras de Dios o chistes malos del Diablo. Nosotros, nosotros, los humanitos:

Los exterminadores de todo. Los cazadores del prójimo.

Los creadores de la bomba atómica, la bomba de hidrógeno y la bomba de neutrones, que es la más saludable de todas porque liquida a las personas, pero deja intactas las cosas.

Los únicos animales que inventan máquinas. Los únicos que viven al servicio de las máquinas que inventan.

Los únicos que devoran su casa.

Los únicos que envenenan el agua que les da de beber y la tierra que les da de comer. Los únicos capaces de alquilarse o venderse y de alquilar o vender a sus semejantes. Los únicos que matan por placer.

Los únicos que torturan.

Los únicos que violan. Y también. Y también. Los únicos que ríen.

Los únicos que sueñan despiertos.

Los que hacen seda de la baba del gusano. Los que convierten la basura en hermosura.

Los que nos descubren colores que el arcoíris no conoce. Los que dan nuevas músicas a las voces del mundo.

Y crean palabras, para que no sean mudas la realidad ni su memoria.

«Que tengas un gran día... a menos que tengas otros planes».
Mario Benedetti

Esta mañana desperté emocionado con todas las cosas que tengo que hacer antes que el reloj sonara.

Tengo responsabilidades que cumplir hoy. Soy importante. Mi trabajo es escoger qué clase de día voy a tener.

Hoy puedo quejarme porque el día está lluvioso... o puedo dar gracias porque las plantas están siendo regadas.

Hoy me puedo sentir triste porque no tengo más dinero... o puedo estar contento porque mis finanzas me empujan a planear mis compras con inteligencia.

Hoy puedo quejarme de mi salud... o puedo regocijarme de que estoy vivo.

Hoy puedo lamentarme de todo lo que mis padres no me dieron mientras estaba creciendo... o puedo sentirme agradecido de que me permitieran haber nacido.

Hoy puedo llorar porque las rosas tienen espinas... o puedo celebrar que las espinas tienen rosas.

Hoy puedo autocompadecerme por no tener muchos amigos... o puedo emocionarme y embarcarme en la aventura de descubrir nuevas relaciones.

Hoy puedo quejarme porque tengo que ir a trabajar… o puedo gritar de alegría porque tengo un trabajo.

Hoy puedo quejarme porque tengo que ir a la escuela…. o puedo abrir mi mente enérgicamente y llenarla con nuevos y ricos conocimientos.

Hoy puedo murmurar amargamente porque tengo que hacer las labores del hogar… o puedo sentirme honrado porque tengo un techo para mi mente y cuerpo.

Hoy el día se presenta ante mi esperando a que yo le dé forma y aquí estoy, soy el escultor.

Lo que suceda hoy depende de mí. Yo debo escoger qué tipo de día voy a tener.

Que tengas un gran día… a menos que tengas otros planes.

Bibliografía

Arsuaga, Juan Luis. *La especie elegida*. Ediciones Temas de hoy, 2006.

Axtell, Roger E. *Gestures: The Do's and taboos of Body Language Around the World*. John Wiley & Sons, 1991.

Baumeister, Roy F. *El animal cultural. The Cultural Animal, Human Nature, Meaning, and Social Life*. Oxford University Press, 2005.

Boucher, F. *Historia del traje en Occidente desde la antigüedad hasta nuestros días*. Montaner y Simon, 1967.

Carnegie, Dale. *Cómo ganar amigos e influir en las personas*. Edhasa, 1986.

Castanyer, Olga, *La asertividad, expresión de una sana autoestima*. Desclée de Brower, 1996.

Cordón, Faustino. *Cocinar hizo al hombre*. Tusquets Editores, 1980.

Covey, S. *Los 7 hábitos de la gente altamente efectiva*. Paidós empresa, 1990.

Damasio, Antonio. *Y el cerebro creó al hombre*. Ed. Destino 2010.

Darwin, Charles. *La expresión de las emociones en los animales y en el hombre*. Alianza Editorial 1984, (1872).

Davis, Flora, *La comunicación no verbal*. Alianza Editorial, 1983.

Demarais, A. y White, W. *La primera impresión*. Integral, 2005.

Doidge, Norman. *El cerebro se cambia a sí mismo*. Ed. Santillana, 2008.

Ekman, Paul. *El rostro de las emociones*. RBA, 2017, (2003).

Ekman, Paul. *Cómo detectar mentiras*. Paidós, 2009.

Elsea, Janet G., *La primera impresión*. Grijalbo, 1989.

Fisher, Hellen. *Anatomía del amor*. Anagrama, 2007.

Fossey, Dian. *Gorilas en la niebla*. Salvat Editores, 1994.

Freire Úbeda, Marta. *Ponte en modo DISC*. Ed. Samarcanda, 2020.

Goleman, D. *Inteligencia emocional*. Kairós, 1996.

García, Héctor y Miralles, Francesc. *Ikigai: los secretos de Japón para una vida larga y feliz*. Urano, 2016.

Hamburguer, Regina. *El ABC de la seducción*. Gedisa, 1995.

Harari, Yuval. Sapiens. *De animales a dioses*. Penguin Random House, 2015.

Heller, Eva. *Psicología del color, cómo actúan los colores sobre los sentimientos y la razón*. Gustavo Gili, 2004.

Herreros, Pablo. *Yo, Mono*. Ediciones Destino, 2014.

Hewes, Gordon W. *Food Transport and the Origin of Hominid Bipedalism, American Anthropologist*, 2009. Published By Wiley Online Library.

Hewes, Gordon W. *World Distribution of Certain Postural Habits*. University of Colorado. American Anthropologist,1955. Published By Wiley Online Library.

Kawasaki, Guy. *El Arte de cautivar*. Gestión 2000, 2011.

Knapp, Mark. *Comunicación no verbal. El cuerpo y el entorno*. Paidós Comunicación, 1982.

Mead, Margaret. *Sex and Temperament in Three Primitive Societies*. Routledge & Kegan Paul, 1952.

Marina, J.A. *La educación del talento*. Ed. Planeta, 2010.

Marina, J.A. *Teoría de la Inteligencia Creadora*. Ed. Anagrama,1993.

Marina, J.A. *Ética para náufragos*. Ed. Anagrama, 1995.

Merino, Arancha. *Haz que salga el sol*. Alienta Editorial, 2012.

Morris, Desmond. *El hombre al desnudo*. Círculo de Lectores, 1977.

Navarro, Joe. *El cuerpo habla*. Editorial Sirio, 2008.

Navarro, Joe. *Inteligencia no verbal*. Editorial Viceversa, 2010.

O 'Connor, J. y Seymour, J. *PNL para formadores*. Ed. Urano, 1995.

O 'Connor, Joseph. *La venta con PNL*. Ed. Urano, 1995.

Pease, Allan. *El lenguaje del cuerpo*. Paidós, 1981.

Punset, Eduard. *El viaje al amor*. Ed. Destino, 2007.

Punset, Elsa. *Una mochila para el Universo: 21 Rutas para vivir con nuestras emociones*. Ed. Destino, 2014.

Punset, Elsa. *El mundo en tus manos*. Ed. Destino, 2014.

Punset, Elsa. *Inocencia radical*. Aguilar, 2009.

Robinson, Ken. *El elemento*. Random House Mondadori. Barcelona, 2009.

Robinson, Ken. *Encuentra tu elemento*. Random House Mondadori, 2013.

Rovira, Álex. *La brújula interior*. Plataforma Editorial, 2019.

Rovira, Álex. *La buena suerte*. Empresa Activa, 2011.

Rulicki, Sergio. *Las caras de la mentira y de la verdad*. Margen Izquierdo, 2013.

Salmurri, Ferrán. *La libertad emocional*. Paidós Ibérica, 2004.

Sanz García, Silvia. *Sexamor*. Penguin Random House, 2021.

Squicciarino, Nicola. *El vestido habla, consideraciones psico-sociológicas sobre la indumentaria*. Cátedra, 1990.

Stamateas, Bernardo. *Heridas emocionales*. Ediciones B., 2012.

Szarota, Piotr. *La sonrisa: Manual de usuario*. UOC, 2011.

Vallejo, Irene. *El infinito en un junco*. Editorial Siruela, 2019.

Yuste Pausa, Francisco. *Herramientas de Coaching personal*. Autoedición. 2010.